SED und Stalinismus
Dokumente aus dem Jahre 1956

SED und Stalinismus

—

Dokumente

aus dem Jahre 1956

—

Dietz Verlag Berlin

Herausgeber:
Josef Gabert und Lutz Prieß
unter Mitarbeit von Peter Erler
und Jutta Finkeisen

SED und Stalinismus : Dokumente aus d. Jahre 1956 /
[Hrsg.: Josef Gabert u. Lutz Prieß unter Mitarb. von Peter Erler
u. Jutta Finkeisen]. – Berlin : Dietz Verl., 1990. – 191 S. : 2 Faks.

ISBN 3-320-01553-2

Mit zwei Faksimiles im Text

Lizenznummer 1
LSV 0256/0276
Typographie: Sylvia Claus
Umschlag: Klaus Johne
unter Verwendung von zwei Fotos von ADN/ZB
Printed in the German Democratic Republic
Gesamtherstellung: DRUCKZENTRUM BERLIN · Grafischer Großbetrieb
Best.-Nr. 738 813 7
DDR 8,20 M

Vorbemerkungen

»Die Rehabilitierung aller, die Opfer stalinistischer Verfolgungen geworden sind«, war in der Abrechnung mit dem Stalinismus eine der grundlegenden Forderungen der SED-PDS auf ihrem außerordentlichen Parteitag im Dezember 1989. Diese Forderung muß in der DDR ohne Wenn und Aber erfüllt werden, wenn der Aufbruch zu einem menschlichen Sozialismus glaubwürdig und auf gesicherten Fundamenten erfolgen soll. Dazu bedarf es der Aufdeckung der geschichtlichen Wahrheit, wozu gerade zeitgenössische Dokumente einen spezifischen Beitrag leisten können.

Historisch gesehen, entstand die Notwendigkeit der Rehabilitierung infolge der Ausdehnung ungesetzlicher, verbrecherischer Massenrepressalien in der Sowjetunion auf Vertreter der internationalen kommunistischen und Arbeiterbewegung in den 30er Jahren. Hunderte deutsche Kommunisten und andere Antifaschisten, zum Teil auch deren Angehörige, die zu dieser Zeit in der Sowjetunion lebten und arbeiteten, dort Zuflucht vor dem Faschismus gesucht hatten, wurden unter gefälschten oder erfundenen Vorwänden mit und ohne Gerichtsurteil inhaftiert, an die Gestapo ausgeliefert oder ermordet. Die Wahrheit darüber brach sich tragischerweise erst viele Jahre später Bahn und auch das leider nicht umfassend. Die Möglichkeit zur Rehabilitierung entwickelte sich zäh und Schritt für Schritt nach dem Tode J. W. Stalins (5. März 1953), der Entlarvung der verbrecherischen partei- und staatsfeindlichen Tätigkeit L. P. Berijas (Juli-Plenum des ZK der KPdSU 1953) und insbesondere nach der Abrechnung mit dem Personenkult um Stalin und seiner Folgen auf dem XX. Parteitag der KPdSU (14.–25. Februar 1956).

Die SED erhielt bis dahin keinerlei amtliche Auskünfte oder offizielle Dokumente von der KPdSU bzw. sowjetischen Staatsorganen über das Schicksal der in der UdSSR verhafteten, vermißten oder als tot geltenden deutschen Kommunisten. Mit der weiteren Entlassung von deutschen Gefangenen, unter ihnen Mitglieder der ehemaligen KPD, aus sowjetischen Lagern im Herbst 1955 und danach wurde die Parteiführung der SED konkret und nachdrücklich mit dieser Problematik konfrontiert. In diesem Zusammenhang erteilte das Politbüro des ZK der SED der Zentralen Parteikontrollkommission (ZPKK) den Auftrag, die Rehabilitierung von Genossen, die in der Sowjetunion verhaftet waren, auch wenn sie nicht mehr am Leben sein sollten, zu prüfen und zu entscheiden. Dazu bildete die ZPKK am 21. September 1955 eine eigenständige Kommission, die sich bis zum Juli 1962 mit dieser Angelegenheit beschäftigte. (Dok. 6 und 7.)

Die vorliegende Publikation dokumentiert die Anfänge der Rehabilitierung von Opfern des unmittelbaren stalinistischen Terrors, von dem viele hervorragende Vertreter der deutschen Arbeiterbewegung betroffen waren. (Dok. 10.)

Es wird der vollständige Wortlaut des Referats N. S. Chruschtschows »Über den Personenkult und seine Folgen« publiziert, das seit 1956 als sogenanntes Geheimreferat des XX. Parteitages der KPdSU in der internationalen Öffentlichkeit auf vielfache und unterschiedliche Art und Weise wiedergegeben wurde. (Dok. 1.) Die SED bemühte sich im März 1956 um dieses Material (Dok. 3), woraufhin das ZK der KPdSU es zur Verfügung stellte. Während der 3. Parteikonferenz der SED (24.–30. März 1956) und in nachfolgenden Bezirksparteiaktivtagungen wurde ein großer Kreis von Funktionären mit den sowjetischen Auffassungen über den Personenkult um Stalin und seine Folgen für die KPdSU und die UdSSR vertraut gemacht. In weiteren Auswertungen damit zusammenhängender Schlußfolgerungen für die Parteiarbeit der SED informierten das Politbüro in einem Grundsatzartikel im »Neuen Deutschland« am 29. April 1956 (Dok. 8) sowie das Zentralkomitee auf seiner 28. Tagung (27.–29. Juli 1956) (Dok. 9) alle Mitglieder und darüber hinaus eine breite Öffentlichkeit über ihre Standpunkte.

Die damalige Sicht und der bis dahin erreichte Erkenntnisstand, wie er in dem Beschluß des ZK der KPdSU über die Überwindung des Personenkults und seiner Folgen vom 30. Juni 1956 seinen konzentriertesten Ausdruck fand (Dok. 2), erfaßte noch nicht das ganze Ausmaß der Verbrechen Stalins und der Mitschuld vieler Funktionäre in seiner Umgebung. Das prägte für lange Zeit das Verständnis über die Rolle Stalins in der Geschichte, sowohl in der Sowjetunion als auch in der DDR und anderswo. Ja, es gab in den nachfolgenden drei Jahrzehnten sogar Erscheinungen, in der offiziellen Geschichtsschreibung und Publizistik hinter den Aussagen von 1956 zurückzubleiben.

Erst in der Rede M. S. Gorbatschows auf der Festsitzung anläßlich des 70. Jahrestages der Oktoberrevolution am 2. November 1987 in Moskau wurde nicht nur die Schuld Stalins, sondern auch die seiner nächsten Umgebung gegenüber Partei und Volk für die zugelassenen Massenrepressalien und die Gesetzlosigkeiten angeprangert. Das Politbüro des ZK der KPdSU bildete in Übereinstimmung mit den Beschlüssen des Oktoberplenums (1987) eine Kommission zur allseitigen Untersuchung neuer und schon früher bekannter Fakten und Dokumente zu diesen Fragen. Die zusätzliche Untersuchung von Materialien im Zusammenhang mit den Repressalien, die in den 30er/40er Jahren und Anfang der 50er Jahre stattgefunden hatten, ermöglichte 1988 und 1989 die weitere Rehabilitierung von Hunderten sowjetischer Bürger.

Eine gründliche, umfassende und öffentliche politische, juristische und moralische Rehabilitierung aller Opfer stalinistischen Terrors aus den Reihen der deutschen Arbeiterbewegung steht jedoch noch immer aus.

Dezember 1989 Die Herausgeber

1

Über den Personenkult und seine Folgen

Rede N. S. Chruschtschows in der internen Sitzung des XX. Parteitages der KPdSU, 25. Februar 1956[1]

Genossen! Im Rechenschaftsbericht des ZK der Partei an den XX. Parteitag, in einer Reihe von Ansprachen der Parteitagsdelegierten sowie zuvor auf Plenartagungen des Zentralkomitees ist nicht wenig über den Personenkult und seine schädlichen Folgen gesprochen worden.

Nach dem Tode Stalins begann das ZK der Partei, exakt und konsequent eine Politik durchzuführen, die darin bestand, nachzuweisen, daß es unzulässig und dem Geist des Marxismus-Leninismus fremd ist, eine einzelne Person herauszuheben und sie in eine Art Übermensch mit übernatürlichen, gottähnlichen Eigenschaften zu verwandeln. Dieser Mensch weiß angeblich alles, sieht alles, denkt für alle, vermag alles zu tun, ist unfehlbar in seinem Handeln.

Eine solche Vorstellung über einen Menschen, konkret gesagt über Stalin, war bei uns viele Jahre lang verbreitet.

Das folgende Referat hat nicht eine allseitige Beurteilung des Lebens und der Tätigkeit Stalins zur Aufgabe. Über Stalins Verdienste wurde noch zu seinen Lebzeiten eine völlig ausreichende Anzahl von Büchern, Broschüren, Studien verfaßt. Allgemein bekannt ist die Rolle Stalins bei der Vorbereitung und der Durchführung der sozialistischen Revolution, während des Bürgerkrieges sowie im Kampf um die Errichtung des Sozialismus in unserem Lande. Darüber wissen alle gut Bescheid. Zur Zeit geht es uns um eine Frage, die für die Partei in Gegenwart und Zukunft gewaltige Bedeutung besitzt – darum, wie sich allmählich der Kult um die Person Stalins herausgebildet hat, der in einer bestimmten Phase zur Quelle einer ganzen Reihe äußerst ernster und schwerwiegender Entstellungen der Parteiprinzipien, der innerparteilichen Demokratie und der revolutionären Gesetzlichkeit wurde.

Angesichts dessen, daß sich noch nicht alle bewußt sind, wohin in der

1 Anmerkungen am Schluß der Broschüre

Praxis der Personenkult geführt hat, welchen gewaltigen Schaden die Vergewaltigung des Prinzips der kollektiven Leitung in der Partei und die Konzentration einer unermeßlichen, unbeschränkten Macht in den Händen einer Person angerichtet hat, hält es das Zentralkomitee für erforderlich, dem XX. Parteitag der KPdSU Materialien zur Kenntnis zu geben, die diese Frage betreffen.

Es sei mir erlaubt, Sie vor allem daran zu erinnern, wie streng die Klassiker des Marxismus-Leninismus jegliche Erscheinung von Personenkult verurteilten. In einem Brief an den deutschen politischen Funktionär Wilhelm Blos stellte Marx fest: »... im Widerwillen gegen allen Personenkultus, habe ich während der Zeit der Internationalen die zahlreichen Anerkennungsmanöver, womit ich von verschiednen Ländern aus molestiert ward, nie in den Bereich der Publizität dringen lassen und habe auch nie darauf geantwortet, außer hie und da durch Rüffel. Der erste Eintritt von Engels und mir in die geheime Kommunistengesellschaft geschah nur unter der Bedingung, daß alles aus den Statuten entfernt würde, was dem Autoritätsaberglauben förderlich. (Lassalle wirkte später grade in der entgegengesetzten Richtung.)«[2]

Engels schrieb etwas später: »Sowohl Marx wie ich sind von jeher gegen alle öffentlichen Demonstrationen gewesen, die sich an einzelne Personen knüpfen, es sei denn, im Fall ein großer Zweck dadurch erreicht werden kann; und am allermeisten gegen solche Demonstrationen, die sich zu unsern Lebzeiten um unsre eignen Personen drehen würden.«[3]

Bekannt ist die enorme Bescheidenheit des Genius der Revolution, Wladimir Iljitsch Lenin. Lenin unterstrich stets die Rolle des Volkes als des Schöpfers der Geschichte, die leitende und organisierende Rolle der Partei als eines lebendigen und schöpferischen Organismus sowie die Rolle des Zentralkomitees.

Der Marxismus negiert nicht die Rolle von Führern der Arbeiterklasse bei der Lenkung der revolutionären und Befreiungsbewegung.

Lenin maß der Rolle von Führern und Organisatoren von Massen ein großes Gewicht bei. Gleichzeitig prangerte er unbarmherzig jegliche Erscheinung von Personenkult an, führte er einen unerbittlichen Kampf gegen die dem Marxismus fremden Ansichten der Sozialrevolutionäre über »Helden« und »Masse«, gegen Versuche der Gegenüberstellung von »Helden« auf der einen und von Massen und Volk auf der anderen Seite.

Lenin lehrte, daß die Kraft der Partei auf dem unverbrüchlichen Bund mit den Massen beruht und darauf, daß hinter der Partei das Volk – Arbeiter, Bauern, Intelligenz – geht. »Nur der wird siegen und die Macht behaupten«, sagte Lenin, »der an das Volk glaubt, der bis auf den Grund der lebendigen Schöpferkraft des Volkes tauchen wird.«[4]

Lenin sprach mit Stolz von der bolschewistischen, kommunistischen Partei als einer Führerin und Lehrerin des Volkes, er rief dazu auf, alle entscheidenden Fragen zur Beurteilung den bewußten Arbeitern und ihrer Partei vorzulegen; er sagte: »... der Partei glauben wir, in ihr sehen wir die Vernunft, die Ehre und das Gewissen unserer Epoche ...«[5]

Lenin trat entschieden gegen alle Versuche auf, die führende Rolle der Partei im System des Sowjetstaates zu vermindern oder zu schwächen. Er erarbeitete bolschewistische Prinzipien der Führung der Partei und der Normen des Parteilebens, wobei er unterstrich, daß das führende Prinzip der Leitung der Partei ihre Kollektivität ist. Noch in den Jahren vor der Revolution bezeichnete Lenin das Zentralkomitee der Partei als ein Kollektiv von Führern, als einen Wächter und Interpreten der Parteiprinzipien. »... über die Prinzipien der *Partei*«, bemerkte Lenin, »wacht von Parteitag zu Parteitag das Zentralkomitee und interpretiert sie.«[6]

Als er die Rolle des Zentralkomitees der Partei und seiner Autorität unterstrich, bemerkte Wladimir Iljitsch: »Unser ZK hat sich zu einer streng zentralisierten Gruppe herausgebildet, die hohe Autorität genießt ...«[7]

Zu Lebzeiten Lenins war das Zentralkomitee ein echter Ausdruck der kollektiven Führung der Partei und des Landes. Als marxistisch-revolutionärer Kämpfer, der in prinzipiellen Fragen stets unbeugsam war, hat Lenin den Mitarbeitern niemals seine Ansichten gewaltsam aufgedrängt. Er überzeugte, geduldig erläuterte er anderen seine Meinung. Lenin wachte stets aufmerksam darüber, daß die Normen des Parteilebens verwirklicht, das Statut der Partei eingehalten, die Parteitage und die Plenartagungen des Zentralkomitees zum entsprechenden Termin einberufen wurden.

Neben allen großen Taten, die Lenin für den Sieg der Arbeiterklasse und der werktätigen Bauernschaft, für den Sieg unserer Partei und die Verwirklichung der Ideen des wissenschaftlichen Kommunismus vollbrachte, fand sein Scharfsinn auch einen Ausdruck darin, daß er rechtzeitig bei Stalin eben diese negativen Eigenschaften aufdeckte, die später zu schweren Folgen führten. In der Sorge um das weitere Schicksal der Partei und des Sowjetstaates gab W. I. Lenin eine vollkommen richtige Charakterisierung Stalins, wobei er darauf verwies, daß man die Frage der Ablösung Stalins von der Funktion des Generalsekretärs im Zusammenhang damit erwägen sollte, daß Stalin zu grob sei, nicht die richtige Haltung zu seinen Genossen habe, launisch sei und seine Macht mißbrauche.

Im Dezember 1922 schrieb Wladimir Iljitsch in einem Brief an den Parteitag: »Gen. Stalin hat, nachdem er Generalsekretär geworden ist, eine unermeßliche Macht in seinen Händen konzentriert, und ich bin nicht überzeugt, daß er es immer verstehen wird, von dieser Macht vorsichtig genug Gebrauch zu machen.«[8]

Dieser Brief – ein politisches Dokument von erheblichem Gewicht, das in der Parteigeschichte als »Testament Lenins« bekannt ist – wurde den Delegierten des XX. Parteitages ausgehändigt. Sie haben ihn gelesen und werden ihn gewiß noch wiederholt lesen. Überdenken Sie die einfachen Worte Lenins, in denen die Sorge Wladimir Iljitschs um die Partei, um das Volk, den Staat und die weitere Richtung der Parteipolitik Ausdruck findet.

Wladimir Iljitsch sagte:

»Stalin ist zu grob, und dieser Mangel, der in unserer Mitte und im Verkehr zwischen uns Kommunisten durchaus erträglich ist, kann in der Funktion des Generalsekretärs nicht geduldet werden. Deshalb schlage ich den Genossen vor, sich zu überlegen, wie man Stalin ablösen könnte, und jemand anderen an diese Stelle zu setzen, der sich in jeder Hinsicht von Gen. Stalin nur durch *einen* Vorzug unterscheidet, nämlich dadurch, daß er toleranter, loyaler, höflicher und den Genossen gegenüber aufmerksamer, weniger launenhaft usw. ist.«[9]

Dieses Leninsche Dokument wurde den Delegationen zum XIII. Parteitag[10] zur Kenntnis gegeben, die die Frage der Ablösung Stalins vom Posten des Generalsekretärs besprachen. Die Delegationen sprachen sich für das Verbleiben Stalins auf diesem Posten aus, wobei sie erwarteten, daß er die kritischen Bemerkungen Wladimir Iljitschs beherzigen würde und seine Fehler, die Lenins Bedenken ausgelöst hatten, zu überwinden vermochte.

Genossen! Der Parteitag sollte sich mit zwei neuen Dokumenten vertraut machen, die die Einschätzung Stalins vervollständigen, die von Lenin in seinem politischen »Testament« vorgenommen wurde. Diese Dokumente – das sind ein Brief von Nadeshda Konstantinowna Krupskaja an Kamenew, der damals Vorsitzender des Politbüros war, sowie ein persönlicher Brief Wladimir Iljitsch Lenins an Stalin.

Ich verlese diese Dokumente:

1. Der Brief von N. K. Krupskaja:

»Lew Borissowitsch, wegen des kurzen Briefes, den mir Wlad. Iljitsch mit Erlaubnis der Ärzte diktiert hat, erlaubte sich Stalin mir gegenüber gestern einen groben Ausfall. Ich bin nicht erst seit gestern in der Partei. In all den dreißig Jahren habe ich von keinem Genossen ein einziges grobes Wort gehört. Die Interessen der Partei und Iljitschs sind mir nicht weniger teuer, als sie es Stalin sind. Ich brauche jetzt ein Maximum an

Selbstbeherrschung. Worüber man mit Iljitsch sprechen kann und worüber nicht, weiß ich besser als jeder Arzt, denn ich weiß, was ihn aufregt und was nicht, auf alle Fälle weiß ich das besser als Stalin. Ich wende mich an Sie und an Grigori[11] als nahe Genossen von W. I. und bitte darum, mich vor grober Einmischung in mein persönliches Leben zu schützen, vor unwürdigen Beschimpfungen und Drohungen. An dem einstimmigen Beschluß der Kontrollkommission, mit der Stalin zu drohen sich erlaubte, zweifle ich nicht. Ich habe aber weder Kraft noch Zeit, mich mit diesen dummen Intrigen zu beschäftigen. Ich bin ein lebendiger Mensch, und meine Nerven sind zum Zerreißen gespannt.

N. Krupskaja«[12]

Diesen Brief schrieb Nadeshda Konstantinowna am 23. Dezember 1922. Nach Ablauf von zweieinhalb Monaten, im März 1923, schickte Lenin an Stalin folgenden Brief:

2. Brief W. I. Lenins:

»An Genossen Stalin.

Streng vertraulich.

Persönlich

Kopie an die Genossen Kamenew und Sinowjew

Werter Gen. Stalin!

Sie besaßen die Grobheit, meine Frau ans Telefon zu rufen und sie zu beschimpfen. Obwohl sie sich Ihnen gegenüber bereit erklärt hat, das Gesagte zu vergessen, haben Sinowjew und Kamenew diese Tatsache durch sie selbst erfahren. Ich habe nicht die Absicht, so leicht zu vergessen, was man mir angetan hat, und selbstverständlich betrachte ich das, was man meiner Frau angetan hat, als etwas, das auch mir angetan wurde. Deshalb bitte ich Sie zu erwägen, ob Sie bereit sind, das Gesagte zurückzunehmen und sich zu entschuldigen, oder ob Sie es vorziehen, die Beziehungen zwischen uns abzubrechen.

Hochachtungsvoll *Lenin*

5. März 23«[13]

Genossen! Ich werde diese Dokumente nicht kommentieren. Sie sprechen für sich selbst. Wenn Stalin sich zu Lebzeiten Lenins auf diese Art verhalten konnte, sich gegenüber Nadeshda Konstantinowna Krupskaja so benehmen konnte, die in der Partei bekannt ist und als treue Gefährtin Lenins und aktive Kämpferin um die Sache unserer Partei hochgeschätzt wird, so kann man sich vorstellen, wie Stalin andere Menschen behandelte. Diese seine negativen Eigenschaften entwickelten sich immer mehr und nahmen in den letzten Jahren einen absolut unerträglichen Charakter an.

Wie spätere Vorkommnisse bewiesen, war Lenins Besorgnis begründet: In der ersten Zeit nach Lenins Tod hielt sich Stalin noch an seine Weisungen, jedoch später begann er, die ernsten Warnungen von Wladimir Iljitsch auf die leichte Schulter zu nehmen.

Wenn wir die von Stalin bei der Leitung von Partei und Staat angewandte Praxis analysieren, wenn wir über alles nachdenken, was Stalin zugelassen und was er sich geleistet hat, dann überzeugen wir uns davon, daß Lenins Befürchtungen berechtigt waren. Stalins negative Eigenschaften, die zu den Zeiten Lenins erst im Keime vorhanden waren, entwickelten sich während der letzten Jahre zu einem schweren Mißbrauch der Macht, was unserer Partei unermeßlichen Schaden zufügte.

Wir müssen diese Frage ernsthaft durchdenken und richtig analysieren, um jede Möglichkeit einer Wiederholung, in welcher Form auch immer, dessen auszuschließen, was zu Lebzeiten Stalins geschah, der Kollektivität in der Führung und in der Arbeit absolut nicht ertrug, der sich brutale Gewalt gegenüber allem erlaubte, was sich nicht nur gegen ihn richtete, sondern was ihm, bei seiner launenhaften und despotischen Neigung, seinen Konzeptionen zu widersprechen schien. Stalin handelte nicht mit dem Mittel der Überzeugung, der Erklärung, der geduldigen Arbeit mit den Menschen, sondern durch das Aufzwingen seiner Konzeptionen, indem er die absolute Unterordnung unter seine Meinung forderte. Wer sich dem entgegenstellte oder versuchte, seinen eigenen Gesichtspunkt und die Richtigkeit seines Standpunktes zu begründen, war zum Ausschluß aus dem Leitungskollektiv und in der Folge zur moralischen und physischen Vernichtung verurteilt. So war es insbesondere im Zeitraum nach dem XVII. Parteitag, als dem Despotismus Stalins viele ehrliche, der Sache des Kommunismus ergebene, hervorragende Parteifunktionäre und einfache Parteiarbeiter zum Opfer fielen.[14]

Es gilt festzustellen, daß die Partei einen ernsthaften Kampf gegen die Trotzkisten, die Rechtsabweichler, die bürgerlichen Nationalisten führte, daß sie alle Feinde des Leninismus ideologisch zerschlug. Dieser ideologische Kampf wurde erfolgreich geführt, in seinem Verlauf kräftigte und stählte sich die Partei noch mehr. Hier spielte Stalin eine positive Rolle.

Die Partei führte einen großen ideologisch-politischen Kampf gegen diejenigen in ihren Reihen, die antileninistische Thesen aufstellten, die eine der Partei und der Sache des Sozialismus fremde politische Linie repräsentierten. Das war ein hartnäckiger und schwerer, aber notwendiger Kampf, da die politische Linie sowohl des trotzkistisch-sinowjewschen Blocks als auch der Bucharinleute im Grunde genommen zur Wiedererrichtung des Kapitalismus, zur Kapitulation vor der Weltbourgeoisie geführt hätte. Stellen wir uns vor, was geschehen wäre, wenn in den Jahren 1928/1929 bei uns die Linie der politischen Rechtsabweichung gesiegt hätte, die Orientierung auf die »Kattun-Industrialisierung«[15], auf die Kulaken u. ä. Wir hätten keine mächtige Schwerindustrie, keine Kolchose, wir wären der kapitalistischen Einkreisung gegenüber ohne Verteidigung und machtlos gewesen.

Dies ist der Grund dafür, daß die Partei einen unbarmherzigen ideologischen Kampf geführt hat, allen Parteimitgliedern und den parteilosen Massen erklärte, worin die Schädlichkeit und Gefährlichkeit der antileninistischen Auftritte der trotzkistischen Opposition und der Rechtsopportunisten bestanden. Und diese gewaltige Arbeit zur Erläuterung der Parteilinie ist erfolgreich gewesen: Sowohl die Trotzkisten als auch die Rechtsopportunisten wurden politisch isoliert, die überwältigende Mehrheit der Partei unterstützte die Leninsche Linie, und der Partei gelang es, die arbeitenden Massen zur Verwirklichung der Leninschen Parteilinie, für den Aufbau des Sozialismus zu mobilisieren und zu organisieren.

Beachtung verlangt der Umstand, daß sogar im Verlauf des erbitterten ideologischen Kampfes gegen die Trotzkisten, Sinowjewleute, Bucharinleute und andere keine extrem repressiven Mittel angewandt wurden. Der Kampf vollzog sich auf ideologischem Boden. Doch nach Ablauf einiger Jahre, als der Sozialismus in unserem Lande eigentlich schon errichtet war, als die Ausbeuterklassen im Prinzip liquidiert waren, als sich die soziale Struktur der sowjetischen Gesellschaft in radikaler Art verändert hatte, als sich die gesellschaftliche Basis für parteifeindliche politische Richtungen und Gruppierungen gewaltig verengt hatte, als die ideologischen Gegner der Partei schon seit langem politisch zerschlagen waren, da begannen gegen sie die Repressalien.

Und gerade in dieser Periode (der Jahre 1935 bis 1938) kam es zur Praxis der massenweisen Repressalien von Staats wegen, zuerst gegenüber den Gegnern des Leninismus: gegenüber den Trotzkisten, Sinowjewleuten und Bucharinleuten, die schon seit langem politisch von der Partei zerschlagen waren, später auch gegenüber vielen ehrlichen Kommunisten, gegenüber denjenigen Parteikadern, die die schwere Last des Bürgerkrieges sowie der ersten und schwierigsten Jahre der Industrialisierung und Kollektivierung auf ihren Schultern getragen hatten, die aktiv gegen die Trotzkisten und Rechtsabweichler um eine leninistische Parteilinie gekämpft hatten.

Stalin führte den Begriff »Volksfeind« ein. Dieser Terminus befreite umgehend von der Notwendigkeit, die ideologischen Fehler eines oder mehrerer Menschen, gegen die man polemisiert hatte, nachzuweisen; er erlaubte die Anwendung schrecklichster Repressionen, wider alle Normen der revolutionären Gesetzlichkeit, gegen jeden, der in irgend etwas mit Stalin nicht übereinstimmte, der nur gegnerischer Absichten verdächtigt, der einfach verleumdet wurde. Dieser Begriff »Volksfeind« schloß im Grunde genommen schon von sich aus die Möglichkeit irgendeines ideologischen Kampfes oder der Darlegung der eigenen Ansichten zu dieser oder jener Frage auch praktischen Inhalts aus. Als hauptsächlicher und im Grunde genommen einziger Schuldbeweis wurde entgegen allen Normen der heutigen Rechtslehre das »Geständnis« der Verurteilten betrachtet, wobei dieses »Bekenntnis« – wie eine spätere Überprüfung ergab – durch physische Mittel der Beeinflussung des Angeklagten erreicht wurde.

Das führte zu einer krassen Vergewaltigung der revolutionären Gesetzlichkeit, dazu, daß viele total Unschuldige, die in der Vergangenheit die Parteilinie verteidigt hatten, zu Opfern wurden.

Man muß feststellen, daß es gegenüber denjenigen, die seinerzeit gegen die Parteilinie auftraten, oft keine ausreichend ernsthaften Grundlagen gab, um sie physisch zu vernichten. Um die physische Vernichtung solcher Personen zu begründen, wurde eben die Formel vom »Volksfeind« eingeführt.

Schließlich hatten viele Menschen, die später vernichtet wurden, weil sie als Feinde der Partei und des Volkes betrachtet wurden, zu Lebzeiten W. I. Lenins mit diesem zusammengearbeitet. Einige dieser Personen hatten auch zu Lenins Zeiten Fehler begangen, doch ungeachtet dessen zog Lenin aus ihrer Arbeit Nutzen, korrigierte sie, strebte danach, daß sie im Rahmen der Partei verblieben, weiter mit ihm zusammengingen.

Im Zusammenhang damit sollen die Parteitagsdelegierten mit einer bisher unveröffentlichten Bemerkung W. I. Lenins vertraut gemacht werden, die er im Oktober 1920 an das Politbüro des ZK richtete. Bei der Präzisierung der Aufgaben der Kontrollkommission schrieb Lenin, daß man diese Kommission »zu einem echten Organ des Gewissens von Partei und Proletariat« machen sollte. »Als besondere Aufgabe wird der Kontrollkommission empfohlen«, heißt es in dieser Notiz, »die Vertreter der sogenannten Opposition, die in Zusammenhang mit den Mißerfolgen in ihrer Partei- oder Staatskarriere eine seelische Krise durchmachen, aufmerksam und differenziert, bisweilen sogar direkt wie Kranke zu behandeln. Man muß sich bemühen, sie zu beruhigen, ihnen die Sache kameradschaftlich erklären, ihnen (nicht auf dem Wege von Anordnungen) eine Arbeit beschaffen, die ihren psychologischen Besonderheiten entspricht; dem Orgbüro des ZK sind zu diesem Punkt Ratschläge und Hinweise zu geben, usw.«[16]

Alle wissen gut, wie unversöhnlich Lenin gegenüber den ideologischen Gegnern des Marxismus war, gegenüber denen, die von der richtigen Parteilinie abwichen. Zugleich jedoch forderte Lenin, wie man aus dem verlesenen Dokument und aus der gesamten Praxis seiner Führung der Partei ersehen kann, ein äußerst einfühlsames, parteiliches Verhältnis zu den Menschen, die Schwankungen an den Tag legten oder von der Parteilinie abwichen, die man aber auf den parteilichen Weg zurückführen konnte. Lenin gab den Rat, solche Menschen geduldig zu erziehen, ohne extreme Mittel anzuwenden.

Darin äußerte sich die Klugheit Lenins beim Herangehen an die Menschen, bei der Arbeit mit den Kadern.

Ein vollkommen anderes Verhältnis zu den Menschen war für Stalin charakteristisch. Stalin waren die Leninschen Eigenschaften völlig fremd; die geduldige Arbeit mit den Menschen, ihre beharrliche und mühselige Erziehung, die Fähigkeit, Menschen zu gewinnen nicht auf dem Wege des Zwangs, sondern auf dem Wege ihrer ideologischen Beeinflussung durch das gesamte Kollektiv. Er wies die Leninsche Methode der Überzeugung und Erziehung zurück, ging von der Position des ideologischen Kampfes über den Weg administrativer Gewalt auf den Weg massenhafter Repressalien, den Weg des Terrors. Er machte in zunehmendem Maße und immer hartnäckiger die Straforgane zu seinem Werkzeug, wobei er oft alle bestehenden Normen der Moral und die sowjetischen Gesetze mit Füßen trat.

Die Willkür einer einzelnen Person regte auch andere zur Willkür an und ermöglichte sie. Massenverhaftungen und Deportationen vieler tausend Menschen, Vollstreckungen ohne Gerichtsurteil und ohne normale Untersuchung riefen einen Zustand der Unsicherheit und der Furcht, sogar der Verzweiflung hervor.

Das diente natürlich nicht dem Zusammenschluß der Reihen der Partei und aller Schichten des werktätigen Volkes, sondern zog im Gegenteil die Liquidierung, den Parteiausschluß ehrlicher Mitarbeiter, die aber Stalin unbequem waren, nach sich.

Unsere Partei kämpfte um die Verwirklichung der Leninschen Pläne zur Errichtung des Sozialismus. Das war ein ideologischer Kampf. Wenn im Verlauf dieses Kampfes die Leninschen Grundsätze eingehalten, wenn parteiliche Prinzipienfestigkeit geschickt mit einem einfühlsamen und sorgsamen Verhältnis zu den Menschen verbunden worden wäre, wenn versucht worden wäre, sie auf unsere Seite zu ziehen, anstatt sie zu verstoßen und zu verlieren – dann wäre es gewiß bei uns nicht zu einer so brutalen Verletzung der revolutionären Gesetzlichkeit, zur Anwendung von Terrormethoden gegenüber vielen Tausenden Menschen gekommen. Außerordentliche Mittel wären dann nur gegenüber denjenigen angewandt worden, die tatsächlich Verbrechen gegen die Sowjetordnung begangen hätten.

Erinnern wir uns an einige historische Tatsachen.

In den Tagen vor der Oktoberrevolution traten zwei Mitglieder des ZK der bolschewistischen Partei – Kamenew und Sinowjew – gegen den Leninschen Plan des bewaffneten Aufstands auf. Mehr noch, am 18. Oktober veröffentlichten sie in der menschewistischen Zeitung »Nowaja Shisn« eine Erklärung über die Vorbereitung des Aufstands durch die Bolschewiki sowie darüber, daß sie den Aufstand als abenteuerlich ansahen. Damit enthüllten Kamenew und Sinowjew den Feinden den Beschluß des ZK zur Frage des Aufstands, seiner Organisierung in allernächster Zeit.

Das war Verrat an der Sache der Partei, an der Sache der Revolution. W. I. Lenin schrieb im Zusammenhang damit: »Kamenew und Sinowjew haben an Rodsjanko und Kerenski den Beschluß des ZK ihrer Partei über den bewaffneten Aufstand ... *verraten.*«[17] Er unterbreitete dem ZK die Frage des Ausschlusses von Sinowjew und Kamenew aus der Partei.

Bekanntlich wurden jedoch Sinowjew und Kamenew nach der Großen Sozialistischen Oktoberrevolution in führenden Positionen eingesetzt. Lenin bezog sie in die Ausführung der verantwortungsvollsten Aufträge der Partei ein, in die aktive Arbeit der Führungsorgane von Partei und Sowjetstaat. Es ist bekannt, daß Sinowjew und Kamenew zu Lebzeiten Lenins nicht wenig andere ernste Fehler begingen. In seinem »Testament« warnte Lenin, »daß die Episode mit Sinowjew und Kamenew im Oktober natürlich kein Zufall war«[18]. Doch Lenin stellte weder die Frage ihrer Verhaftung noch gar die ihrer Erschießung.

Oder nehmen wir das Beispiel der Trotzkisten. Gegenwärtig, da ein ausreichend langer historischer Abschnitt verstrichen ist, können wir über den Kampf gegen die Trotzkisten vollkommen ruhig sprechen und diese Angelegenheit mit ausreichender Objektivität analysieren. Schließlich befanden sich in Trotzkis Umgebung Menschen, die keineswegs aus einem bürgerlichen Milieu stammten. Ein Teil von ihnen gehörte zur Parteiintelligenz, und ein gewisser Teil rekrutierte sich aus der Arbeiterschaft. Man könnte viele anführen, die sich seinerzeit den Trotzkisten angeschlossen hatten, doch dieselben Menschen hatten vor der Revolution aktiv an der Arbeiterbewegung teilgenommen und sich an der Revolution selbst beteiligt wie gleichfalls an der Festigung der Errungenschaften dieser größten Revolution. Viele von ihnen brachen mit dem Trotzkismus und gingen auf leninistische Positionen über. Bestand denn die Notwendigkeit der physischen Vernichtung dieser Menschen? Wir sind zutiefst überzeugt, hätte Lenin gelebt, wäre ein so extremes Mittel gegenüber vielen von ihnen nicht angewandt worden.

So sehen nur einige historische Fakten aus. Und kann man sagen, daß Lenin sich nicht entschieden hätte, gegenüber Feinden der Revolution die strengsten Schritte zu unternehmen, wenn es tatsächlich erforderlich war? Nein, das kann niemand behaupten. Wladimir Iljitsch verlangte die rücksichtslose Abrechnung mit Feinden der Revolution und der Arbeiterklasse, und wenn es erforderlich war, wandte er solche Mittel auch schonungslos an. Erinnern Sie sich beispielsweise an den Kampf W. I. Lenins gegen die sozialrevolutionären Organisatoren der antisowjetischen Erhebungen, gegen das konterrevolutionäre Kulakentum im Jahre 1918 und anderes, als Lenin ohne Schwankungen die entschiedensten Mittel gegenüber den Feinden anwandte. Doch Lenin griff zu solchen Mitteln gegenüber wirklichen Klassenfeinden, nicht aber jenen gegenüber, die sich irren, fehlgehen, die man durch ideologische Beeinflussung wieder in die Partei einreihen und sogar in der Führung behalten kann.

Lenin benutzte scharfe Mittel in den allernotwendigsten Fällen, als Ausbeuterklassen existierten, die einen wütenden Widerstand gegen die Revolution leisteten, als der Kampf »Wer – wen?« unvermeidlich die schärfsten Formen, einschließlich des Bürgerkrieges, annahm. Stalin allerdings wandte extremste Mittel, Massenrepressalien noch dann an, als die Revolution gesiegt, der Sowjetstaat sich gefestigt hatte, als die Ausbeuterklassen bereits liquidiert worden waren und sozialistische Verhältnisse sich in allen Bereichen der Volkswirtschaft vertieft hatten, als unsere Partei politisch an Stärke gewonnen und sich sowohl quantitativ als auch ideologisch gestählt hatte. Es ist klar, daß Stalin hier in einer ganzen Reihe von Fällen Intoleranz, Brutalität, Machtmißbrauch an den Tag legte. Anstatt zu beweisen, daß er politisch recht hatte und die Massen zu mobilisieren, beschritt er oft den Weg der Repression und der physischen Vernichtung nicht nur gegenüber tatsächlichen Feinden, sondern auch gegenüber Menschen, die keine Verbrechen gegen die Partei und die Sowjetmacht begangen hatten. Das war kein Zeichen von Klugheit, sondern nur die Demonstration brutaler Stärke, was gerade Lenin so beunruhigte.

Das Zentralkomitee der Partei hat kürzlich, nach der Entlarvung der Berija-Bande[19], eine Reihe von Fällen erörtert, die diese Bande fabriziert hat. Enthüllt wurde dabei ein sehr schmutziges Bild brutaler Willkür, das mit dem ungerechtfertigten Vorgehen Stalins verbunden war. Wie die Tatsachen belegen, erlaubte sich Stalin – unter Ausnutzung seiner unbeschränkten Macht – viele Mißbräuche, wobei er im Namen des ZK agierte und die Mitglieder des ZK wie sogar auch die Mitglieder des Politbüros nicht um ihre Meinung fragte, häufig sie nicht einmal über seine individuell getroffenen Beschlüsse in äußerst wichtigen Partei- und Staatsangelegenheiten informierte.

Bei der Erörterung der Frage des Personenkults müssen wir vor allem klären, welchen Schaden er den Interessen unserer Partei zugefügt hat.

Lenin unterstrich stets die Rolle und Bedeutung der Partei bei der Leitung des sozialistischen Staates der Arbeiter und Bauern, wobei er darin die Hauptbedingung für die erfolgreiche Errichtung des Sozialismus in unserem Land erblickte. Unter Hinweis auf die gewaltige Verantwortung der bolschewistischen Partei als der Regierungspartei des sowjetischen Staates appellierte Lenin, die Normen des Parteilebens auf das genaueste einzuhalten, die Prinzipien der Kollektivität bei der Leitung der Partei und des Landes zu verwirklichen.

Die Kollektivität der Leitung entspringt aus der Natur unserer Partei selbst, die auf den Grundsätzen des demokratischen Zentralismus basiert. »Das bedeutet«, sagte Lenin, »daß ausnahmslos alle Parteiangelegenheiten – unmittelbar oder durch Vertreter – von allen Parteimitgliedern gleichberechtigt wahrgenommen werden, wobei alle leitenden Funktionäre, alle führenden Kollegien, alle Parteiinstanzen wählbar, rechenschaftspflichtig und absetzbar sind.«[20]

Bekanntlich hat Lenin selbst ein Beispiel für die genaueste Einhaltung dieser Prinzipien gegeben. Es gab keine noch so wichtige Frage, in der Lenin die Entscheidung selbst getroffen hätte, ohne den Rat und die Billigung der Mehrheit der ZK-Mitglieder oder der Mitglieder des Politbüros des ZK einzuholen.

In den für unsere Partei und das Land schwierigsten Abschnitten hielt es Lenin für erforderlich, regulär die Parteitage, Parteikonferenzen und Plenartagungen des Zentralkomitees einzuberufen, auf denen die wichtigsten Fragen besprochen und Beschlüsse gefaßt wurden, die allseitig von den Führungskollektiven ausgearbeitet worden waren.

Erinnern wir uns zum Beispiel des Jahres 1918, als über dem Land die Gefahr des Überfalls der imperialistischen Interventen hing. Unter diesen Bedingungen wurde der VII. Parteitag mit dem Ziel einberufen, die lebenswichtige und keinen Aufschub duldende Frage des Friedens zu erörtern. Im Jahre 1919, im Feuer des Bürgerkrieges, wurde der VIII. Parteitag einberufen, auf dem ein neues Parteiprogramm beschlossen und so wichtige Angelegenheiten erörtert wurden wie die Haltung gegenüber den Massen der Bauernschaft, die Organisation der Roten Armee, die Frage der führenden Rolle der Partei in der Arbeit der Sowjets, die Verbesserung der sozialen Zusammensetzung der Partei und andere Fragen. 1920 wurde der IX. Parteitag einberufen, der die Aufgaben der Partei und des Landes im Bereich des ökonomischen Aufbaus festlegte. Im Jahre 1921, auf dem X. Parteitag, wurde die von Lenin ausgearbeitete Neue Ökonomische Politik beschlossen und die historische Entschließung »Über die Einheit der Partei« angenommen.

Zu Lebzeiten Lenins fanden die Parteitage regulär statt; immer, wenn eine radikale Wende in der Entwicklung von Partei und Land eintrat, betrachtete es Lenin als unerläßlich, durch die Partei die grundlegenden Fragen der Innen- und Außenpolitik, die Fragen des Partei- und Staatsaufbaus zu erörtern.

Es ist besonders charakteristisch, daß Lenin seine letzten Artikel, Briefe und Bemerkungen gerade an den Parteitag als höchstes Parteiorgan richtete. In der Periode zwischen den Parteitagen trat das Zentralkomitee als das mit der höchsten Autorität ausgestattete Führungskollektiv auf, das die Prinzipien der Partei genau einhielt und ihre Politik realisierte.

So war es zu Lenins Lebzeiten.

Wurden die für unsere Partei heiligen Leninschen Prinzipien nach dem Tode von Wladimir Iljitsch eingehalten?

Während in den ersten Jahren nach dem Tode Lenins Parteitage und Plenarsitzungen des ZK mehr oder weniger regelmäßig stattfanden, wurde später, als Stalin die Macht immer mehr mißbrauchte, begonnen, diese Prinzipien gröblich zu verletzen. Dies wurde vor allem in den letzten 15 Jahren seines Lebens deutlich. Kann man den Fakt als normal ansehen, daß zwischen dem XVIII. und XIX. Parteitag mehr als 13 Jahre vergingen, in denen unsere Partei und das Land so viele Ereignisse erlebten?[21] Diese Ereignisse verlangten nachdrücklich von der Partei, Beschlüsse zur Verteidigung des Landes unter den Bedingungen des Vaterländischen Krieges und zum friedlichen Aufbau in den Nachkriegsjahren zu fassen. Sogar nach Ende des Krieges trat länger als sieben Jahre kein Parteitag zusammen.

Es wurden fast keine Plenartagungen des Zentralkomitees einberufen. Es spricht für sich, daß während all der Jahre des Großen Vaterländischen Krieges praktisch kein einziges Plenum des ZK stattfand. Es gab zwar einen Versuch zur Einberufung eines ZK-Plenums im Oktober 1941[22], als aus dem ganzen Lande die Mitglieder des ZK nach Moskau beordert wurden. Zwei Tage warteten sie auf die Eröffnung des Plenums, doch ihr Warten war vergeblich. Stalin wollte sich nicht einmal mit den Mitgliedern des ZK treffen und unterhalten. Diese Tatsache zeugt davon, wie demoralisiert Stalin in den ersten Monaten des Krieges war und wie überheblich und geringschätzig er die Mitglieder des ZK behandelte.

In dieser Praxis spiegelte sich das Ignorieren der Normen des Parteilebens, die Verletzung des Leninschen Prinzips der kollektiven Leitung der Partei durch Stalin wider.

Die Selbstherrlichkeit Stalins gegenüber der Partei und ihrem Zentralkomitee kam besonders nach dem XVII. Parteitag zum Vorschein, der 1934 stattfand.

Das Zentralkomitee, das über zahlreiche Fakten verfügt, die von der brutalen Willkür gegenüber den Kadern der Partei zeugen, hat aus dem Kreis des Präsidiums des ZK eine Parteikommission[23] eingesetzt und beauftragt, genau zu untersuchen, auf welche Weise die Massenrepressalien gegen die Mehrheit der Mitglieder und Kandidaten des ZK der Partei, das vom XVII. Parteitag der KPdSU(B) gewählt wurde, möglich wurden.

Die Kommission machte sich mit einer großen Anzahl von Materialien aus den Archiven des NKWD[24] und mit anderen Dokumenten vertraut, und sie stellte zahlreiche Fakten fest über fabrizierte Anklagen gegen Kommunisten, falsche Beschuldigungen, schreiende Verletzungen der sozialistischen Gesetzlichkeit, als deren Folge unschuldige Menschen umkamen. Aufgedeckt wurde, daß viele Parteiarbeiter, Sowjet- und Wirtschaftsfunktionäre, die in den Jahren 1937/1938 als »Feinde« angesehen wurden, in Wirklichkeit niemals Feinde, Spione, Schädlinge u. ä. gewesen sind, daß sie tatsächlich immer ehrliche Kommunisten waren. Aber man hat sie angeschwärzt, und manchmal hielten sie die barbarischen Foltern nicht aus und beschuldigten sich selbst (unter dem Diktat der mit Fälschungen arbeitenden Untersuchungsrichter) sämtlicher schwerer und unwahrscheinlicher Verbrechen. Die Kommission hat dem Präsidium des ZK ein umfassend dokumentiertes Material über die Massenrepressalien gegen die Delegierten des XVII. Parteitags und die Mitglieder des von diesem Parteitag gewählten Zentralkomitees vorgelegt. Diese Materialien wurden vom Präsidium des Zentralkomitees begutachtet.

Festgestellt wurde, daß von den 139 Mitgliedern und Kandidaten des Zentralkomitees, die auf dem XVII. Parteitag gewählt worden waren, 98 Personen, d. h. 70 Prozent, (hauptsächlich in den Jahren 1937/1938) verhaftet und erschossen wurden. (Empörung im Saal.)

Wie war die Zusammensetzung der Delegierten zum XVII. Parteitag? Es ist bekannt, daß 80 Prozent der Teilnehmer des Parteitages mit beschließender Stimme in den Jahren der Konspiration vor der Revolution und während des Bürgerkrieges, also einschließlich bis zum Jahre 1920, in die Partei eingetreten waren. Was die soziale Zusammensetzung angeht, so stellten Arbeiter (60 Prozent der Delegierten mit beschließender Stimme) die Hauptmasse der Parteitagsdelegierten.

Deshalb war es absolut undenkbar, daß der Parteitag mit derartiger Zusammensetzung ein Zentralkomitee gewählt hätte, dessen Mehrheit sich als Parteifeinde herausstellt. Nur im Ergebnis dessen, daß ehrliche Kommunisten angeschwärzt und zu Unrecht beschuldigt wurden, daß ungeheuerliche Verletzungen der revolutionären Gesetzlichkeit zugelassen worden sind, wurden 70 Prozent der Mitglieder und Kandidaten des vom XVII. Parteitag gewählten Zentralkomitees als Feinde der Partei und des Volkes betrachtet.

Dasselbe Geschick traf nicht nur die Mitglieder des ZK, sondern auch die Mehrheit der Delegierten zum XVII. Parteitag. Von den 1 966 Delegierten mit beschließender und beratender Stimme wurden auf der Grundlage von Beschuldigungen wegen konterrevolutionärer Verbrechen weit mehr als die Hälfte – 1 108 Personen – festgenommen. Schon dieser Fakt allein bezeugt, wie unbegründet, unsachlich und wider allen gesunden Verstand der Vorwurf konterrevolutionärer Verbrechen war, der – wie sich jetzt herausstellt – gegen die **Mehrheit** der Teilnehmer des XVII. Parteitages vorgebracht worden war. (Empörung im Saal.)

Es sei daran erinnert, daß der XVII. Parteitag in die Geschichte als Parteitag der Sieger einging. Die Delegierten für den Parteitag waren aktive Teilnehmer am Aufbau unseres sozialistischen Staates, viele von ihnen kämpften aufopferungsvoll um die Sache der Partei in den Vorrevolutionsjahren, in der Konspiration und an den Fronten des Bürgerkrieges, kämpften tapfer gegen die Feinde, sahen oft dem Tod ins Auge und zitterten nicht. Wie also soll man glauben, daß solche Leute in der Periode nach der politischen Zerschlagung der Sinowjewleute, Trotzkisten und Rechtsabweichler, nach den großen Siegen des sozialistischen Aufbaus sich als »doppelzünglerisch« herausstellten, ins Lager der Feinde des Sozialismus übergingen?

Dies geschah im Ergebnis des Machtmißbrauchs durch Stalin, der den Massenterror gegen die Parteikader anzuwenden begann.

Warum verstärkten sich die Massenrepressalien gegen die Aktivisten nach dem XVII. Parteitag immer mehr? Deshalb, weil Stalin in dieser Zeit sich so über die Partei und das Volk stellte, daß er überhaupt weder mit dem ZK noch mit der Partei rechnete. Wenn er auch vor dem XVII. Parteitag noch die Meinung des Kollektivs respektierte, so beachtete Stalin nach der vollständigen politischen Zerschlagung der Trotzkisten, Sinowjew- und Bucharinleute, als im Ergebnis dieses Kampfes und des Sieges des Sozialismus die Einheit der Partei und des Volkes erlangt wurde, in immer größerem Maße weder die ZK-Mitglieder noch die Mitglieder des Politbüros. Stalin dachte, daß er seinerzeit selbst in allen Angelegenheiten entscheiden konnte und die übrigen ihm nur als Statisten vonnöten seien; alle anderen galten für ihn nur als Zuhörer und Lobspender.

Nach der verbrecherischen Ermordung S. M. Kirows begannen Massenrepressalien, und es gab brutale Akte der Verletzung der sozialistischen Gesetzlichkeit. Am Abend des 1. Dezember 1934 unterschrieb der Sekretär des Präsidiums des Zentralexekutivkomitees Jenukidse[25] auf Initiative Stalins (ohne Beschluß des Politbüros; dieses wurde erst zwei Tage später beiläufig unterrichtet) folgende Anordnung[26]:

»I. Die Untersuchungsbehörden werden angewiesen, die Angelegenheiten der der Vorbereitung und Durchführung von Terrorakten Beschuldigten im Schnellverfahren durchzuführen.

II. Die Gerichtsorgane werden angewiesen, im Zusammenhang mit der von Straffälligen dieser Kategorie geäußerten Bitte auf Gnadenerlaß von der Ausführung des Todesurteils keinen Abstand zu nehmen, da das Präsidium des Zentralexekutivkomitees der UdSSR es nicht für möglich hält, derartige Bitten zur Bearbeitung anzunehmen.

III. Die Organe des Kommissariats für Innere Angelegenheiten (NKWD) werden angewiesen, Todesurteile gegen oben genannte Kategorien von Verbrechern sofort nach Verhängung der Urteile zu vollstrekken.«

Diese Verfügung bildete die Grundlage für massenhafte Verletzungen der sozialistischen Gesetzlichkeit. In vielen zurechtgezimmerten gerichtlichen Verfahren wurde den Beschuldigten die »Vorbereitung« von Terrorakten zugeschrieben, und das beraubte die Angeklagten jeder Möglichkeit der Revision ihrer Angelegenheiten selbst dann, wenn sie vor Gericht die von ihnen erzwungenen »Geständnisse« widerriefen und die gegen sie vorgebrachten Anklagen auf überzeugende Art zu Fall brachten.

Man muß feststellen, daß die Umstände der Ermordung des Gen. Kirow bislang in sich viele unverständliche und rätselhafte Fragen bergen und gründlichste Untersuchungen verlangen. Es gibt Anhaltspunkte für die Ansicht, daß dem Mörder Kirows, Nikolajew, irgend jemand aus dem Personenschutz Kirows geholfen hat. Eineinhalb Monate vor dem Mord war Nikolajew[27] wegen verdächtigen Verhaltens verhaftet worden, doch man hat ihn auf freien Fuß gesetzt und nicht einmal eine Untersuchung durchgeführt. Äußerst verdächtig ist der Umstand, daß ein am 2. Dezember zum Verhör transportierter Tschekist, der Kirow zugeteilt worden war, bei einem »Verkehrsunfall« umkam, während keine der ihn begleitenden Personen verletzt wurde. Nach der Ermordung Kirows wurden leitende Mitarbeiter des Leningrader NKWD ihrer Funktionen enthoben und zu sehr milden Strafen verurteilt, aber 1937 wurden sie erschossen. Man darf vermuten, daß sie erschossen wurden, um die Spuren der Organisatoren des Mordes an Kirow zu verwischen. (Bewegung im Saal.)

Die Massenrepressalien verstärkten sich gewaltig seit Ende 1936, nach dem Telegramm Stalins und Shdanows[28] aus Sotschi vom 25. September 1936, das an Kaganowitsch[29], Molotow[30] und andere Mitglieder des Politbüros adressiert war. Der Inhalt des Telegramms war folgender:

»Wir erachten es für absolut notwendig und dringend, Gen. Jeshow[31] mit dem Posten des Volkskommissars für Innere Angelegenheiten zu betrauen. Jagoda[32] stand deutlich nicht auf der Höhe der Aufgaben bei der Entlarvung des trotzkistisch-sinowjewistischen Blocks. **Die OGPU[33] ist in dieser Frage um vier Jahre in Verzug.** Davon reden alle Parteiarbeiter und die Mehrheit der Bezirksvertreter des NKWD.« Richtigerweise sollte man unterstreichen, daß Stalin mit Parteiarbeitern nicht zusammentraf und deshalb ihre Meinung auch nicht wissen konnte.

Die Stalinsche Formulierung, wonach bei der Anwendung von Massenrepressalien das NKWD »um vier Jahre in Verzug« war, daß man die Verspätungen schnell »aufholen« solle, trieb die Mitarbeiter des NKWD direkt auf den Weg der Massenverhaftungen und Exekutionen.

Man muß feststellen, daß diese Formulierung auch der Februar/März-Tagung des ZK der KPdSU im Jahre 1937 aufgezwungen wurde. Die Resolution des Plenums, die auf der Grundlage des Referats von Jeshow »Die Lehren aus der Sabotagetätigkeit, Diversion und Spionage von japanisch-deutsch-trotzkistischen Agenten« beschlossen wurde, lautete:

»Das Plenum des ZK der KPdSU(B) ist der Ansicht, daß alle Fakten, die während der Untersuchung der Frage des antisowjetischen trotzkistischen Zentrums und seiner Anhänger im Territorium aufgedeckt wurden, davon zeugen, daß das Volkskommissariat für Innere Angelegenheiten sich mindestens um vier Jahre in der Entlarvung dieser schlimmsten Volksfeinde verspätet hat.«

Die Massenrepressalien wurden zu dieser Zeit unter der Losung des Kampfes gegen die Trotzkisten durchgeführt. Stellten denn die Trotzkisten zu jener Zeit wirklich eine solche Gefahr für unsere Partei und den Sowjetstaat dar? Es sollte daran erinnert werden, daß im Jahre 1927, am Vortage des XV. Parteitages, für die trotzkistisch-sinowjewistische Opposition lediglich 4 000 Personen stimmten, während sich für die Parteilinie 724 000 aussprachen. Im Laufe von zehn Jahren, die zwischen dem XV. Parteitag und dem Februar/März-Plenum des ZK vergingen, wurde der Trotzkismus vollkommen zerschlagen, viele ehemalige Trotzkisten sagten sich von ihren früheren Ansichten los und arbeiteten an verschiedenen Abschnitten des sozialistischen Aufbaus. Klar ist, daß es unter den Bedingungen des Sieges des Sozialismus keine Grundlagen für Massenterror im Lande gab.

Stalins Referat auf dem Februar/März-Plenum 1937 »Über die Mängel der Parteiarbeit und die Maßnahmen zur Liquidierung der trotzkistischen und sonstigen Doppelzüngler« enthielt einen Versuch der theoretischen Begründung der Politik von Massenrepressalien unter dem Vorwand, daß im Zuge unseres Voranschreitens zum Sozialismus der Klassenkampf sich angeblich immer mehr zuspitzen mußte. Stalin behauptete dabei, daß sowohl die Geschichte als auch Lenin dies lehrten.

In Wirklichkeit aber wies Lenin darauf hin, daß die Anwendung revolutionärer Gewalt von der Notwendigkeit bestimmt wird, den Widerstand der Ausbeuterklassen zu ersticken, und diese Hinweise Lenins bezogen sich auf die Periode, als noch starke Ausbeuterklassen existierten. Als sich die politische Situation im Lande verbesserte, als im Jahre 1920 Rostow von der Roten Armee eingenommen und der Sieg über Denikin in der Hauptsache errungen war, gab Lenin Dzierżyński eine Instruktion zur Beendigung des Massenterrors und zur Aufhebung der Todesstrafe. Lenin begründete diesen wichtigen politischen Schritt der Sowjetmacht in seinem Bericht auf der Sitzung des Gesamtrussischen Zentralexekutivkomitees am 2. Februar 1920 auf folgende Weise:

»Der Terror wurde uns durch den Terrorismus der Entente aufgezwungen, als die stärksten Mächte der Welt, vor nichts zurückschreckend, mit ihren Horden über uns herfielen. Wir hätten uns keine zwei Tage halten können, wären wir diesen Versuchen der Offiziere und Weißgardisten nicht ohne Erbarmen begegnet, und das bedeutete Terror, aber der Terror wurde uns durch die terroristischen Methoden der Entente aufgezwungen. Sobald wir aber den entscheidenden Sieg errungen hatten, noch vor Beendigung des Krieges, sofort nach der Einnahme von Rostow, verzichteten wir auf die Anwendung der Todesstrafe und zeigten damit, daß wir zu unserem eigenen Programm so stehen, wie wir es versprochen haben. Wir erklären, daß sich die Anwendung von Gewalt aus der Aufgabe ergibt, die Ausbeuter, die Gutsbesitzer und Kapitalisten, zu unterdrücken; wenn das getan ist, verzichten wir auf alle außerordentlichen Maßnahmen. Wir haben das durch die Tat bewiesen.«[34]

Stalin ging von diesen deutlichen und klaren programmatischen Weisungen Lenins ab. Später, als bereits alle Ausbeuterklassen in unserem Land liquidiert worden waren und es keinerlei ernsthafte Gründe zur massenhaften Anwendung außerordentlicher Mittel, von Massenterror, gab, da stellte Stalin die Partei, die Organe des NKWD auf den Massenterror ein.

Dieser Terror war faktisch nicht gegen die Überreste der zerschlagenen Ausbeuterklassen gerichtet, sondern gegen ehrliche Kader der Partei und des Sowjetstaates, gegen die verlogene, verleumderische und unsachliche Vorwürfe der »Doppelzünglerei«, »Spionagetätigkeit«, »Sabotage« und Vorbereitung irgendwelcher erdachter »Attentate« vorgebracht wurden.

Auf dem Februar/März-Plenum im Jahre 1937 bezweifelten viele ZK-Mitglieder im Grunde genommen die Richtigkeit des Kurses der Massenrepressalien, der unter dem Vorwand des Kampfes gegen die »Doppelzüngler« eingeschlagen worden war.

Am deutlichsten drückte diese Zweifel Gen. Postyschew[35] aus. Er sagte:

»Ich verstehe es so: Es sind schwere Jahre des Kampfes vergangen, rückgratlose Parteimitglieder zerbrachen oder gingen ins Lager der Feinde über, die gesunden Elemente kämpften um die Sache der Partei. Das waren die Jahre der Industrialisierung, der Kollektivierung. Ich hätte mir nie vorstellen können, daß nach Ablauf dieser schweren Periode Karpow und seinesgleichen sich im Lager der Feinde befinden würden.[36] Aus Aussagen ergibt sich angeblich, daß Karpow 1934 von den Trotzkisten geworben wurde. Ich persönlich meine, daß es unglaubwürdig ist, daß 1934 ein ehrliches Parteimitglied, das den langen Weg des erbitterten Kampfes gegen die Feinde für die Sache der Partei, für den Sozialismus gegangen ist, sich im Lager der Feinde wiederfinden sollte. Ich glaube nicht daran. Ich kann mir nicht vorstellen, daß man zusammen mit der Partei schwere Jahre gehen und dann 1934 zu den Trotzkisten überwechseln kann. Das ist eine eigenartige Sache ...«

Indem sie sich der Formulierung Stalins bedienten, wonach es immer mehr Feinde geben wird, je näher man dem Sozialismus kommt, und sich auf die zum Referat von Jeshow beschlossene Resolution des Februar/März-Plenums beriefen, begannen in die Staatssicherheitsorgane eingedrungene Provokateure und gewissenlose Karrieristen, den Massenterror gegen Kader der Partei und des Sowjetstaates, gegen einfache Sowjetbürger mit dem Namen der Partei zu tarnen. Es genügt zu sagen, daß die Anzahl derjenigen, die aufgrund von Beschuldigungen wegen konterrevolutionärer Verbrechen verhaftet wurden, sich im Jahre 1937 im Vergleich zu 1936 um mehr als das *Zehnfache* vergrößerte.

Es ist bekannt, mit welcher brutalen Willkür auch gegen leitende Funktionäre der Partei vorgegangen wurde. Das Parteistatut, das vom XVII. Parteitag angenommen wurde, beruhte auf den Leninschen Weisungen aus der Zeit des X. Parteitages und besagte, daß man, um gegen ein Mitglied des ZK, einen Kandidaten des ZK oder ein Mitglied der Parteikontrollkommission eine äußerste Maßnahme wie den Parteiausschluß anzuwenden, ein Plenum des ZK einberufen und zu diesem Plenum »alle Kandidaten des ZK sowie alle Mitglieder der Parteikontrollkommission«[37] laden müsse. Nur unter der Bedingung, daß eine solche Gesamtversammlung verantwortlicher hoher Parteifunktionäre mit Zweidrittelmehrheit es für nötig erachtet, kann der Parteiausschluß eines Mitglieds oder Kandidaten des ZK verfügt werden.

Die Mehrheit der Mitglieder und Kandidaten des ZK, die durch den XVII. Parteitag gewählt und in den Jahren 1937/1938 verhaftet wurden, wurde aus der Partei widerrechtlich, unter brutaler Verletzung des Statuts, ausgeschlossen, weil die Frage ihres Ausschlusses nicht von einem ZK-Plenum erörtert wurde.

Heute, da die Fälle einiger dieser angeblichen »Spione« und »Schädlinge« untersucht worden sind, wurde festgestellt, daß diese Dinge zurechtgezimmert worden sind. Das Schuldbekenntnis vieler Verhafteter und wegen feindlicher Aktivitäten Angeklagter ist mit Hilfe grausamer, unmenschlicher Folterungen erreicht worden.

Wie Mitglieder des damaligen Politbüros informieren, hat Stalin ihnen die Erklärungen einer Reihe verleumdeter politischer Funktionäre vorenthalten, wenn diese ihre Aussagen vor dem Militärtribunal zurücknahmen und um eine objektive Untersuchung ihrer Angelegenheit baten. Solche Erklärungen gab es nicht wenige, und Stalin kannte sie zweifellos.

Das Zentralkomitee erachtet es für erforderlich, den Parteitag über viele konstruierte »Fälle« von Mitgliedern des ZK zu informieren, die auf dem XVII. Parteitag gewählt worden waren.

Ein Beispiel einer gemeinen Provokation, einer widerwärtigen Fälschung und einer verbrecherischen Verletzung der revolutionären Gesetzlichkeit ist der Fall des ehemaligen Kandidaten des Politbüros, eines führenden Partei- und sowjetischen Staatsfunktionärs, des Genossen Eiche[38], Mitglied der Partei seit dem Jahre 1905.

Gen. Eiche wurde am 29. April 1938 auf der Grundlage verleumderischer Materialien verhaftet, ohne Zustimmung des Staatsanwalts der UdSSR, die erst 15 Monate nach der Verhaftung erlangt wurde.

Die Untersuchung des Falles Eiche wurde unter Bedingungen der gröbsten Verletzung der sowjetischen Rechtsprechung, der Willkür und der Fälschung durchgeführt.

Eiche wurde durch Folterungen zur Unterzeichnung von Aussageprotokollen gezwungen, die die Untersuchungsrichter vorformuliert hatten, in denen gegen ihn selbst und eine Reihe hervorragender Partei- und Sowjetfunktionäre Anklagen wegen antisowjetischer Tätigkeit vorgebracht wurden.

Am 1. Oktober 1939 übermittelte Eiche zu Händen Stalins eine Erklärung, in der er kategorisch seine Schuld bestritt und um die Untersuchung seines Falles bat. In der Erklärung schrieb er:

»Es gibt keine größere Qual, als im Gefängnis einer Gesellschaftsordnung zu sitzen, um die ich immer gekämpft habe.«

Es hat sich eine zweite Erklärung Eiches erhalten, die er am 27. Oktober 1939 an Stalin schickte und in der er überzeugend, auf Tatsachen gestützt, die gegen ihn gerichteten verleumderischen Anklagen zu Fall brachte und nachwies, daß die provokatorischen Anschuldigungen einerseits das Werk echter Trotzkisten waren, die sich verabredet hatten, sich an ihm zu rächen, weil er als 1. Sekretär des Westsibirischen Gebietskomitees der Partei ihre Verhaftung sanktioniert hatte, und zum anderen das Resultat einer gemeinen Fälschung der Materialien durch die Untersuchungsrichter.

Eiche schrieb in seiner Erklärung:

»Am 25. Oktober d. J. wurde ich über den Abschluß der Untersuchung meines Falles informiert, und mir wurde gestattet, mich mit den Untersuchungsmaterialien vertraut zu machen. Wenn ich auch nur in einem Hundertstel auch nur eines der mir zur Last gelegten Verbrechen schuldig wäre – ich würde es nicht wagen, Ihnen diese vor dem Tode geschriebene Erklärung zu übermitteln, doch ich habe kein einziges der mir vorgeworfenen Verbrechen begangen, und in meinem Herzen hat es niemals auch nur den Schatten einer Niederträchtigkeit gegeben. Zu keiner Zeit meines Lebens habe ich Ihnen gegenüber ein unwahres Wort gesagt, und jetzt, da ich mich mit beiden Beinen schon im Grab befinde, belüge ich Sie ebenfalls nicht. Mein gesamter Fall ist ein typisches Beispiel einer Provokation, von Verleumdung und Vergewaltigung der elementaren Grundlagen der revolutionären Gesetzlichkeit.

... Die in den Untersuchungsakten befindlichen, mich belastenden Aussagen sind nicht nur unsinnig, sondern enthalten in vielen Punkten Verleumdungen gegen das ZK der KPdSU(B) und den Rat der Volkskommissare. So wurde mir angelastet, ich hätte die nicht auf meine Initiative und ohne meine Beteiligung zustande gekommenen richtigen Beschlüsse dieser Organe als feindliche Akte einer konterrevolutionären Organisation dargestellt.

Nun komme ich zum schändlichsten Abschnitt meines Lebens und meiner tatsächlich schweren Schuld der Partei und Ihnen gegenüber. Das ist mein Geständnis konterrevolutionärer Tätigkeit ... Die Sache war so: Ich hielt die Folterungen nicht mehr aus, die Uschakow und Nikolajew[39] gegen mich anwandten, und zwar besonders der Erstgenannte, der die Tatsache ausnutzte, daß meine Wirbel, die gebrochen waren, schlecht verheilten, und der mir unerträgliche Schmerzen zufügte. Sie zwangen mich zur Verleumdung der eigenen Person und zur Verleumdung anderer.

Die Mehrzahl meiner Aussagen suggerierte oder diktierte Uschakow. Die übrigen gab ich aus dem Gedächtnis aus den Materialien des NKWD von Westsibirien wieder, wobei ich mir alle die in den NKWD-Materialien angeführten Fakten zuschrieb. Wenn in der von Uschakow fabrizierten und von mir unterschriebenen Lesart etwas nicht ganz stimmte, wurde ich gezwungen, eine andere Variante zu unterschreiben. So war es im Fall Ruchimowitsch[40], den man anfangs zum Reservezentrum rechnete, was später – ohne es mir mitzuteilen – wieder gestrichen wurde, dasselbe galt für den Vorsitzenden des angeblich von Bucharin 1935 geschaffenen Reservezentrums. Zuerst trug ich meinen Namen ein, später wurde mir aufgetragen, den von Meshlauk[41] einzutragen, und es gab viele ähnliche Vorkommnisse ... Ich bitte Sie und flehe Sie an, anzuweisen, daß mein Fall erneut untersucht wird, und zwar nicht, um mich zu schonen, sondern um die nichtswürdige Provokation aufzudecken, die wie eine Schlange viele Menschen umwickelt hat, insbesondere wegen meiner Verzagtheit und der verbrecherischen Beschuldigung. Sie und die Partei habe ich niemals verraten. Ich weiß, daß ich infolge der unwürdigen, niederträchtigen Tätigkeit von Feinden der Partei und des Volkes umkommen werde, die eine Provokation gegen mich zurechtgebastelt haben.«

Es hätte sich gehört, daß eine so wichtige Erklärung vom ZK unbedingt erörtert worden wäre. Doch dazu kam es nicht, die Erklärung wurde an Berija übermittelt, und die grausame Mißhandlung des verleumdeten Politbürokandidaten Gen. Eiche dauerte an.

Am 2. Februar 1940 stand Gen. Eiche vor Gericht. Im Gerichtssaal bekannte sich Gen. Eiche nicht zu seiner Schuld und erklärte folgendes:

»In allen meinen angeblichen Aussagen gibt es keinen einzigen von mir selbst stammenden Buchstaben mit Ausnahme der Unterschriften unter den Protokollen, zu denen man mich gezwungen hat. Die Aussagen machte ich unter dem Druck des Untersuchungsrichters, der mich vom Beginn meiner Verhaftung an mißhandelte. Daraufhin begann ich sämtliche Dummheiten zu schreiben ... Die Hauptsache ist für mich, dem Gericht, der Partei und Stalin zu sagen, daß ich nicht schuldig bin. Niemals war ich an einer Verschwörung beteiligt. Ich sterbe mit demselben Glauben an die Richtigkeit der Politik der Partei, wie ich an sie im Verlauf meiner gesamten Arbeit geglaubt habe.«

Am 4. Februar wurde Eiche erschossen. Heute steht unbestreitbar fest, daß der Fall Eiche fabriziert worden ist; Eiche wurde postum rehabilitiert.

Vollständig zog der Kandidat des Politbüros Gen. Rudzutaks[42], Mitglied der Partei seit 1905, vor Gericht seine erzwungenen Aussagen zurück. Er hatte zehn Jahre in zaristischer Verbannung verbracht. Das Sitzungsprotokoll des Militärkollegiums des Obersten Gerichts enthält folgende Erklärung Rudzutaks':

»... Die einzige Bitte, die er an das Gericht hat, ist die, dem ZK der KPdSU(B) zur Kenntnis zu geben, daß in den Organen des NKWD ein noch nicht liquidiertes Zentrum existiert, das künstlich Fälle konstruiert und völlig unschuldige Menschen dazu zwingt, sich schuldig zu bekennen; daß es keine Möglichkeit gibt, die Umstände der Anklage zu untersuchen, und es überhaupt nicht möglich ist, seine eigene Nichtbeteiligung an Verbrechen zu beweisen, von denen in diesen oder jenen Aussagen verschiedener Personen die Rede ist. Die Untersuchungsmethoden sind so, daß sie dazu zwingen, zu lügen und völlig unschuldige Menschen, vom Angeklagten selber gar nicht zu reden, zu verleumden. Er bittet das Gericht, ihm zu ermöglichen, all das dem ZK der KPdSU(B) zu schreiben. Er versichert dem Gericht, daß er persönlich niemals irgendwelche bösen Absichten gegenüber der Politik unserer Partei gehabt habe, weil er stets mit der Parteipolitik in allen Bereichen des ökonomischen und kulturellen Aufbaus übereinstimmte.«

Diese Erklärung Rudzutaks' wurde ignoriert, obwohl dieser bekanntlich seinerzeit Vorsitzender der Zentralen Parteikontrollkommission gewesen war, die entsprechend der Konzeption Lenins zum Kampf für die Einheit der Partei geschaffen wurde. So wurde der Vorsitzende eines so maßgeblichen Parteiorgans ein Opfer brutaler Willkür: er wurde nicht einmal vor das Politbüro gerufen, Stalin wollte nicht mit ihm reden. Er wurde innerhalb von 20 Minuten verurteilt und erschossen.

Nach exakter Untersuchung des Falles im Jahre 1955 wurde festgestellt, daß die Anklage gegen Rudzutaks gefälscht war und daß er auf der Grundlage verleumderischer Materialien verurteilt wurde. Rudzutaks wurde postum rehabilitiert.

Auf welche Weise damalige Mitarbeiter des NKWD künstlich, mittels provokatorischer Methoden verschiedene »antisowjetische Zentren« und

»Blöcke« zurechtzimmerten, geht aus den Aussagen des Gen. Rosenblum hervor, Parteimitglied seit 1906, der von der Leningrader Abteilung des NKWD 1937 verhaftet worden war.

Während der Überprüfung des Falls Komarow[43] im Jahre 1955 informierte Rosenblum über folgenden Fakt: Als man ihn, Rosenblum, 1937 verhaftete, wurde er grausamen Folterungen unterworfen, in deren Verlauf von ihm lügenhafte Aussagen erzwungen wurden, die sowohl ihn selbst als auch andere Personen betrafen. Anschließend wurde er ins Dienstzimmer von Sakowski[44] geführt, der ihm die Entlassung unter der Bedingung anbot, daß er vor Gericht unwahre Aussagen in dem 1937 vom NKWD fabrizierten Fall »des Leningrader Sabotage-, Terror-, Diversions- und Spionagezentrums« mache. Mit unglaublichem Zynismus enthüllte Sakowski den widerwärtigen »Mechanismus« der künstlichen Schaffung erfundener »antisowjetischer Verschwörungen«.

»Um mir das zu veranschaulichen«, erklärte Rosenblum, »legte Sakowski mir einige Varianten eventueller Schemata dieses Zentrums und seiner Verzweigungen vor.

Nachdem er mich mit diesen Schemata vertraut gemacht hatte, sagte Sakowski, daß das NKWD den Fall dieses Zentrums vorbereitet, mit dem Hinweis, daß der Prozeß öffentlich sein werde.

Vor Gericht gebracht werden sollte die Führungsspitze des Zentrums, vier bis fünf Personen: Tschudow[45], Ugarow[46], Smorodin[47], Posern[48], Schaposchnikowa[49] (die Frau Tschudows) und andere, sowie aus jeder Filiale 2–3 Personen.

... Der Fall des Leningrader Zentrums sollte solide behandelt werden, und hierbei hätten die Zeugen entscheidende Bedeutung. Keine geringe Rolle spiele hierbei auch die gesellschaftliche Position (natürlich in der Vergangenheit) und die Dauer der Parteizugehörigkeit des Zeugen.

›Du selbst‹, sagte Sakowski, ›wirst nichts erfinden müssen. Das NKWD bereitet für dich einen fertigen Konspekt für jede Filiale einzeln vor, deine Sache ist es, das zu lernen, alle Fragen gut in Erinnerung zu behalten und zu beantworten, die vom Gericht gestellt werden können. Der Fall wird im Laufe von vier bis fünf Monaten vorbereitet, vielleicht auch innerhalb eines halben Jahres. In dieser Zeit wirst du dich vorbereiten, um die Untersuchung und dich selbst nicht zu kompromittieren. Von Verlauf und Ergebnis des Prozesses wird dein weiteres Schicksal abhängen. Wenn du versagst und Unsinn zu reden beginnst, mach dir dann selbst den Vorwurf. Wenn du aushältst, rettest du deinen Kopf, und wir werden dich bis zum Tode auf Kosten des Staates unterhalten und kleiden.‹«

Welch schäbige Dinge sind damals geschehen!

In noch breiterem Maßstab wurde die Fälschung von Strafverfahren im Territorium betrieben. Die NKWD-Verwaltung des Swerdlowsker Gebietes »entdeckte« den sogenannten Aufstandsstab des Uralgebietes – Organ eines Blocks von Rechten, Trotzkisten, Sozialrevolutionären und Kirchenleuten –, an dessen Spitze angeblich der Sekretär des Swerdlowsker Gebietskomitees der Partei, Mitglied des ZK der KPdSU(B) Kabakow[50] gestanden habe, der seit 1914 der Partei angehörte. Aus den Untersuchungsmaterialien dieser Zeit geht hervor, daß in fast allen Regionen, Gebieten und Republiken weitverzweigte »rechtstrotzkistische Spionage- und Terror-, Diversions- und Sabotage-Organisationen und -Zentren« existiert und daß an der Spitze dieser »Organisationen« und »Zentren« in der Regel – unbekannt, weshalb – die ersten Sekretäre der Gebiets- und Regionskomitees oder der Zentralkomitees der nationalen kommunistischen Parteien gestanden hätten.

Im Ergebnis dieser ungeheuerlichen Fälschung solcher »Fälle«, als Folge dessen, daß verschiedenen verleumderischen »Aussagen« sowie erzwungenen Selbstbeschuldigungen und Anschwärzungen anderer Glauben geschenkt wurde, sind viele Tausende ehrliche, unschuldige Kommunisten umgekommen. Auf die gleiche Art und Weise wurden die »Fälle« so hervorragender Partei- und Staatsfunktionäre wie Kossior[51], Tschubar[52], Postyschew[35], Kossarew[53] und anderer konstruiert.

In diesen Jahren sind durch nichts gerechtfertigte Massenrepressalien angewandt worden, in deren Ergebnis die Partei große Verluste ihrer Kader erlitt.

Eingebürgert hatte sich die verbrecherische Praxis, im NKWD Listen derjenigen Personen anzufertigen, deren Fälle der Erörterung durch das Militärkollegium unterlagen und für die von vornherein das Strafmaß festgelegt wurde. Diese Listen übermittelte Jeshow an Stalin persönlich, damit er die vorgeschlagenen Strafen bestätigte. In den Jahren 1937/1938 sind 383 solche Listen an Stalin geschickt worden, die viele tausend Partei-, Sowjet-, Komsomol-, Militär- und Wirtschaftsfunktionäre betrafen und die seine Billigung fanden.

Ein bedeutender Teil dieser Verfahren wird gegenwärtig der Revision unterzogen und eine große Zahl davon als unbegründet und gefälscht gelöscht. Es genügt zu sagen, daß seit 1954 bis jetzt das Militärkollegium des Obersten Gerichts bereits 7 679 Personen rehabilitiert hat, wobei viele von ihnen postum rehabilitiert wurden.

Die Massenverhaftungen von Partei-, Sowjet-, Wirtschafts- und Militärfunktionären haben unserem Land, der Sache des sozialistischen Aufbaus gewaltige Schäden zugefügt.

Die Massenrepressalien hatten einen ungünstigen Einfluß auf den politisch-moralischen Zustand der Partei, brachten Unsicherheit hervor, trugen zur Verbreitung krankhaften Argwohns bei, säten gegenseitiges Mißtrauen zwischen den Kommunisten. Verleumder und Karrieristen aller Art erhielten Auftrieb.

Eine gewisse Gesundung der Parteiorganisationen brachten die Beschlüsse des Januar-Plenums des ZK der KPdSU(B) im Jahre 1938. Doch die breitangelegten Repressalien dauerten auch 1938 an.

Und nur weil unsere Partei über große moralisch-politische Kraft verfügt, konnte sie mit den schweren Ereignissen der Jahre 1937/1938 fertigwerden, diese Ereignisse überleben und neue Kader heranziehen. Doch es besteht kein Zweifel, daß unser Vormarsch zum Sozialismus und die Vorbereitung auf die Verteidigung des Landes bedeutend erfolgreicher verlaufen wären, wenn es nicht die gewaltigen Verluste bei den Kadern gegeben hätte, die wir infolge der massenhaften, unbegründeten und ungerechtfertigten Repressalien in den Jahren 1937/1938 erlitten.

Wir klagen Jeshow völlig zu Recht der Anwendung entarteter Praktiken im Jahre 1937 an. Doch man muß auch auf solche Fragen antworten: Konnte Jeshow selbst ohne Stalins Wissen beispielsweise Kossior verhaften? Gab es einen Meinungsaustausch oder einen Beschluß des Politbüros in dieser Angelegenheit? Nein, es gab sie nicht, so wie es sie auch in anderen derartigen Fällen nicht gab. Konnte Jeshow über derart wichtige Fragen entscheiden wie das Schicksal hervorragender Parteifunktionäre? Nein, es wäre naiv, dies für das Werk Jeshows allein zu halten. Klar ist, daß über solche Dinge Stalin entschied, daß ohne seine Weisungen, ohne seine Zustimmung Jeshow nichts hätte tun können.

Wir haben jetzt die Fälle Kossior, Rudzutaks, Postyschew, Kossarew und andere untersucht und diese Genossen rehabilitiert. Auf welcher Grundlage hatte man sie verhaftet und verurteilt? Die Prüfung der Unterlagen zeigte, daß es dafür keinerlei Grundlagen gab. Man hat sie ähnlich wie viele andere ohne Zustimmung des Staatsanwalts verhaftet. Unter diesen Bedingungen war auch keinerlei Zustimmung nötig; welche Zustimmung konnte es noch geben, wenn Stalin über alles entschied? Er war der Oberstaatsanwalt in diesen Fragen. Stalin erteilte nicht nur die Erlaubnis, er gab sogar auf eigene Initiative Weisungen für Festnahmen. Man muß das sagen, damit für die Parteitagsdelegierten alles klar ist, damit sie das richtig beurteilen und entsprechende Schlußfolgerungen ziehen können.

Die Tatsachen beweisen, daß viele Mißbräuche auf Weisung Stalins erfolgten, ohne irgendwelche Normen der parteilichen und sowjetischen Gesetzlichkeit zu beachten. Stalin war ein sehr mißtrauischer Mensch mit krankhaftem Argwohn, wovon wir, die wir mit ihm arbeiteten, uns überzeugen konnten. Er konnte einen Menschen ansehen und sagen: »Warum haben Sie heute einen so unruhigen Blick?« oder: »Weshalb wenden Sie sich heute so oft um und sehen mir nicht direkt in die Augen?« Der krankhafte Argwohn rief bei ihm wahlloses Mißtrauen hervor, darunter auch im Verhältnis zu hervorragenden Parteifunktionären, die er seit vielen Jahren kannte. Überall, auf Schritt und Tritt, sah er »Feinde«, »Doppelzüngler« und »Spione«.

Im Besitz einer unbeschränkten Macht tolerierte er grausame Willkür, erdrückte er die Menschen moralisch und physisch. Es entstand eine solche Situation, in der der Mensch seinen eigenen Willen nicht vorbringen konnte.

Wenn Stalin sagte, der oder jener sei festzunehmen, so mußte man glauben, daß dies ein »Volksfeind« war. Und die Berija-Bande, die die Macht in den Staatssicherheitsorganen hatte, ließ nichts unversucht, um die Schuld der verhafteten Personen und die Schlüssigkeit der von ihr fabrizierten Materialien zu beweisen. Und welche Beweise wurden vorgelegt? Das Geständnis der Verhafteten. Und die Untersuchungsrichter führten diese »Geständnisse« herbei. Aber wie kann man einen Menschen dazu bringen, sich zu einem Verbrechen zu bekennen, das er nie begangen hat? Nur auf eine Art – durch Anwendung von physischen Methoden der Beeinflussung, durch Folter, Beraubung des Bewußtseins, des Verstandes, der menschlichen Würde. Auf diese Weise wurden die »Geständnisse« erreicht.

Als die Welle von Massenrepressalien 1939 abzuflauen begann, als die Führer von territorialen Parteiorganisationen begannen, Mitarbeiter des NKWD der Anwendung physischer Einwirkungsmethoden gegenüber Verhafteten anzuklagen, richtete Stalin am 10. Januar 1939 ein chiffriertes Telegramm an die Sekretäre der Gebiets- und Regionskomitees, an die Zentralkomitees der nationalen kommunistischen Parteien, an die Volkskommissare für Innere Angelegenheiten und die Chefs der NKWD-Verwaltungen. Das Telegramm lautete:

»Das ZK der KPdSU(B) erklärt, daß die Anwendung physischer Einwirkung in der Praxis des NKWD seit 1937 mit Erlaubnis des ZK der KPdSU(B) zugelassen ist ... Bekannt ist, daß alle bürgerlichen Geheimdienste physische Einwirkung gegenüber den Vertretern des sozialistischen Proletariats anwenden, und zwar in den abscheulichsten Formen.

Es erhebt sich die Frage, warum ein sozialistischer Geheimdienst gegenüber erbitterten Agenten der Bourgeoisie, gegenüber Todfeinden der Arbeiterklasse und der Kolchosbauern humaner sein sollte. Das ZK der KPdSU(B) ist der Ansicht, daß die Methode der physischen Einwirkung auch weiterhin unbedingt gegenüber offenen und sich nicht ergebenden Feinden des Volkes als vollkommen richtige und zweckmäßige Methode ausnahmsweise angewendet werden sollte.«

Somit wurden die brutalste Verletzung der sozialistischen Gesetzlichkeit, die Folter, die Quälerei, die – wie zuvor bereits festgestellt – zur Diffamierung und Selbstanschwärzung unschuldiger Menschen führten, durch Stalin im Namen des ZK der KPdSU(B) sanktioniert.

Kürzlich, nur einige Tage vor dem jetzigen Parteitag, haben wir den Untersuchungsrichter Rodos[54], der seinerzeit die Untersuchung und Verhöre im Fall von Kossior, Tschubar und Kossarew führte, zu einer Sitzung des ZK-Präsidiums geladen und befragt. Das ist ein elender Mensch mit einem Spatzenhirn, in moralischer Hinsicht buchstäblich eine Mißgeburt. Und solch ein Mensch entschied über das Schicksal hervorragender Parteifunktionäre, entschied auch über die Politik in diesen Fragen, da er ja durch den Nachweis ihres »Verbrechertums« zugleich Material für ernsthafte politische Schlußfolgerungen lieferte.

Es erhebt sich die Frage, ob ein derartiger Mensch die Untersuchung so führen konnte, um die Schuld solcher Menschen wie Kossior und anderer nachzuweisen. Nein, das konnte er nicht ohne die entsprechenden Weisungen. Auf der Sitzung des Präsidiums des ZK erklärte er uns folgendes:

»Man hat mir gesagt, daß Kossior und Tschubar Volksfeinde sind, deshalb mußte ich als Untersuchungsrichter von ihnen das Geständnis erlangen, daß sie Feinde sind.«

Er konnte dahin nur über den Weg lang andauernder Folterungen gelangen, was er auch tat, wobei er detaillierte Instruktionen von Berija erhielt. Man muß sagen, daß Rodos auf der Sitzung des ZK-Präsidiums zynisch erklärte: »Ich glaubte, daß ich die Weisung der Partei ausführte.« So also wurde die Weisung Stalins in der Frage der Anwendung von Methoden der physischen Einwirkung gegenüber Verhafteten ausgeführt.

Diese und viele andere Fakten zeugen davon, daß jegliche Normen der angemessenen, parteilichen Lösung von Problemen ausgeschaltet wurden, daß alles der Willkür einer einzelnen Person untergeordnet wurde.

Die Einzelherrschaft Stalins führte zu schweren Folgen im Verlauf des Großen Vaterländischen Krieges.

Nimmt man unsere zahlreichen historischen Romane, Filme und historischen »wissenschaftlichen Studien«, so wird in ihnen die Rolle Stalins im Vaterländischen Krieg ganz und gar nicht wahrheitsgemäß dargestellt. Gewöhnlich zeichnet man folgendes Schema: Stalin hat alles vorausgesehen. Die Sowjetarmee verfolgte, wahrscheinlich aufgrund des von Stalin ausgearbeiteten strategischen Plans, die Taktik der aktiven Verteidigung, eine Taktik, die bekanntlich die Deutschen bis vor Moskau und Stalingrad kommen ließ. In Anwendung dieser Taktik ging die Sowjetarmee angeblich nur dank der Genialität Stalins zur Offensive über und zerschmetterte den Feind. Der epochale Sieg, der von den bewaffneten Kräften des Sowjetlandes, von unserem heldenhaften Volk errungen wurde, wird somit in den Romanen, Filmen und »wissenschaftlichen Studien« vollkommen der strategischen Genialität Stalins zugeschrieben.

Man muß diese Frage aufmerksam analysieren, weil sie nicht nur große historische Bedeutung, sondern vor allem auch politische, erzieherische und praktische Bedeutung hat.

Wie sind die Tatsachen in dieser Angelegenheit?

Vor dem Krieg herrschte in unserer Presse und in der gesamten Erziehungsarbeit ein prahlerischer Ton: Wenn der Feind die heilige sowjetische Erde überfällt, dann antworten wir auf den Stoß des Feindes mit einem dreifachen Stoß. Den Krieg werden wir auf das Territorium des Feindes tragen und ihn bei geringen Verlusten gewinnen. Doch diese plakativen Erklärungen waren durchaus nicht in allen Bereichen durch konkrete Vorkehrungen gestützt, die tatsächlich die Unverletzlichkeit unserer Grenzen gewährleistet hätten.

Im Verlauf des Krieges und danach brachte Stalin die These vor, daß die Tragödie, die unser Volk in der ersten Periode des Krieges erlebte, angeblich das Ergebnis des »unerwarteten« Überfalls der Deutschen auf die Sowjetunion gewesen sei. Aber, Genossen, das entspricht doch überhaupt nicht der Wirklichkeit. Hitler stellte sich unmittelbar nach der Machtübernahme in Deutschland das Ziel der Zerschmetterung des Kommunismus. Die Faschisten sprachen offen darüber und verheimlichten ihre Pläne nicht. Zur Verwirklichung dieser aggressiven Ziele wurden verschiedenartige Pakte, Blöcke und Achsen gezimmert, solche wie die berüchtigte »Achse Berlin–Rom–Tokio«[55]. Zahlreiche Fakten aus der Vorkriegsperiode bezeugen deutlich, daß Hitler alle Kräfte darauf richtete, den Krieg gegen den Sowjetstaat auszulösen, und daß er gewaltige militärische Verbände, darunter auch Panzerverbände, in der Nähe der sowjetischen Grenzen konzentrierte.

Aus den heute veröffentlichten Dokumenten geht hervor, daß Churchill schon am 3. April 1941 durch Vermittlung des britischen Botschafters in der UdSSR, Cripps, Stalin persönlich warnte, daß die deutschen Truppen eine neue Verlagerung begonnen hatten und sich auf den Überfall auf die Sowjetunion vorbereiteten. Es versteht sich von selbst, daß Churchill dies ganz und gar nicht aus freundschaftlichen Gefühlen gegenüber dem Sowjetvolk tat. Er hatte dabei seine imperialistischen Ziele – Deutschland und die UdSSR in einen blutigen Krieg zu verwickeln und die Position des britischen Imperiums zu stärken. Nichtsdestoweniger jedoch konstatierte Churchill in seinem Schreiben, er bitte darum, »Stalin zu warnen, damit seine Aufmerksamkeit auf die drohende Gefahr gelenkt« wird. Churchill unterstrich das mit Nachdruck auch in seinen Telegrammen vom 18. April und an den folgenden Tagen. Stalin zog diese Warnungen jedoch nicht in Betracht. Mehr noch, Stalin wies an, daß derartigen Informationen nicht geglaubt werden solle, um angeblich keine militärischen Handlungen zu provozieren.

Festzustellen gilt, daß derartige Informationen über die drohende Gefahr des Einfalls deutscher Truppen in das Territorium der Sowjetunion auch über unsere militärischen und diplomatischen Vertretungen eintrafen. Aber weil die Führung von vornherein gegenüber derartigen Informationen voreingenommen war, wurden sie jedesmal vorsichtig formuliert und mit Vorbehalten versehen.

So teilte z. B. der Marineattaché in Berlin, Kapitän Woronzow, in einem Telegramm vom 6. Mai 1941 mit: »Der Sowjetbürger Boser teilte unserem stellvertretenden Marineattaché mit, daß den Worten eines Offiziers aus dem Hauptquartier Hitlers zufolge die Deutschen für den 14. Mai einen Überfall auf die UdSSR über Finnland, die baltischen Länder und Lettland vorbereiten. Gleichzeitig sollen große Luftangriffe gegen Moskau und Leningrad geflogen sowie Fallschirmspringerlandungen in Grenzstädten vorgenommen werden ...«

In seinem Bericht vom 22. Mai 1941 teilte der stellvertretende Militärattaché in Berlin, Chlopow, mit, daß »... der Angriff der deutschen Truppen angeblich auf den 15. 6. festgelegt wurde, doch es ist möglich, daß er in den ersten Tagen des Juni beginnt ...«

In einem Telegramm unserer Botschaft aus London vom 18. Juni 1941 wurde mitgeteilt: »Was den gegenwärtigen Augenblick betrifft, so ist Cripps fest davon überzeugt, daß der bewaffnete Zusammenstoß zwischen Deutschland und der UdSSR unvermeidlich ist, und zwar nicht später als Mitte Juni. Den Worten von Cripps zufolge haben die Deutschen bis zum heutigen Tag an den sowjetischen Grenzen 147 Divisionen (Luftstreitkräfte und Hilfstruppen eingeschlossen) konzentriert ...«

Trotz dieser ungewöhnlich ernsten Signale wurden keine ausreichenden Maßnahmen ergriffen, um das Land zur Verteidigung vorzubereiten und das Überraschungsmoment auszuschließen.

Hatten wir Zeit und Möglichkeiten für solche Vorbereitungen? Ja, wir hatten die Zeit und die Möglichkeiten. Unsere Industrie war bereits auf einem solchen Niveau, daß sie die Sowjetarmee mit allem, was sie benötigte, versorgen konnte. Das wird schon dadurch bestätigt, daß das sowjetische Volk, nachdem wir im Verlauf des Krieges fast die Hälfte unserer gesamten Industrie wegen der Besetzung der Ukraine, des Nordkaukasus, der Westgebiete des Landes, wichtiger Industrie- und Getreidegebiete durch die Deutschen verloren hatten, in der Lage war, die Produktion von militärischer Ausrüstung in den östlichen Gebieten des Landes zu organisieren, die dorthin aus den westlichen Industrierevieren transportierten Ausrüstungen in Betrieb zu setzen und unsere Streitkräfte mit allem zu versorgen, was zur Zerschlagung des Feindes gebraucht wurde.

Wenn unsere Industrie rechtzeitig und ausreichend zur Versorgung der Armee mit Waffen und nötigem Gerät mobilisiert worden wäre, dann hätten wir unermeßlich weniger Opfer in diesem Krieg davongetragen. Eine solche Mobilisierung wurde jedoch nicht rechtzeitig vorgenommen. Und bereits in den ersten Kriegstagen zeigte sich, daß unsere Armee schlecht ausgerüstet war, daß sie nicht genügend Artillerie, Panzer und Flugzeuge zur Abwehr des Feindes besaß.

Die sowjetische Wissenschaft und Technik hatte vor dem Krieg ausgezeichnete Typen von Panzern und Artillerie entwickelt. Doch es wurde für all das keine Massenproduktion organisiert, und wir sind praktisch erst am Vorabend des Krieges zur Modernisierung der Armeeausrüstung übergegangen. Infolgedessen hatten wir im Augenblick des Überfalls des Feindes auf das Sowjetland weder ausreichende Mengen an altem Gerät, das wir ja aus der Ausrüstung herausgenommen hatten, noch an neuem Gerät, dessen Einführung wir erst beabsichtigten. Sehr schlecht stand es um die Luftabwehrgeschütze, nicht organisiert worden war die Produktion von Panzerabwehrmunition. Viele befestigte Räume erwiesen sich im Augenblick des Überfalls als ungeschützt, weil die alten Waffen von ihnen abgezogen und neue noch nicht verfügbar waren.

Leider galt dies nicht nur für Panzer, Artillerie und Flugzeuge. Im Moment des Kriegsausbruchs hatten wir nicht einmal eine ausreichende Zahl von Gewehren zur Bewaffnung der Einberufenen. Ich erinnere mich, daß ich in jenen Tagen von Kiew aus Malenkow[56] anrief und ihm sagte:

»Die Menschen melden sich zur Armee und verlangen Waffen. Schickt uns Waffen.«

Darauf sagte mir Malenkow: »Wir können keine Waffen schicken. Alle

Karabiner haben wir nach Leningrad geschickt. Sie müssen sich selbst bewaffnen.«

So stand die Sache mit der Bewaffnung.

Man kann nicht umhin, in Zusammenhang damit an folgenden Fakt zu erinnern. Kurz vor dem Überfall der Hitlertruppen auf die Sowjetunion schrieb Kirponos, Befehlshaber des Kiewer Sondermilitärbezirks (er starb später an der Front), an Stalin, daß die deutschen Armeen bis an den Bug vorgerückt waren, verstärkt alles für den Angriff vorbereiteten und höchstwahrscheinlich in kurzer Zeit zur Offensive übergehen würden. Im Zusammenhang damit schlug Kirponos die Schaffung einer zuverlässigen Verteidigung vor, die Evakuierung von 300 000 Menschen aus den Grenzgebieten und die Errichtung mehrerer mächtiger befestigter Räume: die Anlage von Panzerabwehrgräben, den Bau von Schutzbunkern für die Soldaten u. ä.

Auf diesen Vorschlag wurde von Moskau geantwortet, dies sei eine Provokation, man dürfe keinerlei vorbereitende Maßnahmen an der Grenze durchführen, man dürfe den Deutschen keinen Vorwand für den Beginn von Kriegshandlungen gegen uns geben. Somit waren unsere Grenzen unzureichend auf die Abwehr des Feindes vorbereitet.

Als die faschistischen Truppen schon auf sowjetisches Gebiet eingedrungen waren und die Kriegshandlungen begonnen hatten, kam aus Moskau der Befehl, nicht auf die Schüsse zu antworten. Weshalb? Deshalb, weil Stalin entgegen den offenkundigen Tatsachen meinte, daß dies noch nicht der Krieg sei, sondern eine Provokation einzelner undisziplinierter Einheiten der deutschen Armee, und wenn wir den Deutschen antworteten, diene das als Grund für den Beginn des Krieges.

Bekannt ist auch die folgende Tatsache. Am Vortag des Überfalls der Hitlerarmee auf das Territorium der Sowjetunion überschritt ein Deutscher unsere Grenze und teilte mit, die deutschen Truppen hätten den Befehl erhalten, am 22. Juni 3 Uhr nachts die Offensive gegen die Sowjetunion zu beginnen. Man teilte das unverzüglich Stalin mit, doch auch dieses Signal wurde nicht zur Kenntnis genommen.

Wie Sie sehen, wurde alles ignoriert: sowohl die Warnung einzelner Militärbefehlshaber als auch die Aussagen von Überläufern aus der feindlichen Armee und sogar die offenen Handlungen des Feindes. Ist das der Scharfblick des Führers von Partei und Land in einem so verantwortungsvollen historischen Augenblick?

Und wohin führte eine solche Sorglosigkeit, ein solches Ignorieren offenkundiger Fakten? Das führte dazu, daß der Feind schon in den ersten Stunden und Tagen in unseren Grenzrayons eine große Zahl an Flugzeugen, Geschützen und anderem Kriegsgerät zerstörte, eine bedeutende Anzahl unserer Militärkader vernichtete, die Truppenführung desorganisierte; somit waren wir nicht imstande, ihm den Weg in die Tiefe des Landes zu versperren.

Sehr schwerwiegende Folgen, insbesondere für die Anfangsperiode des Krieges, hatte der Umstand, daß infolge des Mißtrauens Stalins im Verlauf der Jahre 1937 bis 1941 auf der Basis verleumderischer Anklagen viele militärische Kommandeure und Politarbeiter liquidiert worden waren. Im Lauf dieser Jahre wurden mehrere Schichten von Führungskadern Repressalien ausgesetzt, angefangen bei der Kompanie- und Bataillonsebene bis hin zu allen höheren Militärzentren. Dabei wurde der Führungskader, der eine bestimmte Erfahrung bei der Kriegführung in Spanien und im Fernen Osten erworben hatte, nahezu völlig liquidiert.

Die Politik der in breitem Maßstab gegenüber Militärkadern verfügten Repressionen hatte auch die schwerwiegende Folge, daß sie die Grundlagen der militärischen Disziplin untergrub, weil im Laufe mehrerer Jahre die Befehlshaber aller Dienstgrade, ja selbst die Soldaten in den Partei- und Komsomolzellen angewiesen wurden, ihre Vorgesetzten als getarnte Feinde zu entlarven. Es ist klar, daß dies in der ersten Kriegsperiode einen negativen Einfluß auf die militärische Disziplin hatte.

Schließlich hatten wir vor dem Kriege ausgezeichnete militärische Kader, die der Partei und der Heimat grenzenlos ergeben waren. Es genügt, zu sagen, daß diejenigen von ihnen, die mit dem Leben davonkamen – ich denke hier an solche Genossen wie Rokossowski[57] (er war verhaftet worden), Gorbatow[58], Merezkow[59] (er ist auf dem Parteitag anwesend), Podlas (ein hervorragender Heerführer, er fiel an der Front) und viele andere –, sich trotz der schweren Qualen, die sie in den Gefängnissen erlitten, von den ersten Kriegstagen an als echte Patrioten erwiesen und heldenhaft zum Ruhme der Heimat kämpften. Trotzdem sind viele solcher Heerführer in Lagern und Gefängnissen umgekommen, und die Armee hat sie nicht wiedergesehen.

All das führte zu der Situation, die zu Kriegsbeginn bestand und die zur größten Gefahr für das Schicksal unserer Heimat wurde.

Man sollte nicht vergessen, zu erwähnen, daß nach den ersten schweren Mißerfolgen und den an den Fronten erlittenen Niederlagen Stalin der Ansicht war, daß das Ende gekommen sei. In einem Gespräch jener Tage sagte er: »Alles, was Lenin geschaffen hat, haben wir unwiederbringlich verloren.«

Danach leitete Stalin über lange Zeit faktisch keine Militäroperationen und befaßte sich überhaupt nicht mit irgendwelchen Angelegenheiten, er kehrte erst an die Führung zurück, nachdem einige Mitglieder des Politbüros zu ihm gekommen waren und sagten, man müsse unverzüglich diese und jene Maßnahmen ergreifen, um die Situation an der Front zu verbessern.

Somit war also die bedrohliche Lage, in der sich unsere Heimat in der ersten Periode des Krieges befand, in hohem Grade das Ergebnis der falschen Methoden der Leitung des Landes und der Partei durch Stalin selbst.

Es geht aber nicht nur um den Augenblick des Kriegsbeginns, der unsere Armee ernsthaft desorganisierte und uns schwere Verluste brachte. Nach Beginn des Krieges fügten die Nervosität und Hysterie, die Stalin zeigte, als er sich in den Verlauf der Militäroperationen einmischte, unserer Armee ernste Schäden zu.

Stalin war von einem Verständnis für die reale Situation an den Fronten weit entfernt. Das ist natürlich, weil er während des ganzen Vaterländischen Krieges weder an irgendeinem Frontabschnitt noch in irgendeiner der befreiten Städte gewesen ist, wenn man den Blitzbesuch an der Moshaisker Chaussee bei stabiler Frontlage außer acht läßt, über den so viele literarische Werke mit Phantastereien aller Art geschrieben und so viele Bilder gemalt wurden. Gleichzeitig mischte sich Stalin unmittelbar in den Verlauf der Operationen ein und gab Befehle, die häufig die wirkliche Lage an dem jeweiligen Frontabschnitt nicht berücksichtigten und nur zu gewaltigen Menschenverlusten führen mußten.

Ich erlaube mir im Zusammenhang damit, einen charakteristischen Fakt anzuführen, der davon zeugt, wie Stalin die Fronten führte. Auf dem Parteitag ist Marschall Bagramjan[60] zugegen, der seinerzeit Chef der Operationsabteilung des Stabes der Südwest-Front war und der bestätigen kann, was ich Ihnen jetzt sage:

Als 1942 im Gebiet Charkow eine für unsere Truppen außergewöhnlich schwierige Situation entstand, faßten wir den richtigen Beschluß, die Operation zur Einschließung Charkows einzustellen, weil unter den realen Bedingungen jener Zeit eine weitere Fortsetzung einer solchen Operation für unsere Truppen fatale Folgen gehabt hätte.

Wir trugen das Stalin vor und erklärten, daß die Lage eine Änderung des Aktionsplanes verlange, um es dem Feind nicht zu ermöglichen, eine große Gruppierung unserer Armee zu vernichten.

Entgegen dem gesunden Menschenverstand wies Stalin unseren Antrag zurück und erließ den Befehl, die Operation zur Einkreisung Charkows fortzusetzen, obwohl zu jener Zeit über vielen Gruppierungen der Armee bereits die reale Gefahr schwebte, eingekesselt und vernichtet zu werden.

Ich rufe also Wassilewski[61] an und bitte ihn inständig:

»Alexander Michailowitsch (Genosse Wassilewski ist hier anwesend), nehmen Sie die Landkarte und zeigen Sie Genossen Stalin, welche Lage entstanden ist.« Und man muß dabei anmerken, daß Stalin die Operationen anhand eines Globus plante.

So ist es, Genossen, er nahm den Globus und zeichnete auf ihm die Frontlinien an. Ich sage also zu Gen. Wassilewski: »Zeigen Sie auf der Landkarte die Lage, denn unter diesen Bedingungen kann man doch nicht die anfangs geplante Operation fortsetzen. Zum Nutzen der Sache muß die frühere Entscheidung geändert werden.«

Wassilewski antwortete mir darauf, daß Stalin dieses Problem schon erörtert habe und daß er, Wassilewski, nicht mehr mit dieser Angelegenheit zu Stalin gehen würde, denn jener wolle keinerlei Argumente mehr zum Thema dieser Operation hören.

Nach dem Gespräch mit Wassilewski rief ich Stalin in seiner Villa an. Doch Stalin kam nicht zum Telefon, den Hörer hob Malenkow ab. Ich sagte Gen. Malenkow, daß ich von der Front anrufe und persönlich mit Gen. Stalin sprechen wolle. Stalin ließ durch Malenkow ausrichten, daß ich mit Malenkow sprechen solle. Ich erklärte wiederum, daß ich Stalin persönlich über die schwere Lage informieren wolle, die bei uns an der Front entstanden war. Aber Stalin hielt es nicht für angebracht, den Hörer zu nehmen und betonte nochmals, daß ich über Malenkow mit ihm sprechen solle, obwohl es nur ein paar Schritte bis zum Telefon waren.

Nachdem Stalin auf diese Weise unsere Bitte »angehört« hatte, sagte er:

»Alles so lassen, wie es war!«

Was ergab sich daraus? Das Schlimmste, was wir uns nur vorstellen konnten. Den Deutschen gelang es, unsere Armeegruppierungen einzukesseln, was zur Folge hatte, daß wir Hunderttausende unserer Soldaten verloren. So war das militärische »Genie« Stalin, so teuer ist es uns gekommen.

Während eines Treffens Stalins mit den Mitgliedern des Politbüros irgendwann nach dem Kriege erinnerte Anastas Iwanowitsch Mikojan[62] daran, daß Chruschtschow wohl damals recht gehabt habe, als er wegen der Charkower Operation angerufen hat und meinte, es sei schlecht gewesen, daß er damals nicht unterstützt wurde.

Man hätte sehen sollen, wie wütend Stalin wurde! Wie konnte man eingestehen, daß er, Stalin, damals im Unrecht war! Schließlich war er ein »Genie«, und ein Genie kann nicht im Unrecht sein! Jeder kann sich irren, aber Stalin meinte, er irre sich nie, er habe immer recht. Niemals und gegenüber niemandem bekannte er sich zu einem größeren oder kleineren Fehler, wobei er nicht wenige Fehler sowohl in theoretischen Fragen als auch in seinem praktischen Handeln beging. Nach dem Parteitag werden wir höchstwahrscheinlich die Beurteilung vieler Kriegsoperationen revidieren und sie im richtigen Licht darstellen müssen.

Viel Blut kostete uns auch jene Taktik, auf der Stalin, der das Wesen der Führung von Kampfoperationen nicht kannte, bestand, nachdem es gelungen war, den Gegner aufzuhalten und zur Offensive überzugehen.

Die Militärs wissen, daß Stalin bereits von Ende 1941 an forderte, anstelle großer operativer Manöver zur Umgehung des Gegners an den Flanken, zur Schwenkung in seinen Rücken ständige Frontalangriffe zu führen und ein Dorf nach dem anderen zu erobern. Wir erlitten aus diesem Grund gewaltige Verluste, bis es unserer Generalität, auf deren Schultern das gesamte Gewicht der Kriegführung ruhte, gelungen war, die Situation zu ändern und zur Führung beweglicher Operationen überzugehen, was umgehend zu einer ernsthaften Veränderung an den Fronten zu unseren Gunsten führte.

Um so schändlicher war die Tatsache, daß nach unserem großen Sieg über den Feind, der uns so teuer kam, Stalin viele Heerführer, die keinen geringen Anteil an diesem Sieg hatten, zu vernichten begann, um jegliche Möglichkeit auszuschließen, die an den Fronten errungenen Erfolge irgend jemand anderem als ihm selbst zuzuschreiben.

Stalin interessierte sich sehr für die Beurteilung des Gen. Shukow[63] als Heerführer. Er fragte mich oft, welche Meinung ich von Shukow habe. Ich sagte ihm damals:

»Ich kenne Shukow seit langem, er ist ein guter General und ein guter Heerführer.«

Nach dem Kriege begann Stalin über Shukow allen möglichen Unsinn zu erzählen, unter anderem sagte er:

»Sie haben Shukow gelobt, doch das verdient er nicht. Man sagt, Shukow sei an der Front vor jeder Operation folgendermaßen vorgegangen: Er nahm eine Handvoll Erde, roch an ihr und sagte, man könne wohl mit dem Angriff beginnen oder aber man könne die geplante Operation nicht durchführen.«

Ich antwortete damals: »Ich weiß nicht, Gen. Stalin, wer sich das ausgedacht hat, doch es ist nicht wahr.«

Wahrscheinlich hatte Stalin selbst solche Dinge ausgedacht, um die Rolle und die militärischen Fähigkeiten Shukows zu vermindern.

Im Zusammenhang damit machte sich Stalin äußerst eifrig als großer Heerführer populär, wobei er mit allen Mitteln die Version ins Bewußtsein der Menschen einflößte, alle vom sowjetischen Volk im Großen Vaterländischen Krieg errungenen Siege seien das Ergebnis des Mutes, der Kühnheit und Genialität von Stalin und von niemand anderem. Ganz so wie Kushma Krjutschkow spießte er mit einem Schlag sieben Mann auf eine Lanze auf.

Wahrhaftig, nehmen wir doch unsere historischen und Kriegsfilme oder einige literarische Werke, die Brechreiz hervorrufen. Sie alle haben doch den Zweck, gerade eine solche Version zu propagieren, Stalin als genialen Feldherrn zu rühmen. Erinnern wir uns doch an den Film »Der Fall von Berlin«. Dort agiert Stalin allein: Er erläßt Weisungen in einem Saal, in dem leere Stühle stehen und wo nur ein einzelner Mensch an ihn herantritt und ihm etwas meldet – das ist Poskrjobyschew[64], sein getreuer Knappe.

Und wo ist die Militärführung? Wo das Politbüro? Wo die Regierung? Was tun sie, und womit befassen sie sich? Sie gibt es in dem Film nicht. Stalin handelte für alle, niemanden beachtend und sich mit niemandem beratend. In einem derart falschen Licht wurde alles dem Volk vorgeführt. Warum? Deshalb, um Stalin mit Ruhm zu umgeben, und das im Gegensatz zu den Tatsachen, im Widerspruch zur historischen Wahrheit.

Es erhebt sich die Frage: Und wo sind unsere Militärs, auf deren Schultern die Schwere des Krieges lastete? Sie gibt es im Film nicht, neben Stalin war für sie kein Platz.

Nicht Stalin, sondern die Partei als Ganzes, die sowjetische Regierung, unsere heldenhafte Armee, ihre talentierten Kommandeure und tapferen Soldaten, das ganze sowjetische Volk – das ist es, was den Sieg im Großen Vaterländischen Krieg gewährleistete.

Die Mitglieder des ZK, die Minister, unsere Wirtschaftsfunktionäre, die Aktivisten der sowjetischen Kultur, die Leiter der territorialen Partei- und Sowjetorganisationen, Ingenieure und Techniker – jeder stand auf seinem Platz und gab selbstlos seine Kraft und sein Wissen zur Sicherung des Sieges über den Feind.

Außergewöhnliches Heldentum zeigte unser Hinterland – die ruhmreiche Arbeiterklasse, unsere Kolchosbauernschaft, die Sowjetintelligenz, die allesamt unter der Führung der Parteiorganisationen alle ihre Kräfte der Sache der Verteidigung der Heimat widmeten, wobei sie die unerhörten Schwierigkeiten und Entbehrungen der Kriegszeit ertrugen.

Gewaltige Heldentaten vollbrachten während des Krieges unsere sowjetischen Frauen, die das riesige Gewicht der Produktionsarbeit in den Fabriken und Kolchosen, an verschiedenen Abschnitten der Wirtschaft und Kultur auf sich nahmen; viele Frauen nahmen unmittelbar an den Fronten des Großen Vaterländischen Krieges teil; unsere mutige Jugend, die an allen Abschnitten der Front und des Hinterlandes ihren unschätzbaren Beitrag zur Verteidigung der sowjetischen Heimat, zur Zerschlagung des Feindes leistete.

Unvergänglich sind die Verdienste der Sowjetsoldaten, unserer Befehlshaber und politischen Funktionäre auf allen Ebenen, die bereits in den ersten Monaten des Krieges, nach dem Verlust eines beträchtlichen Teils der Armee, nicht den Kopf verloren, sondern es verstanden, sich in der Bewegung umzugruppieren, im Laufe des Krieges eine mächtige und heroische Armee zu schaffen und nicht nur den Druck eines starken und hinterhältigen Feindes abzuwehren, sondern ihn auch zu zerschlagen.

Die Ruhmestat des sowjetischen Volkes im Großen Vaterländischen Krieg rettete Hunderte Millionen Menschen in Ost und West vor der drohenden Gefahr der faschistischen Unterjochung, sie wird Jahrhunderte und Jahrtausende im Gedächtnis einer dankbaren Menschheit weiterleben.

Die Hauptrolle und das Hauptverdienst bei der siegreichen Beendigung des Krieges fallen unserer Kommunistischen Partei, den Streitkräften der Sowjetunion und Dutzenden Millionen von Sowjetmenschen zu, die von der Partei erzogen wurden.

Genossen! Beschäftigen wir uns mit einigen anderen Tatsachen. Die Sowjetunion wird zu Recht als Muster eines multinationalen Staates angesehen, denn bei uns wurden in der Praxis Gleichheit und Freundschaft aller Völker gewährleistet, die unsere große Heimat bewohnen.

Um so ungeheuerlicher sind die Aktionen, deren Initiator Stalin war und die eine brutale Vergewaltigung der grundlegenden Leninschen Prinzipien der Nationalitätenpolitik des Sowjetstaates waren. Die Rede ist von der Massenumsiedlung ganzer Völker aus ihren heimatlichen Orten, darunter auch aller Kommunisten und Komsomolzen ohne jede Ausnahme, wobei derartige Aussiedlungsaktionen durch keinerlei militärische Beweggründe diktiert waren.

So wurde noch Ende 1943, als an den Fronten des Großen Vaterländischen Krieges ein dauerhafter Umschwung zugunsten der Sowjetunion eingetreten war, der Beschluß über die Aussiedlung aller Karatschaier aus ihrem angestammten Gebiet gefaßt und durchgeführt. Im gleichen Zeitraum, Ende Dezember 1943, traf die gesamte Bevölkerung der Kalmykischen Autonomen Sowjetrepublik das gleiche Schicksal. Im März 1944 wurden Tschetschenen und Inguschen ausgesiedelt, die Tschetschenisch-Inguschische Autonome Republik wurde liquidiert. Im April 1944 wurden alle Balkaren aus der Kabardinisch-Balkarischen Autonomen Republik in entlegene Gebiete ausgesiedelt, die Republik in Autonome Kabardinische Republik umbenannt. Die Ukrainer entgingen diesem Schicksal deshalb, weil sie zu viele sind und es keine Möglichkeit ihrer Umsiedlung gab. Sonst hätte er auch sie ausgesiedelt.

Nicht nur für Marxisten-Leninisten, sondern für jeden vernünftig denkenden Menschen ist es unverständlich, wie man die Verantwortung einzelner Personen oder Gruppen für feindliche Handlungen auf ganze Völker übertragen konnte, Frauen und Kinder, Alte, Kommunisten und Komsomolzen nicht ausgenommen, wie man ihnen gegenüber Massenrepressalien anwenden und sie Entbehrungen und Leiden aussetzen konnte.

Nach Beendigung des Vaterländischen Krieges gedachte das Volk voller Stolz seiner glänzenden Siege, die mit großen Opfern und unermeßlichen Anstrengungen errungen wurden. Das Land durchlebte eine Phase des politischen Enthusiasmus. Die Partei ging aus dem Krieg noch geschlossener hervor, die Parteikader wurden im Feuer des Krieges gestählt. Unter diesen Bedingungen hätte wohl nicht einmal der Gedanke an die Möglichkeit irgendeiner Verschwörung in der Partei bei irgend jemandem aufkommen können.

Und eben zu dieser Zeit kommt plötzlich die sogenannte Leningrader Affäre[65] auf. Wie heute inzwischen nachgewiesen, ist dieser Fall fabriziert worden. Unschuldig kamen die Genossen Wosnessenski, Kusnezow, Rodionow, Popkow und andere ums Leben.

Bekanntlich waren Wosnessenski und Kusnezow hervorragende und talentierte Funktionäre. Zu ihrer Zeit standen sie Stalin nahe. Es genügt zu sagen, daß Stalin Wosnessenski auf den Posten des Ersten Stellvertreters des Vorsitzenden des Ministerrates stellte und daß Kusnezow zum Sekretär des Zentralkomitees gewählt worden war. Allein die Tatsache, daß Stalin Kusnezow die Aufsicht über die Organe der Staatssicherheit übertrug, zeugt von dem Vertrauen, das er genoß.

Wie kam es, daß diese Leute zu Volksfeinden erklärt und liquidiert wurden?

Die Tatsachen beweisen, daß auch die »Leningrader Affäre« ein Ergebnis der Willkür war, die Stalin gegenüber den Parteikadern ausübte.

Wenn im Zentralkomitee der Partei, im Politbüro des ZK eine normale Situation geherrscht hätte, in der derartige Fragen behandelt worden wären, wie es sich in der Partei gehört, und wenn alle Fakten eingehend beurteilt worden wären, hätte es einen solchen Fall ebensowenig wie andere derartige Fälle gegeben.

Man muß feststellen, daß sich die Situation nach dem Krieg noch mehr komplizierte. Stalin wurde noch launenhafter, gereizter, brutaler, insbesondere wuchs sein Argwohn. Der Verfolgungswahn erreichte unwahrscheinliche Ausmaße. Viele Mitarbeiter wurden in seinen Augen zu Feinden. Nach dem Krieg grenzte Stalin sich noch mehr vom Kollektiv ab. Über alles entschied er allein, ohne irgend jemanden oder irgend etwas zu berücksichtigen.

Den unerhörten Argwohn Stalins nutzte geschickt der elende Provokateur, der schäbige Feind Berija aus, der Tausende Kommunisten, ehrliche Sowjetbürger ermorden ließ. Die Beförderung Wosnessenskis und Kusnezows erschreckte Berija. Wie heute festgestellt werden kann, hat eben Berija gemeinsam mit seinen Untergebenen Materialien in Gestalt von Erklärungen und anonymen Briefen, in der Form von verschiedenen Gerüchten und Gesprächen konstruiert und Stalin »untergeschoben«.

Das Zentralkomitee hat die sogenannte Leningrader Affäre untersucht, die Personen, die unschuldig gelitten haben, wurden jetzt rehabilitiert, die ruhmreiche Leningrader Parteiorganisation erhielt ihre Ehre zurück. Abakumow[66] und andere, die diesen Fall fabrizierten, wurden vor Gericht gestellt, ihr Prozeß fand in Leningrad statt, und sie erhielten, was sie verdienten.

Es stellt sich die Frage: Weshalb konnten wir uns jetzt in dieser Frage orientieren und haben das nicht früher, zu Lebzeiten Stalins getan, um es nicht zum Untergang unschuldiger Menschen kommen zu lassen? Deshalb, weil Stalin selbst die »Leningrader Affäre« leitete und die Mehrheit der Politbüromitglieder jener Periode nicht alle Umstände der Angelegenheit kannten und sich natürlich in sie nicht einmischen konnten.

Sofort, nachdem Stalin von Berija und Abakumow bestimmte Materialien erhalten hatte, befahl er schon, den »Fall« Wosnessenski und Kusnezow zu untersuchen, ohne in das Wesen der Fälschungen einzudringen. Damit war ihr Schicksal schon vorherbestimmt.

Lehrreich ist unter diesem Gesichtspunkt auch die Angelegenheit der »Mingrelischen Nationalistischen Organisation«, die angeblich in Georgien bestanden hat. In dieser Frage wurden bekanntlich im November 1951 und im März 1952 Beschlüsse des ZK der KPdSU gefaßt.[67] Diese Beschlüsse wurden ohne Erörterung im Politbüro angenommen. Stalin persönlich hat sie diktiert. Sie erhoben schwere Anklagen gegen viele ehrliche Kommunisten. Auf der Grundlage gefälschter Materialien wurde behauptet, daß in Georgien angeblich eine nationalistische Organisation bestehe, die sich den Sturz der Sowjetmacht in dieser Republik unter Beihilfe imperialistischer Staaten zum Ziel stelle.

Im Zusammenhang damit wurden eine Reihe verantwortlicher Partei- und Sowjetfunktionäre in Georgien verhaftet. Wie später festgestellt, war das eine Verleumdung gegenüber der Parteiorganisation Georgiens.

Wir wissen, daß es in Georgien wie in einigen anderen Republiken seinerzeit Erscheinungen von lokalem bürgerlichem Nationalismus gegeben hat. Es erhebt sich die Frage: Vielleicht nahmen in diesem Zeitabschnitt, in dem die erwähnten Beschlüsse gefaßt wurden, nationalistische Tendenzen tatsächlich solche Ausmaße an, daß die Gefahr des Austritts Georgiens aus der Sowjetunion und des Übergangs in den Bestand des türkischen Staates bestand?

Das ist selbstverständlich Unsinn. Man kann sich schwer vorstellen, wie solche Vermutungen jemandem in den Sinn kommen konnten. Allen ist bekannt, wie sich Georgien in den Jahren der Sowjetmacht wirtschaftlich und kulturell entwickelt hat.

Die Industrieproduktion der Georgischen Republik übertrifft die Produktion des vorrevolutionären Georgiens um das 27fache. In der Republik entstanden viele neue Industriezweige, die es dort vor der Revolution nicht gab: Eisenmetallurgie, Erdölindustrie, Maschinenbau und andere. Vor langem schon wurde das Analphabetentum beseitigt, das im vorrevolutionären Georgien 78 Prozent der Bevölkerung betraf.

Können die Georgier, wenn sie die Situation in ihrer Republik mit der schweren Lage der arbeitenden Massen in der Türkei vergleichen, die Angliederung an die Türkei anstreben? Im Jahre 1955 war die Stahlproduktion pro Kopf der Bevölkerung in der Türkei 18mal geringer als in Georgien. Georgien erzeugt 9mal mehr Elektroenergie pro Kopf als die Türkei. Nach der Volkszählung von 1950 waren in der Türkei 65 Prozent der Bevölkerung Analphabeten, von den Frauen um 80 Prozent. In Georgien bestehen 19 Hochschulen, die etwa 39 000 Studenten zählen, das heißt achtmal mehr als in der Türkei (auf 1 000 Einwohner gerechnet). In den Jahren der Sowjetmacht ist in Georgien der Wohlstand der Werktätigen unermeßlich gewachsen.

Klar ist, daß im Maße der Entwicklung von Wirtschaft und Kultur, im Maße des Wachstums des sozialistischen Bewußtseins der arbeitenden Massen in Georgien der Boden, aus dem der bürgerliche Nationalismus Nahrung erhält, immer mehr schwindet.

Wie sich in Wirklichkeit herausstellte, gab es in Georgien keinerlei nationalistische Organisation. Tausende unschuldige sowjetische Menschen fielen der Willkür und Gesetzlosigkeit zum Opfer. Und all das vollzog sich unter der »genialen« Führung Stalins – »des großen Sohnes des georgischen Volkes«, wie die Georgier ihren Landsmann zu nennen beliebten.

Die Willkür Stalins trat nicht nur bei der Entscheidung über innenpolitische Fragen des Landes zutage, sondern auch im Bereich der internationalen Beziehungen der Sowjetunion.

Auf dem Juli-Plenum des ZK[68] wurden die Ursachen der Entstehung des Konflikts mit Jugoslawien detailliert erörtert. Dabei wurde die unwürdige Rolle Stalins unterstrichen. Schließlich gab es in der »jugoslawischen Frage« keine solchen Probleme, die man nicht auf dem Wege parteilicher Diskussion unter Genossen hätte lösen können. Es gab keine ernsthaften Grundlagen für das Entstehen dieser »Frage«, es wäre ganz und gar möglich gewesen, es nicht zum Bruch mit diesem Land kommen zu lassen. Das heißt jedoch nicht, daß die jugoslawischen Führer keine Fehler begangen oder keine Mängel gehabt hätten. Aber diese Fehler und Mängel wurden von Stalin ungeheuerlich übertrieben, was zum Bruch der Beziehungen mit einem befreundeten Land führte.

Ich erinnere mich der ersten Tage, als begonnen wurde, den Konflikt zwischen der Sowjetunion und Jugoslawien künstlich anzufachen.

Als ich einmal von Kiew nach Moskau kam, lud mich Stalin zu sich und fragte unter Hinweis auf die Kopie eines Briefes, der unlängst an Tito[69] geschickt worden war:

»Hast Du gelesen?«

Und ohne die Antwort abzuwarten, sagte er:

»Ich schnippe mit dem kleinen Finger – und Tito wird es nicht mehr geben. Er verschwindet ...«

Teuer ist uns dieses »Schnippen mit dem kleinen Finger« gekommen. Diese Äußerung widerspiegelte den Größenwahn Stalins, denn gerade so ging er vor: »Ich schnippe mit dem kleinen Finger – und Kossior ist nicht mehr«; »Ich schnippe noch einmal – und Postyschew gibt es nicht mehr, Tschubar auch nicht«; »Ich schnippe erneut – und Wosnessenski, Kusnezow und viele andere verschwinden«.

Doch mit Tito geschah das nicht. Wie oft Stalin auch mit dem kleinen Finger schnippte und noch dazu alles ihm Mögliche in Bewegung setzte, Tito wich nicht. Weshalb? Deshalb, weil Tito in diesem Streit einen Staat und ein Volk hinter sich hatte, das eine harte Schule des Kampfes um seine Freiheit und Unabhängigkeit durchlaufen hatte – ein Volk, das seine Führer unterstützte.

Das ist es, wohin Stalins Größenwahn geführt hat. Er hat jedes Realitätsgefühl verloren, verhielt sich voll Argwohn und Hochmut nicht nur gegenüber einzelnen Personen in der UdSSR, sondern auch im Verhältnis zu ganzen Parteien und Ländern.

Jetzt haben wir die Frage Jugoslawien eingehend geprüft und eine richtige Lösung gefunden, die die Völker der Sowjetunion und Jugoslawiens wie auch die werktätigen Massen aller volksdemokratischen Länder, die ganze fortschrittliche Menschheit billigen. Die Beseitigung der unnormalen Beziehungen zu Jugoslawien wurde im Interesse des gesamten sozialistischen Lagers, im Interesse der Stärkung des Weltfriedens vorgenommen.

Man muß auch an den »Fall der Ärzte«[70] erinnern. Im Grunde gab es gar keinen »Fall«, abgesehen von der Erklärung der Ärztin Timaschuk, die vielleicht unter irgendwelchem Einfluß oder auf irgend jemandes Weisung (sie war schließlich inoffizielle Mitarbeiterin der Organe der Staatssicherheit) an Stalin einen Brief schrieb, in dem sie erklärte, die Ärzte würden angeblich falsche Therapien anwenden.

Es reichte ein solcher Brief, damit Stalin sofort den Schluß zog, daß es in der Sowjetunion eine Verschwörung von Ärzten gibt, und er erteilte die Weisung, eine Gruppe hervorragender Spezialisten der sowjetischen Medizin zu verhaften. Persönlich gab er Anweisungen, wie die Untersuchung zu führen sei, wie man die Verhafteten zu verhören habe. Er sagte: den Akademiker Winogradow in Ketten legen und diesen da schlagen. Anwesend ist hier als Parteitagsdelegierter der frühere Minister für Staatssicherheit, Gen. Ignatjew.[71] Stalin sagte ihm geradeheraus:

»Wenn Sie kein Geständnis der Ärzte erreichen, machen wir Sie um einen Kopf kürzer.«

Stalin persönlich berief den Untersuchungsrichter, erteilte ihm Instruktionen, ordnete die Untersuchungsmethoden an, und diese Methoden bestanden in dem einen: schlagen, schlagen und noch einmal schlagen.

Einige Zeit nach der Verhaftung der Ärzte erhielten wir, die Mitglieder des Politbüros, die Protokolle mit dem Schuldbekenntnis der Ärzte. Nachdem er die Protokolle übermittelt hatte, sagte Stalin uns:

»Blind seid ihr wie junge Katzen, was wird nur ohne mich – das Land wird untergehen, wenn ihr es nicht versteht, die Feinde auszumachen.«

Der Fall war auf eine Weise angelegt, daß niemand die Möglichkeit besaß, die Fakten zu prüfen, auf deren Grundlage die Untersuchung geführt wurde. Es war nicht möglich, die Tatsachen durch Kontaktaufnahme mit denjenigen nachzuprüfen, die sich schuldig bekannt hatten.

Wir spürten aber, daß der Fall der Verhaftung der Ärzte unsauber war. Viele dieser Menschen kannten wir gut, sie behandelten uns. Und als wir nach dem Tode Stalins untersuchten, wie dieser »Fall« entstanden war, erkannten wir, daß er von Anfang bis Ende konstruiert worden ist.

Diese schändliche Angelegenheit ist von Stalin konstruiert worden, doch ihm gelang es nicht, sie zu Ende zu führen (nach seiner Vorstellung), und deshalb blieben die Ärzte am Leben. Jetzt wurden alle rehabilitiert, sie arbeiten auf denselben Stellen wie früher, behandeln führende Funktionäre, Mitglieder der Regierung eingeschlossen. Wir schenken ihnen volles Vertrauen, und sie erfüllen ihre Pflichten so redlich wie früher.

Beim Organisieren verschiedener schmutziger und schmachvoller Fälle spielte der Erzfeind unserer Partei, der Agent eines fremden Geheimdienstes Berija, der sich das Vertrauen Stalins erschlichen hatte, eine nichtswürdige Rolle. Auf welche Weise konnte dieser Provokateur eine solche Stellung in Partei und Staat erlangen, daß er Erster Stellvertreter des Vorsitzenden des Ministerrates der Sowjetunion und Mitglied des Politbüros des ZK geworden ist? Heute ist festzustellen, daß dieser Schuft auf der Staatsleiter über unzählige Leichen aufgestiegen ist.

Gab es Anzeichen dafür, daß Berija ein Parteifeind war? Ja, es gab sie. Schon auf dem ZK-Plenum im Jahre 1937 sagte der ehemalige Volkskommissar für Gesundheitswesen, Kaminski[72], daß Berija im Mussawat-Geheimdienst[73] gearbeitet hat. Das Plenum war kaum beendet, da wurde Kaminski schon verhaftet und danach erschossen. Hat Stalin die Erklärung Kaminskis geprüft? Nein, denn Stalin glaubte Berija, und das genügte ihm. Und wenn Stalin glaubte, so konnte niemand irgend etwas sagen, was im Widerspruch zu dieser seiner Meinung gestanden hätte; denjenigen, dem es einfiel, Widerspruch zu äußern, hätte das gleiche Schicksal wie Kaminski getroffen.

Es gab auch andere Anzeichen. Interessant ist die Erklärung des Gen. Snegow[74], die dieser im Zentralkomitee abgegeben hat (beiläufig gesagt, ist er ebenfalls vor kurzem nach 17 Jahren Lagerhaft rehabilitiert worden). In der Erklärung schreibt Snegow:

»Im Zusammenhang mit der Vorlage der Frage der Rehabilitierung des ehemaligen ZK-Mitglieds Kartwelischwili-Lawrentjew[75] habe ich zu Händen des Vertreters des Komitees für Staatssicherheit detaillierte Aussagen über die Rolle Berijas bei der Abrechnung mit Kartwelischwili und über die verbrecherischen Motive gemacht, von denen sich Berija leiten ließ.

Ich sehe es als unerläßlich an, eine wichtige Tatsache in diesem Fall anzuführen und das ZK davon zu informieren, weil ich es für nicht angebracht gehalten hatte, sie in den Untersuchungsdokumenten unterzubringen.

Am 30. 10. 1931 gab der Sekretär des Transkaukasischen Regionskomitees, Kartwelischwili, auf der Sitzung des Organisationsbüros des ZK der KPdSU(B) einen Bericht. Anwesend waren alle Mitglieder des Büros der Regionskomitees, von denen nur noch ich allein am Leben bin. Auf dieser Sitzung stellte J. W. Stalin am Ende seiner Rede den Antrag, das Sekretariat des Regionskomitees in folgender Zusammensetzung zu bilden: erster Sekretär – Kartwelischwili, zweiter – Berija (damals wurde zum erstenmal in der Geschichte unserer Partei der Name Berijas als Kandidat für eine Parteifunktion erwähnt). Kartwelischwili antwortete umgehend, daß er Berija gut kenne und deshalb eine Zusammenarbeit mit ihm kategorisch ablehne. Daraufhin schlug J. W. Stalin vor, die Frage offenzulassen und sie in der Praxis zu entscheiden. Zwei Tage später fiel die Entscheidung über die Beförderung Berijas auf den Parteiposten und über den Abgang von Kartwelischwili aus Transkaukasien.

Bestätigen können das die Genossen Mikojan und Kaganowitsch, die auf dieser Sitzung zugegen waren.

Die langjährigen feindlichen Beziehungen zwischen Kartwelischwili und Berija waren weitbekannt: Sie datieren von dem Einsatz des Gen. Sergo[76] in Transkaukasien, weil Kartwelischwili der nächste Mitarbeiter von Gen. Sergo war. Und eben das veranlaßte Berija, den ›Fall‹ gegen Kartwelischwili zu konstruieren.

Es ist charakteristisch, daß in diesem ›Fall‹ Kartwelischwili wegen eines terroristischen Aktes gegen Berija angeklagt wurde.«

Im Anklageakt gegen Berija wurden seine Verbrechen detailliert behandelt. Gewisse Dinge sind es aber wert, daß man an sie erinnert, um so mehr, als – vielleicht – nicht alle Parteitagsdelegierte dieses Dokument gelesen haben. Ich möchte hier an die bestialische Abrechnung Berijas mit Kedrow[77], Golubew und der Pflegemutter Golubews, Baturina, erinnern, die versucht hatten, das ZK über die verräterische Tätigkeit Berijas zu informieren. Sie wurden ohne Gerichtsverhandlung erschossen, und das Urteil wurde im nachhinein ausgefertigt.

Folgendes schrieb der Altkommunist Gen. Kedrow[78] an das Zentralkomitee zu Händen von Gen. Andrejew[79] (Genosse Andrejew war damals ZK-Sekretär):

»Aus der dunklen Zelle des Gefängnisses Lefortowo rufe ich Sie um Hilfe an. Hören Sie den Entsetzensschrei, bleiben Sie nicht taub, treten Sie für mich ein, helfen Sie, den Alptraum der Verhöre zu beenden, den Fehler aufzudecken.

Ich leide unschuldig. Glauben Sie es. Die Zeit wird die Wahrheit beweisen. Ich bin kein ›Agent provocateur‹ der zaristischen Ochrana, bin kein Spion, kein Mitglied einer antisowjetischen Organisation, weswegen ich, gestützt auf verleumderische Berichte, angeklagt bin. Ich habe auch keine anderen Verbrechen gegen die Partei und die Regierung begangen. Ich bin ein alter Bolschewik, der sich nichts hat zuschulden kommen lassen, der (fast) vierzig Jahre ehrlich in den Reihen der Partei für das Wohl und Glück des Volkes gekämpft hat.

... Heute drohen mir, einem 62jährigen alten Mann, die Untersuchungsrichter mit noch grausameren und erniedrigenderen Mitteln physischer Einwirkung. Sie sind nicht mehr in der Lage, sich ihres Fehlers bewußt zu werden und anzuerkennen, daß ihr Vorgehen mir gegenüber ungesetzlich und unzulässig ist. Sie versuchen diese Mittel zu rechtfertigen, indem sie mich als grimmigen und hartnäckigen Feind hinstellen und eine Verstärkung der Repressalien verlangen. Doch die Partei soll wissen, daß ich unschuldig bin und daß es mit keinerlei Mitteln gelingen wird, einen treuen Sohn der Partei, der ihr bis zum letzten Atemzug ergeben ist, in einen Feind zu verwandeln.

Mir bleibt allerdings kein Ausweg. Ich habe keine Kraft, die drohenden neuen schweren Schläge von mir abzuwenden.

Alles hat jedoch Grenzen. Ich bin bis zum Äußersten gemartert worden. Meine Gesundheit ist zerrüttet, meine Kraft und Energie sind erschöpft, das Ende naht. In einem sowjetischen Gefängnis mit dem Brandmal eines elenden Vaterlandsverräters zu sterben – was kann schrecklicher sein für einen ehrlichen Menschen. Wie ungeheuerlich ist das! Grenzenlose Enttäuschung und Schmerz ergreifen das Herz. Nein, nein! Das wird nicht geschehen, das darf nicht geschehen – schreie ich. Sowohl die Partei als auch die Sowjetregierung und der Volkskommissar L. P. Berija werden nicht zulassen, daß es zu einer so grausamen, irreversiblen Ungerechtigkeit kommt.

Ich bin überzeugt, daß es bei einer ruhigen, unvoreingenommenen Erörterung, ohne schändliche Beschimpfungen, ohne Zorn, ohne schreckliche Mißhandlungen leicht sein wird, die Gegenstandslosigkeit der Anklagen festzustellen. Ich glaube fest, daß die Wahrheit und Gerechtigkeit triumphieren werden. Ich glaube, glaube.«

Der Altbolschewik Gen. Kedrow wurde vom Militärkollegium für unschuldig erklärt. Trotzdem wurde er auf Befehl Berijas erschossen.

Berija rechnete ebenfalls grausam mit der Familie des Gen. Ordshonikidse ab. Weshalb? Deshalb, weil Ordshonikidse Berija bei der Verwirklichung seiner üblen Pläne behinderte. Berija bahnte sich den Weg, indem er sich aller Menschen entledigte, die ihm hätten schaden können. Ordshonikidse war stets ein Gegner Berijas, worüber er mit Stalin sprach. Anstatt die Angelegenheit zu überprüfen und entsprechende Maßnahmen zu ergreifen, ließ es Stalin zur Liquidierung des Bruders von Ordshonikidse kommen, und Ordshonikidse selbst trieb er in einen solchen Zustand, daß er gezwungen war, sich zu erschießen. So also war Berija.

Berija wurde vom Zentralkomitee kurz nach dem Tode Stalins entlarvt. Im Ergebnis eines eingehenden Gerichtsverfahrens wurden Berijas ungeheuerliche Verbrechen festgestellt, und Berija wurde erschossen.

Die Frage erhebt sich, weshalb Berija, der Zehntausende Partei- und Sowjetfunktionäre liquidierte, nicht zu Lebzeiten Stalins entlarvt wurde. Er wurde nicht früher entlarvt, weil er geschickt die schwachen Seiten Stalins ausnutzte, in ihm den Argwohn nährte, in allem Stalin zustimmte und mit seiner Unterstützung agierte.

Genossen!

Der Personenkult nahm hauptsächlich deshalb so ungeheuerliche Ausmaße an, weil Stalin selbst mit allen Mitteln die Glorifizierung seiner Person betrieb und unterstützte. Davon zeugen viele Tatsachen. Eines der kennzeichnendsten Beispiele für die Selbstbeweihräucherung und den Mangel elementarer Bescheidenheit Stalins ist die Herausgabe seiner »Kurzen Lebensbeschreibung«, die 1948 erschien.[80]

Dieses Buch ist Ausdruck der zügellosesten Lobhudelei, ein Muster dafür, wie man aus einem Menschen einen Gott macht und ihn in einen unfehlbaren Weisen verwandelt, den »größten Führer«, »unübertrefflichen Strategen aller Zeiten und Völker«. Es sind wohl keine anderen Worte mehr zu finden, um Stalin noch mehr in den Himmel zu heben.

Es besteht kein Grund, hier die widerlichen Lobhudeleien zu zitieren, von denen es in diesem Buch wimmelt. Es gilt nur zu unterstreichen, daß sie alle von Stalin persönlich gebilligt und redigiert wurden und einige davon eigenhändig von ihm in die Korrektur des Buches hineingeschrieben worden sind.

Was betrachtete Stalin als unerläßliche Ergänzungen zu diesem Buch? Vielleicht wollte er den Eifer der Schmeichler abkühlen, die seine »Kurze Lebensbeschreibung« verfaßt hatten? Nein. Er baute die Stellen aus, von denen er meinte, daß das Lob für seine Verdienste unzureichend sei.

Hier einige Abschnitte, die Stalins Tätigkeit charakterisieren und die von Stalin eigenhändig hinzugefügt wurden:

»In diesem Kampfe gegen die Kleingläubigen und Kapitulanten, die Trotzkisten und Sinowjewleute, die Bucharin und Kamenew, formte sich, nachdem Lenin aus den Kampfreihen geschieden war, endgültig jener leitende Kern unserer Partei ..., der das große Banner Lenins hochhielt, die Partei um das Vermächtnis Lenins zusammenschloß und das Sowjetvolk auf den breiten Weg der Industrialisierung des Landes und der Kollektivierung der Landwirtschaft geführt hat. Der Leiter dieses Kerntrupps und die führende Kraft der Partei und des Staates war Genosse Stalin.«[81]

Und das schreibt Stalin selbst! Und er fügt hinzu:

»Stalin, der in meisterhafter Weise den Aufgaben eines Führers der Partei und des Volkes gerecht wird und die volle Unterstützung des ganzen Sowjetvolkes genießt, hat in seiner Tätigkeit niemals auch nur einen Schatten von Eigendünkel, Überheblichkeit, Selbstlob an den Tag gelegt.«[82]

Wo überhaupt und wann hat sich ein Funktionär derart selbst rühmen können? Schickt sich das für einen Funktionär marxistisch-leninistischen Typs? Nein. Eben gerade dagegen sind Marx und Engels so entschieden aufgetreten. Eben das hat Lenin immer so scharf verurteilt.

Im Korrekturexemplar des Buches stand folgender Satz: »Stalin – das ist der Lenin von heute.«[83] Dieser Satz erschien Stalin offenbar unzureichend, und so hat er ihn eigenhändig wie folgt umgearbeitet: »Stalin ist der würdige Fortsetzer des Werkes Lenins oder wie man in unserer Partei zu sagen pflegt: Stalin – das ist der Lenin von heute.« Sehen Sie, wie eindrucksvoll das gesagt ist, nur nicht vom Volk, sondern von Stalin selbst.

Man kann eine Menge ähnlicher Fälle von Eigenlob anführen, die von Stalins Hand in die Korrektur des Buches eingefügt wurden. Besonders freigebig warf er mit Lobpreisungen seiner selbst wegen seiner militärischen Genialität und seiner strategischen Talente um sich.

Ich gestatte mir, noch eine von Stalin geschriebene Einfügung zum Thema der Stalinschen militärischen Genialität anzuführen.

»Genosse Stalin hat auch die fortgeschrittene sowjetische Kriegswissenschaft weiterentwickelt«, schreibt er. »Genosse Stalin hat die Lehre von den ständig wirkenden Faktoren ausgearbeitet, die für das Schicksal des Krieges entscheidend sind, ferner die Lehre von der aktiven Verteidigung und den Gesetzen der Gegenoffensive und der Offensive, von dem Zusammenwirken der verschiedenen Waffengattungen und der technischen Kampfmittel unter den Bedingungen des modernen Krieges, von der Rolle großer Panzer- und Flugzeugmassen im modernen Krieg, die Lehre von der Artillerie als der mächtigsten Waffengattung. In den verschiedensten Stadien des Krieges fand das Genie Stalins die richtigen Lösungen, die allen Besonderheiten der entstandenen Lage Rechnung trugen.«[84]

Und weiter schreibt Stalin:

»Die Stalinsche Kriegskunst trat sowohl bei der Verteidigung als auch beim Angriff in Erscheinung ... Mit genialem Scharfblick durchschaute Genosse Stalin die Pläne des Feindes und durchkreuzte sie. Die Schlachten, in denen Genosse Stalin die Leitung der Sowjettruppen innehatte, sind hervorragende Musterbeispiele operativer Kriegskunst.«[85]

Auf diese Art wurde Stalin als Stratege gerühmt. Wer tat das? Stalin selbst, nur, daß er nicht in der Rolle des Strategen, sondern in der eines Autors bzw. Redakteurs auftrat, eines der Hauptschöpfer seines von Eigenlob geprägten Lebenslaufes.

So sind die Tatsachen, Genossen. Man muß geradeheraus sagen – die schmachvollen Tatsachen.

Und noch ein Fakt aus ebendieser »Kurzen Lebensbeschreibung« Stalins. Bekanntlich arbeitete an der Herausgabe des »Kurzen Lehrgangs der Geschichte der KPdSU(B)« eine Kommission des Zentralkomitees der Partei. Dieses – offen gesagt – ebenfalls vom Personenkult durchtränkte Buch ist von einem Autorenkollektiv ausgearbeitet worden. Das fand seine Widerspiegelung in der folgenden, im Umbruchexemplar der »Kurzen Lebensbeschreibung« Stalins enthaltenen Formulierung:

»Eine Kommission des Zentralkomitees der KPdSU(B) unter Lcitung des Genossen Stalin und seiner aktivsten persönlichen Teilnahme schuf den ›Kurzen Lehrgang der Geschichte der Kommunistischen Partei der Sowjetunion (Bolschewiki).‹«[86]

Diese Formulierung jedoch konnte Stalin nicht zufriedenstellen: in der »Kurzen Lebensbeschreibung« wurde sie durch folgenden Satz ersetzt:

»1938 erschien das Buch ›Geschichte der Kommunistischen Partei der Sowjetunion (Bolschewiki), Kurzer Lehrgang‹, das von Genossen Stalin verfaßt und von einer Kommission des Zentralkomitees der KPdSU(B) bestätigt wurde.«[87] Was kann man hier weiter hinzufügen?

Wie Sie sehen, trat hier eine erstaunliche Metamorphose einer von einer Gruppe geschaffenen Arbeit in ein von Stalin geschriebenes Buch ein. Nicht nötig zu sagen, auf welche Weise und warum die Metamorphose vorgenommen wurde.

Es erhebt sich die begründete Frage: Wenn Stalin der Autor dieses Buches ist, weshalb brauchte er ein solches Lobpreisen der Person Stalins, und weshalb wurde aus der gesamten nachrevolutionären Periode der Geschichte unserer ruhmvollen Kommunistischen Partei nichts weiter als der Hintergrund für das Handeln des »Stalinschen Genius« gemacht?

Haben in dem Buch die Anstrengungen der Partei auf dem Gebiet der sozialistischen Umgestaltung des Landes, des Aufbaus der sozialistischen Gesellschaft, der Industrialisierung und Kollektivierung des Landes sowie andere von der Partei unternommene Schritte ihre Widerspiegelung erfahren, das Vorgehen der Partei auf dem von Lenin abgesteckten Weg? Dieses Buch spricht vorwiegend über Stalin, über seine Reden, seine Referate. Alles ohne die geringste Ausnahme ist mit seinem Namen verbunden.

Und wenn Stalin selbst erklärt, eben er habe den »Kurzen Lehrgang der Geschichte der KPdSU(B)« geschrieben, so muß das zumindest Verwunderung auslösen. Kann denn ein Marxist-Leninist so über sich schreiben, daß er die eigene Person in den Himmel hebt?

Oder nehmen wir die Stalin-Orden.[88] Sogar die Zaren haben keine Preise gestiftet, die sie mit eigenem Namen bezeichnet hätten.

Stalin selbst erachtete jenen Text der Staatshymne der UdSSR für den besten, in dem *kein einziges Wort* über die Kommunistische Partei vorkommt, dafür aber die folgende beispiellose Lobpreisung Stalins:

»Uns hat Stalin zur Treue gegenüber dem Volk erzogen.
Zu großen Mühen und Taten hat er uns angespornt.«

In diesen Versen der Hymne ist die gesamte erzieherische, leitende und inspirierende Tätigkeit der großen Leninschen Partei Stalin zugeschrieben worden. Das ist natürlich ein offenes Abgehen vom Marxismus-Leninismus, eine offene Herabsetzung und Schmälerung der Rolle der Partei. Zu Ihrer Information sei hinzugefügt, daß das Präsidium des ZK bereits einen Beschluß zur Erarbeitung eines neuen Textes für die Hymne gefaßt hat, in dem die Rolle des Volkes, die Rolle der Partei ihre Widerspiegelung finden.

Und wurde Stalins Name vielen Großbetrieben und Städten ohne sein Wissen gegeben, oder wurden ohne sein Wissen im ganzen Land Stalin-Denkmäler errichtet – diese »Denkmäler zu Lebzeiten«? Schließlich ist es Tatsache, daß Stalin selbst am 2. Juli 1951 den Beschluß des Ministerrates der UdSSR zur Frage des Baus eines monumentalen Stalin-Denkmals am Wolga-Don-Kanal unterzeichnete, und am 4. September desselben Jahres erließ er die Verfügung, 33 Tonnen Kupfer für den Bau dieses Monuments bereitzustellen. Wer auch immer in der Umgebung von Stalingrad war, konnte sehen, welch riesiges Standbild sich dort erhebt, und das an einem Ort, wo wenig Menschen leben. Doch für seinen Bau wurden gewaltige Summen ausgegeben – und das in einer Periode, als unsere Menschen in diesem Gebiet nach dem Krieg noch in Lehmhütten wohnten. Urteilen Sie selbst, ob Stalin in seinem Lebenslauf zu Recht geschrieben hat, er habe »niemals auch nur einen Schatten von Eigendünkel, Überheblichkeit, Selbstlob an den Tag gelegt«.[89]

Gleichzeitig ließ Stalin es an Achtung gegenüber dem Andenken Lenins mangeln. Es ist sicher kein Zufall, daß der Sowjetpalast[90], dessen Bau als ein Denkmal für Lenin vor gut dreißig Jahren beschlossen wurde, nicht gebaut worden ist, daß seine Errichtung ständig verschoben, dem

Vergessen anheimgegeben wurde. Man muß das korrigieren und ein solches Denkmal für Lenin errichten.

Man kann auch nicht an dem am 14. August 1925 gefaßten Beschluß der Sowjetregierung »Über die Stiftung von Leninpreisen für wissenschaftliche Arbeiten« vorübergehen. Dieser Beschluß wurde in der Presse veröffentlicht, doch bisher gibt es keine Leninpreise. Diese Angelegenheit muß man ebenfalls korrigieren.

Zu Lebzeiten Stalins wurden dank der bekannten Methoden, von denen ich im Zusammenhang mit einigen Fakten aus der Entstehungsgeschichte der »Kurzen Lebensbeschreibung« Stalins sprach, alle Ereignisse so beleuchtet, als ob Lenin sogar während der Sozialistischen Oktoberrevolution eine zweitrangige Rolle gespielt habe. In vielen Filmen, in vielen literarischen Werken wurde die Gestalt Lenins unrichtig beleuchtet, in unzulässiger Weise herabgesetzt.

Stalin sah sich sehr gern den Film »Das unvergeßliche Jahr 1919« an, in dem er auf den Trittbrettern eines Panzerzuges gezeigt wird und fast mit dem Säbel die Feinde berührt. Möge Kliment Jefremowitsch (Woroschilow), unser teurer Freund, Mut fassen und die Wahrheit über Stalin schreiben, denn schließlich weiß er, wie Stalin Krieg führte. Dem Gen. Woroschilow[91] wird es gewiß schwerfallen, sich an diese Arbeit zu machen, aber es wäre gut, wenn er es täte. Alle werden das gutheißen, das Volk wie die Partei. Und die Enkel werden ihm dafür dankbar sein.

Bei der Behandlung der mit der Oktoberrevolution und dem Bürgerkrieg verbundenen Ereignisse wurde die Sache in vielen Fällen so dargestellt, als ob die Hauptrolle überall Stalin zugefallen sei, als ob Stalin immer und überall Lenin suggeriert habe, was er wie zu tun habe. Aber das ist doch eine Verleumdung Lenins!

Ich gehe sicher nicht fehl, wenn ich sage, daß 99 Prozent der hier Anwesenden wenig über Stalin vor 1924 gewußt und gehört haben, und Lenin kannten alle im Land, ihn kannte die ganze Partei, das ganze Volk, vom Kind bis zum Greis.

All das ist gründlich zu revidieren, damit die Rolle Lenins, die großen Taten unserer Kommunistischen Partei und des Sowjetvolkes, eines schöpferischen Volkes, in Geschichte, Literatur und Kunstwerken die richtige Widerspiegelung finden.

Genossen! Der Personenkult trug dazu bei, im Parteiaufbau und in der wirtschaftlichen Tätigkeit fehlerhafte Methoden zu verbreiten, er bewirkte die brutale Verletzung der innerparteilichen und Sowjetdemokratie, nacktes Administrieren, verschiedenartige Verzerrungen, das Vertuschen von

Fehlern, das Schönfärben der Realität. Es wimmelte bei uns von Speichelleckern, Lobhudlern und Betrügern.

Man darf auch nicht daran vorbeisehen, daß infolge der zahlreichen Verhaftungen von Partei-, Sowjet- und Wirtschaftsfunktionären viele unserer Mitarbeiter ängstlich zu arbeiten begannen, übermäßige Vorsicht an den Tag legten, sich vor allem Neuen, ja vor dem eigenen Schatten fürchteten, daß sie weniger Initiative in der Arbeit zu zeigen begannen.

Und nehmen wir die Beschlüsse der Partei- und Sowjetorgane. Man begann sie nach einer Schablone anzufertigen, häufig ohne Berücksichtigung der konkreten Situation. Es kam dazu, daß Partei- und andere Funktionäre auf den kleinsten Sitzungen und Beratungen in allen Fragen ihre Reden abzulesen begannen. All das beschwor die Gefahr der Schaffung einer Beamtenpartei, der Bürokratisierung des Apparates herauf.

Stalins Lebensfremdheit, seine Unkenntnis der wirklichen Lage an der Basis kann am Beispiel der Leitung der Landwirtschaft gut aufgezeigt werden.

Alle, die sich auch nur etwas für die Lage im Lande interessierten, sahen die schwierige Situation in der Landwirtschaft, doch Stalin nahm diese nicht wahr.

Haben wir darüber zu Stalin gesprochen?

Ja, wir haben, doch er unterstützte uns nicht. Warum geschah das? Deshalb, weil Stalin nie ins Land reiste, sich nicht mit Arbeitern und Kolchosbauern traf und die tatsächliche Lage im Territorium nicht kannte.

Das Land und die Landwirtschaft kannte er nur aus Filmen. Und die Filme beschönigten, lackierten den Zustand in der Landwirtschaft. In vielen Filmen wurde das Kolchosleben so dargestellt, daß die Tische sich unter den Truthähnen und Gänsen bogen. Offensichtlich meinte Stalin, daß es so in Wirklichkeit sei.

Wladimir Iljitsch Lenin sah anders auf das Leben; er war stets eng mit dem Volk verbunden; er empfing Bauerndelegierte bei sich, häufig sprach er auf Versammlungen in Fabriken, er fuhr aufs Dorf, sprach mit den Bauern.

Stalin grenzte sich vom Volk ab, niemals fuhr er irgendwohin. Und das ging so über Dutzende von Jahren. Das letzte Mal fuhr er im Januar 1928 aufs Land, und zwar nach Sibirien wegen der Getreidelieferungen. Woher konnte er denn die Lage auf dem Dorf kennen?

Und als während eines Gesprächs Stalin gesagt wurde, daß die Lage in der Landwirtschaft schwer sei, daß es besonders schlecht um die Erzeugung von Fleisch und anderen tierischen Produkten stehe, wurde eine Kommission eingesetzt, die beauftragt wurde, einen Beschlußentwurf

»Über Maßnahmen zur weiteren Entwicklung der Viehzucht in den Kolchosen und Sowchosen« vorzubereiten. Wir haben einen solchen Entwurf erarbeitet.

Selbstverständlich umfaßten unsere damaligen Vorschläge nicht alle Möglichkeiten, doch es wurden Wege zur Erhöhung der Viehzucht in den Kollektivwirtschaften und Staatsgütern aufgezeigt. Damals wurde vorgeschlagen, die Aufkaufpreise für tierische Erzeugnisse zu erhöhen, um das materielle Interesse der Genossenschaftsbauern, der Mitarbeiter der Maschinen-Traktoren-Stationen und Staatsgüter an der Entwicklung der Viehzucht zu erweitern. Aber das von uns ausgearbeitete Projekt wurde nicht angenommen, und im Februar 1953 wurde es beiseite gelegt.

Mehr noch, bei der Erörterung dieses Entwurfs schlug Stalin vor, die von den Kolchosen und Kolchosbauern gezahlte Steuer um weitere 40 Milliarden Rubel zu erhöhen, weil es den Bauern nach seiner Ansicht gut ginge und ein Kolchosbauer, der nur ein Huhn verkaufe, völlig die Staatssteuer aufbringen könne.

Überlegen Sie nur, was das bedeutet hätte. Denn 40 Milliarden Rubel sind eine Summe, die die Bauern nicht einmal für die Gesamtmenge der dem Staat gelieferten Produkte erhielten. Im Jahre 1952 erhielten zum Beispiel die Kolchose und Kolchosbauern für die gesamte an den Staat gelieferte und verkaufte Produktion 26 Milliarden 280 Millionen Rubel.

Stützte sich ein solcher Vorschlag Stalins auf irgendwelche Angaben? Natürlich nicht. In solchen Fällen interessierten ihn Fakten und Zahlen nicht. Wenn Stalin etwas sagte, bedeutete das, daß es so war – denn schließlich war er ein »Genie«, und ein Genie muß nicht rechnen, es reichte, wenn es die Sache betrachtete und bestimmte, wie es zu sein habe. Er äußerte seine Ansicht, und danach mußten alle sie wiederholen und von seiner Weisheit begeistert sein.

Doch was war weise an dem Vorschlag der Steuererhöhung um 40 Milliarden Rubel? Nichts, überhaupt nichts, weil sich dieser Vorschlag nicht auf die reale Bewertung der Wirklichkeit stützte, sondern auf die Hirngespinste eines vom Leben abgeschnittenen Menschen.

Heute beginnen wir in der Landwirtschaft, uns etwas aus der schwierigen Situation herauszuwinden. Die Reden der Delegierten auf dem XX. Parteitag erfreuen jeden von uns; wir freuen uns, wenn viele Delegierte sagen, daß alle Voraussetzungen bestehen, um die Aufgaben des 6. Fünfjahrplans im Bereich der wichtigsten tierischen Erzeugnisse nicht in fünf, sondern im Verlauf von zwei bis drei Jahren zu erfüllen. Wir sind überzeugt, daß die Aufgaben des neuen Fünfjahrplans erfolgreich erfüllt werden.

Genossen!

Wenn wir heute scharf gegen den Personenkult auftreten, der sich zu Stalins Lebzeiten umfassend verbreitet hatte, und wenn wir über viele negative Erscheinungen sprechen, die aus diesem, dem Geist des Marxismus-Leninismus fremden Kult resultieren, kann bei einzelnen Menschen die Frage auftauchen: Was soll das, schließlich stand Stalin 30 Jahre lang an der Spitze der Partei und des Landes, und zu seinen Lebzeiten wurden große Siege errungen; kann man das denn abstreiten? Ich meine, so können nur verblendete und vom Personenkult hoffnungslos hypnotisierte Personen fragen, die das Wesen der Revolution und des Sowjetstaates nicht begreifen, die nicht auf Leninsche Art die Rolle der Partei und des Volkes bei der Entwicklung der Sowjetgesellschaft verstehen.

Die sozialistische Revolution hat die Arbeiterklasse im Bündnis mit der armen Bauernschaft und mit Unterstützung der Mittelbauern vollbracht, sie wurde vom Volk unter Führung der bolschewistischen Partei durchgeführt. Das große Verdienst Lenins beruht darauf, daß er eine Kampfpartei der Arbeiterklasse schuf, sie mit dem marxistischen Verständnis der gesellschaftlichen Entwicklungsgesetze ausrüstete, mit der Lehre vom Sieg des Proletariats im Kampf gegen den Kapitalismus, daß er die Partei im Feuer der revolutionären Schlachten der Volksmassen stählte. Im Laufe dieses Kampfes verteidigte die Partei konsequent die Interessen des Volkes, wurde seine erprobte Führerin, führte sie die werktätigen Massen zur Macht, zur Errichtung des ersten sozialistischen Staates auf der Welt.

Denken Sie an die klugen Worte Lenins, daß der Sowjetstaat stark ist durch das Bewußtsein der Massen, daß heutzutage Millionen, Dutzende Millionen Menschen Geschichte machen.

Unsere historischen Siege verdanken wir der organisatorischen Arbeit der Partei, ihren zahlreichen territorialen Organisationen, der opfervollen Arbeit unseres großen Volkes. Diese Siege – sie sind das Ergebnis der in ihrem Ausmaß riesigen Tätigkeit des Volkes und der Partei als Ganzes; sie sind überhaupt nicht die Frucht der Führung nur durch den einen Stalin, wie es in der Blütezeit des Personenkults versucht wurde darzustellen.

Wenn man auf marxistische, auf Leninsche Art an diese Frage herangeht, muß man geradeheraus erklären, daß die Praxis der Führung, wie sie sich während der letzten Lebensjahre Stalins herausformte, zu einem ernsthaften Hemmnis auf dem Wege der Entwicklung der sowjetischen Gesellschaft geworden ist.

Stalin hat sich über lange Monate nicht mit wichtigen und keinen Aufschub duldenden Problemen des Lebens der Partei und des Landes beschäftigt. Zu Zeiten der Führung Stalins waren unsere friedlichen Beziehungen zu anderen Ländern häufig gefährdet, weil seine selbstherrlichen Entscheidungen große Komplikationen auslösen konnten und manchmal auch auslösten.

In den letzten Jahren, seit wir uns von der schädlichen Praxis des Personenkults befreiten und eine Reihe verantwortungsvoller Schritte im Bereich der Innen- und Außenpolitik unternahmen, sehen alle, wie unter ihren Augen die Aktivität zusehends wächst, wie sich die schöpferische Initiative der breiten arbeitenden Massen entwickelt, wie wohltuend all das auf die Ergebnisse unseres ökonomischen und kulturellen Aufbaus Einfluß zu nehmen beginnt.

Einige Genossen können fragen: Wo waren denn die Mitglieder des Politbüros des ZK, weshalb sind sie nicht rechtzeitig gegen den Personenkult aufgetreten und tun das erst in letzter Zeit?

Man muß vor allem die Tatsache berücksichtigen, daß die Mitglieder des Politbüros diese Frage in verschiedenen Perioden unterschiedlich betrachteten. Anfangs unterstützten viele von ihnen aktiv Stalin, weil Stalin einer der stärksten Marxisten war und seine Logik, seine Kraft und sein Willen auf die Kader, die Parteiarbeit großen Einfluß ausübten.

Es ist bekannt, daß Stalin nach dem Tode Lenins, vor allem in den ersten Jahren, aktiv für den Leninismus gegen die Feinde der Leninschen Lehre und diejenigen, die sie entstellten, kämpfte. Die Partei, die die Leninsche Lehre zum Ausgangspunkt nahm, entfaltete mit dem Zentralkomitee an ihrer Spitze die Arbeit zur sozialistischen Industrialisierung des Landes, zur Kollektivierung der Landwirtschaft und zur Verwirklichung der Kulturrevolution. In jener Zeit erwarb sich Stalin Popularität, Sympathie und Unterstützung. Die Partei mußte gegen jene kämpfen, die versuchten, das Land vom einzig richtigen, dem Leninschen Weg abzubringen, sie mußte gegen Trotzkisten, Sinowjewleute und Rechte, gegen bürgerliche Nationalisten kämpfen. Dieser Kampf war unabdingbar. Später jedoch begann Stalin, der die Macht immer mehr mißbrauchte, mit hervorragenden Funktionären der Partei und des Staates abzurechnen, terroristische Methoden gegenüber ehrlichen sowjetischen Menschen anzuwenden. Wie wir bereits feststellten, verfuhr Stalin gerade so mit den hervorragenden Funktionären unserer Partei und des Staates – mit Kossior, Rudzutaks, Eiche, Postyschew und vielen anderen.

Versuche, gegen unbegründete Verdächtigungen und Anklagen aufzutreten, führten dazu, daß der Protestierende der Repression zum Opfer fiel. In dieser Hinsicht ist der Fall des Gen. Postyschew charakteristisch.

In einem Gespräch äußerte Stalin seine Unzufriedenheit mit Postyschew und stellte ihm die Frage:

»Was für einer sind Sie?«

Postyschew erklärte standhaft:

»Bolschewik bin ich, Genosse Stalin, Bolschewik!«

Und diese Erklärung galt anfangs als Mißachtung Stalins, dann als schädliche Haltung und in der Konsequenz hatte das die Liquidierung Postyschews zur Folge, der ohne jegliche Grundlagen zum »Volksfeind« deklariert wurde.

Über die Situation, die sich damals herausbildete, habe ich manchmal mit Nikolai Alexandrowitsch Bulganin gesprochen. Als wir einmal zu zweit im Auto fuhren, sagte er mir:

»So geschieht es, daß mancher zu Stalin fährt, zu dem er als Freund eingeladen wurde. Und wenn er bei Stalin sitzt, weiß er nicht, wohin sie ihn bringen: nach Hause oder ins Gefängnis.«

Es ist klar, daß solche Bedingungen jedes Politbüromitglied in eine äußerst schwierige Situation brachten. Wenn wir darüber hinaus aber die Tatsache berücksichtigen, daß Plenartagungen des ZK in den letzten Jahren faktisch nicht einberufen wurden und Sitzungen des Politbüros nur von Fall zu Fall stattfanden, dann verstehen wir, wie schwierig es für irgendein Politbüromitglied war, sich gegen dieses oder jenes ungerechte oder fehlerhafte Vorgehen auszusprechen, gegen offensichtliche Fehler und Mängel in der Praxis der Führung.

Wie wir schon konstatierten, wurden viele Entscheidungen individuell durch eine Person oder im Umlaufverfahren, unter Umgehung einer kollektiven Erörterung, getroffen.

Allen bekannt ist das traurige Schicksal des Mitglieds des Politbüros Gen. Wosnessenski, der den Repressalien Stalins zum Opfer fiel. Charakteristisch ist, daß der Beschluß, ihn aus dem Politbüro zu entfernen, niemals diskutiert, sondern ohne Kollektiv herbeigeführt wurde. Auf die gleiche Weise sind die Beschlüsse zustande gekommen, die Genossen Kusnezow und Rodionow aus ihren Funktionen zu entfernen.

Ernsthaft herabgesetzt wurde die Rolle des Politbüros des ZK, wurde dessen Arbeit desorganisiert durch die Schaffung verschiedener Kommissionen innerhalb des Politbüros, der sogenannten Fünfer-, Sechser-, Siebener- und Neunergruppen. Hier ist zum Beispiel der Beschluß des Politbüros vom 3. Oktober 1946:

»Antrag Gen. Stalins

1. Die Kommission für Auswärtige Angelegenheiten beim Politbüro (Sechsergruppe) ist zu beauftragen, sich in Zukunft neben Fragen der Außenpolitik auch mit Fragen des inneren Aufbaus und der Innenpolitik zu befassen.

2. Die Zusammensetzung der Sechsergruppe um den Vorsitzenden der Staatlichen Plankommission der UdSSR, Gen. Wosnessenski, ist zu ergänzen und die Sechsergruppe künftig Siebenergruppe zu nennen.

Sekretär des ZK – J. Stalin.«

Was ist das für eine Kartenspieler-Terminologie! Es ist klar, daß die Schaffung derartiger Kommissionen innerhalb des Politbüros – »Fünfer«, »Sechser«, »Siebener« und »Neuner« – das Prinzip der kollektiven Führung untergrub. Im Ergebnis waren einige Mitglieder des Politbüros auf diese Weise von der Entscheidung wichtiger Staatsangelegenheiten ausgeschlossen.

Unter unmöglichen Bedingungen befand sich eines der ältesten Mitglieder unserer Partei – Kliment Jefremowitsch Woroschilow. Im Verlaufe einer Reihe von Jahren wurde er faktisch des Rechts der Teilnahme an der Arbeit des Politbüros beraubt. Stalin verbot ihm, zu den Sitzungen des Politbüros zu kommen, und er untersagte es, ihm Dokumente zu schicken. Wenn das Politbüro tagte und Genosse Woroschilow davon erfuhr, rief er jedesmal an und fragte, ob er zur Sitzung kommen dürfe, Manchmal gestattete Stalin es ihm, doch immer brachte er seine Unzufriedenheit zum Ausdruck. Infolge seines extremen Mißtrauens und Argwohns verstieg sich Stalin bis zu einem so unsinnigen und lächerlichen Verdacht, Woroschilow sei ein englischer Agent. So ist es, ein englischer Agent. Und bei ihm zu Hause wurde ein Spezialapparat zum Abhören seiner Gespräche installiert.

Mit einer allein von ihm getroffenen Entscheidung schloß Stalin noch ein anderes Politbüromitglied von der Arbeit des Politbüros aus, Andrej Andrejewitsch Andrejew.

Das war zügelloseste Willkür.

Und nehmen wir das erste ZK-Plenum nach dem XIX. Parteitag, als Stalin das Wort ergriff und auf dem Plenum Wjatscheslaw Michailowitsch Molotow und Anastas Iwanowitsch Mikojan charakterisierte, wobei er gegen diese alten Funktionäre unserer Partei durch nichts begründete Anklagen erhob.

Wenn Stalin noch einige Monate länger am Steuer der Macht geblieben wäre, so wäre es nicht ausgeschlossen, daß die Genossen Molotow und Mikojan auf unserem Parteitag nicht mehr hätten reden können.

Stalin hatte offensichtlich seine Pläne, mit alten Mitgliedern des Politbüros abzurechnen. Manchmal sprach er davon, daß die Mitglieder des Politbüros auszuwechseln seien. Sein Antrag nach dem XIX. Parteitag über die Wahl von 25 Personen in das Präsidium des ZK hatte die Beseitigung der alten Mitglieder des Politbüros und die Besetzung durch weniger erfahrene Genossen zum Ziel, damit diese ihn auf jegliche Weise lobpriesen. Man darf sogar vermuten, daß dies mit der Absicht erdacht worden war, später die alten Mitglieder des Politbüros auszuschalten und auf diese Weise die Spuren jener schmutzigen Handlungen Stalins zu verwischen, über die wir jetzt berichten.

Genossen! Um die Fehler der Vergangenheit nicht zu wiederholen, tritt das Zentralkomitee entschieden gegen den Personenkult auf. Wir meinen, daß Stalin über jedes Maß herausgehoben wurde. Zweifellos hatte Stalin in der Vergangenheit große Verdienste gegenüber der Partei, der Arbeiterklasse und der internationalen Arbeiterbewegung.

Kompliziert wird die Frage durch den Umstand, daß all das, worüber an dieser Stelle gesprochen wurde, zu Zeiten Stalins unter seiner Führung und mit seinem Einverständnis begangen wurde, wobei Stalin überzeugt war, daß dies zur Verteidigung der Interessen der werktätigen Massen gegenüber den Umtrieben der Feinde und den Attacken des imperialistischen Lagers unerläßlich sei. All das betrachtete er von der Position der Verteidigung der Interessen der Arbeiterklasse, der Interessen des arbeitenden Volkes, der Interessen des Sieges des Sozialismus und Kommunismus. Man kann nicht sagen, daß die Taten Stalins die eines gedankenlosen Despoten waren. Er meinte, daß man im Interesse der Partei, der werktätigen Massen, um der Verteidigung der revolutionären Errungenschaften willen so handeln müßte. Darin liegt die wirkliche Tragödie!

Genossen! Lenin unterstrich wiederholt, daß Bescheidenheit eine unverzichtbare Eigenschaft für einen echten Bolschewiken ist. Lenin selbst war die lebendige Verkörperung der größten Bescheidenheit. Man kann nicht sagen, daß wir in jeder Hinsicht diesem Leninschen Beispiel gefolgt sind. Es genügt wohl festzustellen, daß viele Städte, Fabriken und Industriebetriebe, Kolchose und Staatsgüter, Sowjet- und Kultureinrichtungen gewissermaßen, wenn man so sagen darf, Privateigentum geworden sind, indem ihnen die Namen dieser oder jener Staats- und Parteifunktionäre gegeben wurden, die sich noch einer guten Gesundheit erfreuen. An der Namensverleihung an Städte, Rayons, Betriebe, Kolchose haben viele von uns teilgenommen. Das muß man korrigieren.

Doch das muß vernünftig, ohne Eile getan werden. Das Zentralkomitee wird diese Angelegenheit besprechen und genau bedenken, daß keinerlei Fehler und Überspitzungen zugelassen werden. Ich erinnere mich, wie man in der Ukraine von der Verhaftung Kossiors erfuhr. Der Kiewer Rundfunk begann seine Sendungen gewöhnlich so: »Hier spricht Radio Kossior«. Und eines Tages begannen die Sendungen ohne die Erwähnung Kossiors. Alle errieten, daß mit Kossior etwas passiert war, daß er sicher verhaftet worden war.

Wenn wir jetzt also überall beginnen, Schilder abzunehmen und Bezeichnungen zu ändern, können die Menschen denken, daß mit diesen Genossen, deren Namen die jeweiligen Betriebe, Kolchose oder Städte tragen, offensichtlich etwas geschehen ist, daß bestimmt auch sie festgenommen worden sind.

Woran wird bei uns manchmal Autorität und Bedeutung dieses oder jenes Führers gemessen? Daran, daß soundso viele Städte, Industriebetriebe und Fabriken, so viele Kolchose und Sowchose nach ihm benannt wurden. Ist es nicht an der Zeit, mit diesem »Privateigentum« Schluß zu machen und die Fabriken und Industriebetriebe, die Kolchose und Sowchose zu »nationalisieren«? Das wird unserer Sache nutzen. Schließlich findet der Personenkult auch in derartigen Fakten seinen Ausdruck.

Wir müssen uns der Frage des Personenkults mit ganzem Ernst widmen. Wir dürfen diese Frage nicht aus der Partei heraustragen, noch weniger in die Spalten der Presse. Ebendeshalb referieren wir sie auf einer geschlossenen Sitzung des Parteitages. Man muß das Maß kennen, den Feinden keine Nahrung geben, ihnen nicht unsere Blößen enthüllen. Ich glaube, daß die Parteitagsdelegierten all diese Maßnahmen richtig verstehen und beurteilen werden.

Genossen!

Wir müssen den Personenkult entschlossen ein für allemal beseitigen, entsprechende Konsequenzen sowohl in der ideologisch-theoretischen wie auch in der praktischen Arbeit ziehen.

Zu diesem Zweck ist es erforderlich:

Erstens, auf bolschewistische Art den Personenkult zu verurteilen und auszurotten, der dem Geist des Marxismus-Leninismus fremd ist und mit den Prinzipien der Führung der Partei und den Normen des Parteilebens unvereinbar ist, unbarmherzig jegliche Versuche zu bekämpfen, ihn in dieser oder jener Gestalt zu verankern.

In unserer ideologischen Arbeit die wichtigen Thesen der Lehre des

Marxismus-Leninismus über das Volk als den Schöpfer der Geschichte, als Schöpfer aller materiellen und geistigen Güter der Menschheit, über die entscheidende Rolle der marxistischen Partei im revolutionären Kampf um die Veränderung der Gesellschaft, für den Sieg des Kommunismus wiederherzustellen und konsequent zu verwirklichen.

Im Zusammenhang damit werden wir eine große Arbeit vollbringen müssen, um von der Position des Marxismus-Leninismus aus kritisch die weitverbreiteten fehlerhaften Ansichten einzuschätzen und zu korrigieren, die mit dem Personenkult in Geschichte, Philosophie, Ökonomie und anderen Wissenschaften wie auch in Literatur und Kunst verbunden sind. Insbesondere ist in nächster Zeit ein vollwertiges, mit wissenschaftlicher Objektivität verfaßtes marxistisches Lehrbuch zur Geschichte unserer Partei auszuarbeiten, desgleichen Lehrbücher zur Geschichte der Sowjetgesellschaft und Bücher, die die Geschichte des Bürgerkrieges und des Großen Vaterländischen Krieges betreffen.

Zweitens, konsequent und ausdauernd die in den letzten Jahren vom Zentralkomitee der Partei unternommene Arbeit fortzusetzen, die gekennzeichnet ist durch genaueste Einhaltung der Leninschen Prinzipien der Führung der Partei in allen Parteiorganisationen, von oben bis unten, und vor allem des Hauptprinzips, der Kollektivität der Leitung, durch die Einhaltung der Normen des Parteilebens, die im Statut unserer Partei verankert sind, durch die Entwicklung von Kritik und Selbstkritik.

Drittens, die Leninschen Prinzipien der sowjetischen sozialistischen Demokratie voll wiederherzustellen, wie sie in der Verfassung der Sowjetunion ausgedrückt sind, die Willkür von Personen zu bekämpfen, die die Macht mißbrauchen. Bis zum Ende ist das Übel auszuräumen, das durch die Akte der Vergewaltigung der revolutionären sozialistischen Gesetzlichkeit bewirkt wurde und das sich über längere Zeit infolge der negativen Folgen des Personenkults angesammelt hat.

Genossen!

Der XX. Parteitag der Kommunistischen Partei der Sowjetunion manifestierte mit neuer Kraft die unverbrüchliche Einheit unserer Partei, ihre Geschlossenheit um das Zentralkomitee, ihren entschlossenen Willen, die großen Aufgaben des kommunistischen Aufbaus zu erfüllen. Und die Tatsache, daß wir heute die grundlegenden Probleme der Überwindung des mit dem Marxismus-Leninismus unvereinbaren Personenkults sowie der Beseitigung seiner schwerwiegenden Folgen in ganzem Umfang aufwerfen, zeugt von der großen moralischen und politischen Kraft unserer Partei.

Wir sind vollkommen überzeugt, daß unsere Partei, die mit den historischen Beschlüssen ihres XX. Parteitages ausgerüstet ist, das sowjetische Volk auf dem Leninschen Wege zu neuen Erfolgen, zu neuen Siegen führen wird.

Es lebe das siegreiche Banner unserer Partei – der Leninismus!

Iswestija ZK KPSS, 1989, Nr. 3, S. 128–170.

2

Über die Überwindung des Personenkults und seiner Folgen

Beschluß des Zentralkomitees der KPdSU vom 30. Juni 1956

I.

Das Zentralkomitee der KPdSU stellt mit Befriedigung fest, daß die Beschlüsse des historischen XX. Parteitages der Kommunistischen Partei der Sowjetunion von unserer ganzen Partei, dem gesamten Sowjetvolk, den brüderlichen kommunistischen und Arbeiterparteien, den Werktätigen des großen Freundschaftsbundes der sozialistischen Länder und Millionen Menschen in den kapitalistischen und kolonialen Ländern voll und ganz gebilligt und lebhaft unterstützt werden. Das ist auch verständlich, da der XX. Parteitag, der eine neue Etappe in der schöpferischen Entwicklung des Marxismus-Leninismus darstellt, die gegenwärtige internationale und innere Lage eingehend analysiert, die Kommunistische Partei und das ganze Sowjetvolk mit einem großartigen Plan zum weiteren Kampf für den Aufbau des Kommunismus[1] ausgerüstet und neue Perspektiven für vereinte Aktionen aller Parteien der Arbeiterklasse zur Abwendung der Gefahr eines neuen Krieges und für die Interessen der Werktätigen eröffnet hat.

Bei der Verwirklichung der Beschlüsse des XX. Parteitages der KPdSU ringt das Sowjetvolk unter der Führung der Kommunistischen Partei um neue gewaltige Erfolge auf allen Gebieten des politischen, wirtschaftlichen und kulturellen Lebens des Landes. Die Sowjetmenschen haben sich noch enger um die Kommunistische Partei zusammengeschlossen und entwickeln große schöpferische Aktivität im Kampf für die Lösung der vom XX. Parteitag gestellten Aufgaben.

Die seit dem Parteitag vergangene Zeit hat zugleich die große Lebenskraft seiner Beschlüsse für die internationale kommunistische und Arbeiterbewegung und für den Kampf aller fortschrittlichen Kräfte, für die Festigung des Friedens in der ganzen Welt gezeigt. Die vom Parteitag ausgearbeiteten wichtigen prinzipiellen theoretischen Leitsätze über die friedliche Koexistenz von Staaten mit verschiedener sozialer Ordnung, über die Möglichkeit der Verhinderung von Kriegen in der gegenwärtigen Epoche und über die Verschiedenartigkeit der Formen des Übergangs der Länder zum Sozialismus üben positiven Einfluß auf die internationale Lage aus und fördern die Entspannung und die Festigung der Aktionseinheit aller für Frieden und Demokratie kämpfenden Kräfte sowie die weitere Stärkung der Position des Weltsystems des Sozialismus.

Während die historischen Beschlüsse des XX. Parteitages der KPdSU unter den Sowjetmenschen und unter den Werktätigen der volksdemokratischen Länder und der ganzen Welt große Begeisterung, einen neuen Aufschwung der schöpferischen Initiative und der revolutionären Energie auslösten, riefen sie im Lager der Feinde der Arbeiterklasse Beunruhigung und Erbitterung hervor. Die reaktionären Kreise der USA und einiger anderer kapitalistischer Mächte sind über das große Programm zum Kampf für die Festigung des Friedens, das auf dem XX. Parteitag der KPdSU vorgezeichnet wurde, offensichtlich beunruhigt. Ihre Beunruhigung nimmt in dem Maße zu, wie dieses Programm aktiv und konsequent verwirklicht wird.

Warum konzentrieren die Feinde des Kommunismus und des Sozialismus das Feuer auf die Mängel, von denen das Zentralkomitee unserer Partei auf dem XX. Parteitag der KPdSU sprach? Sie tun das, um die Aufmerksamkeit der Arbeiterklasse und ihrer Parteien von den *Hauptfragen* abzulenken, die auf dem XX. Parteitag aufgeworfen wurden und den Weg für neue Erfolge der Sache des Friedens, des Sozialismus und der Einheit der Arbeiterklasse frei machen.

Die Beschlüsse des XX. Parteitages der KPdSU sowie die Innen- und Außenpolitik der Sowjetregierung riefen in den imperialistischen Kreisen der USA und anderer Staaten Verwirrung hervor.

Die kühne und konsequente Außenpolitik der UdSSR zur Gewährleistung des Friedens und der Zusammenarbeit zwischen den Staaten, unabhängig von ihrer Gesellschaftsordnung, findet in den breitesten Volksmassen aller Länder der Welt Unterstützung, erweitert die Front der friedliebenden Staaten und verursacht eine tiefe Krise der Politik des »kalten Krieges«, der Politik des Zusammenzimmerns von Militärblocks und des Wettrüstens. Es ist kein Zufall, daß die imperialistischen Kreise in den USA den größten Lärm um den in der UdSSR geführten Kampf gegen den Personenkult machen. Ihnen war das Vorhandensein von negativen Erscheinungen, die mit dem Personenkult zusammenhängen, von Vorteil, um unter Ausnutzung dieser Tatsachen gegen den Sozialismus zu kämpfen. Jetzt, da unsere Partei die Folgen des Personenkults kühn überwindet, sehen die Imperialisten darin einen Faktor, der die Vorwärtsbewegung unseres Landes zum Kommunismus beschleunigt und die Positionen des Kapitalismus schwächt.

In ihrem Bestreben, die große Anziehungskraft der Beschlüsse des XX. Parteitages der KPdSU und ihren Einfluß auf die breitesten Volksmassen zu schwächen, greifen die Ideologen des Kapitalismus zu Winkelzügen und Kniffen aller Art, um die Aufmerksamkeit der Werktätigen von den fortschrittlichen und anspornenden Ideen, die die sozialistische Welt der Menschheit gibt, abzulenken.

In letzter Zeit wurde in der bürgerlichen Presse eine breite antisowjetische Verleumdungskampagne entfaltet, als deren Anlaß die reaktionären Kreise gewisse Tatsachen, die mit dem von der Kommunistischen Partei der Sowjetunion verurteilten Kult mit der Person J. W. Stalins zusammenhängen, auszunutzen versuchen. Die Organisatoren dieser Kampagne bieten alles auf, um »im trüben zu fischen« und die Tatsache zu verheimlichen, daß es sich um eine überwundene Etappe im Leben des Sowjetlandes handelt. Sie wollen auch die Tatsache verschweigen und entstellen, daß die Kommunistische Partei der Sowjetunion und die Sowjetregierung in den nach dem Tode Stalins vergangenen Jahren außerordentlich beharrlich und entschieden die Folgen des Personenkults beseitigen und erfolgreich neue Aufgaben im Interesse der Festigung des Friedens und des Aufbaus des Kommunismus sowie im Interesse der breiten Volksmassen lösen.

Mit der Entfaltung der Verleumdungskampagne versuchen die Ideologen der Bourgeoisie erneut und erfolglos einen Schatten auf die großen Ideen des Marxismus-Leninismus zu werfen, das Vertrauen der Werktätigen zur UdSSR, dem ersten sozialistischen Land der Welt, zu untergraben und Verwirrung in die Reihen der internationalen kommunistischen und Arbeiterbewegung zu tragen.

Die Erfahrungen der Geschichte lehren, daß die Feinde der internationalen proletarischen Einheit in der Vergangenheit mehrmals versuchten, ihrer Meinung nach günstige Momente zur Untergrabung der internationalen Einheit der kommunistischen und Arbeiterparteien, zur Spaltung der internationalen Arbeiterbewegung und zur Schwächung der Kräfte des sozialistischen Lagers auszunutzen. Doch jedesmal erkannten die kommunistischen und Arbeiterparteien die Manöver der Feinde des Sozialismus und schlossen ihre Reihen noch enger, womit sie ihre unverbrüchliche politische Einheit und ihre unerschütterliche Treue zu den Idealen des Marxismus-Leninismus demonstrierten.

Die brüderlichen kommunistischen und Arbeiterparteien haben auch dieses Manöver der Feinde des Sozialismus rechtzeitig erkannt und erteilen ihm die gebührende Abfuhr. Zugleich wäre es falsch, die Augen vor der Tatsache zu verschließen, daß einige unserer Freunde im Ausland sich nicht völlig über die Frage des Personenkults und seiner Folgen klar sind und zuweilen gewisse Probleme, die mit dem Personenkult zusammenhängen, falsch auffassen.

Bei der Kritik am Personenkult geht die Partei von den Prinzipien des Marxismus-Leninismus aus. Schon seit mehr als drei Jahren kämpft unsere Partei konsequent gegen den Personenkult um J. W. Stalin und überwindet beharrlich seine schädlichen Folgen. Natürlich nahm diese Frage in der Arbeit des XX. Parteitages der KPdSU und in seinen Beschlüssen einen wichtigen Platz ein. Der Parteitag stellte fest, daß das Zentralkomitee sich völlig zu Recht und rechtzeitig gegen den Personenkult wandte, dessen Verbreitung die Rolle der Partei und der Volksmassen schmälerte, die Rolle der kollektiven Führung in der Partei beeinträchtigte und häufig zu ernsthaften Versäumnissen in der Arbeit, zu groben Verletzungen der sozialistischen Gesetzlichkeit führte. Der Parteitag beauftragte das Zentralkomitee, konsequent Maßnahmen zu treffen, die die völlige Überwindung des dem Marxismus-Leninismus fremden Personenkults, die Beseitigung seiner Folgen auf allen Gebieten der Partei-, Staats- und ideologischen Arbeit und die strenge Befolgung der von dem großen Lenin ausgearbeiteten Normen des Parteilebens und der Prinzipien der kollektiven Leitung der Partei gewährleisten.

Im Kampf gegen den Personenkult läßt sich die Partei leiten von den bekannten Thesen des Marxismus-Leninismus über die Rolle der Volksmassen, der Partei und einzelner Persönlichkeiten der Geschichte und über die Unzulässigkeit des Personenkults um einen politischen Führer, so groß seine Verdienste auch sein mögen. Der Begründer des wissenschaftlichen Kommunismus, Karl Marx, erklärte unter Betonung seines »Widerwillen(s) gegen allen Personenkultus«, daß sein Eintritt und der Eintritt Friedrich Engels' in den Bund der Kommunisten »nur unter der Bedingung (geschah), daß alles aus den Statuten entfernt würde, was dem Autoritätsaberglauben förderlich«.[2]

Bei der Schaffung unserer Kommunistischen Partei kämpfte W. I. Lenin unversöhnlich gegen die antimarxistische Konzeption des »Helden« und des »Haufens« und verurteilte entschieden die Gegenüberstellung des Helden als Einzelperson und der Volksmassen. »Jedoch der Geist von vielen Millionen schöpferischer Menschen«, sagte W. I. Lenin, »schafft etwas unendlich Höheres als die größte und genialste Voraussicht.«[3]

Als das ZK der KPdSU die Frage des Kampfes gegen den Personenkult um J. W. Stalin anschnitt, ging es davon aus, daß der Personenkult der Natur der sozialistischen Ordnung widerspricht und zu einem Hemmnis auf dem Weg der Entwicklung der Sowjetdemokratie und des Vorwärtsschreitens der Sowjetgesellschaft zum Kommunismus geworden ist.

Der XX. Parteitag hielt es auf Initiative des Zentralkomitees für notwendig, kühn und offen von den schwerwiegenden Folgen des Personenkults und von den ernsten Fehlern, die in den letzten Jahren des Lebens Stalins gemacht wurden, zu sprechen und die ganze Partei aufzurufen, in gemeinsamen Anstrengungen all dem ein Ende zu setzen, was der Personenkult nach sich zog. Dabei war sich das ZK darüber im klaren, daß wir uns mit einem offenen Eingestehen der gemachten Fehler gewisse Blößen geben, die sich die Gegner zunutze machen können. Die kühne und schonungslose Selbstkritik in der Frage des Personenkults war ein neuer beredter Beweis für die Stärke und die Festigkeit unserer Partei und der sozialistischen Sowjetordnung. Man kann mit Sicherheit sagen, daß es keine der herrschenden Parteien der kapitalistischen Länder jemals wagen würde, einen derartigen Schritt zu tun. Im Gegenteil, sie würden sich bemühen, derartige unangenehme Dinge zu verschweigen und dem Volk zu verheimlichen. Doch die nach den revolutionären Prinzipien des Marxismus-Leninismus erzogene Kommunistische Partei der Sowjetunion hat die ganze Wahrheit gesagt, so bitter sie auch sein mag. Die Partei entschloß sich zu diesem Schritt ausschließlich auf ihre eigene Initiative, geleitet von grundsätzlichen Erwägungen. Sie ging davon aus, daß das Auftreten gegen den Stalin-Kult vom Standpunkt der Hauptinteressen und der Endziele der Arbeiterklasse in der Perspektive ein gewaltiges positives Ergebnis zeitigen wird, wenn es auch gewisse zeitweilige Schwierigkeiten auslöst. Damit werden feste Garantien dafür geschaffen, daß in Zukunft in unserer Partei und in unserem Lande niemals Erscheinungen wie der Personenkult entstehen können und daß die Partei und das Land in Zukunft kollektiv geführt werden auf der Grundlage der Durchführung der marxistisch-leninistischen Politik bei entfalteter innerparteilicher Demokratie, bei aktiver schöpferischer Beteiligung der Millionenmassen der Werktätigen und bei umfassender Entwicklung der Sowjetdemokratie.

Mit ihrem entschiedenen Auftreten gegen den Personenkult und seine Folgen und ihrer offenen Kritik an den in seinem Gefolge aufgetretenen Fehlern demonstrierte die Partei erneut ihre Treue zu den unsterblichen Prinzipien des Marxismus-Leninismus und zu den Interessen des Volkes und ihre Sorge dafür, daß die besten Bedingungen für die Entwicklung der Partei- und der Sowjetdemokratie im Interesse des erfolgreichen Aufbaus des Kommunismus in unserem Lande geschaffen werden.

Das ZK der KPdSU stellt fest, daß die Erörterung der Frage des Personenkults und seiner Folgen in den Parteiorganisationen und in allgemeinen Versammlungen der Werktätigen mit großer Aktivität der Parteimitglieder und der Parteilosen vor sich ging und daß die Linie des ZK der KPdSU in der Partei und im Volk völlige Billigung und Unterstützung gefunden hat.

Die von der Partei bekanntgegebenen Tatsachen der Verletzung der sozialistischen Gesetzlichkeit und andere Fehler, die mit dem Personenkult um J. W. Stalin zusammenhängen, lösen natürlich Bitterkeit und tiefes Bedauern aus. Die Sowjetmenschen begreifen aber, daß die Verurteilung des Personenkults im Interesse des Aufbaus des Kommunismus, dessen aktive Teilnehmer sie sind, notwendig war. Das Sowjetvolk sieht, daß die Partei in den letzten Jahren unermüdlich praktische Maßnahmen zur Beseitigung der Folgen des Personenkults auf allen Gebieten des Partei-, des staatlichen, des wirtschaftlichen und des kulturellen Aufbaus trifft. Durch diese Arbeit ist die Partei, deren innere Kräfte jetzt nichts hemmt, dem Volk noch nähergekommen und entwickelt jetzt eine noch nicht dagewesene schöpferische Aktivität.

II.

Wie konnte es aber geschehen, daß unter den Verhältnissen der sozialistischen Sowjetordnung der Personenkult um Stalin mit all seinen negativen Folgen entstand und Verbreitung fand?

Erörtert man diese Frage, so muß man sowohl die objektiven, konkreten historischen Bedingungen, in denen der Aufbau des Sozialismus in der UdSSR vor sich ging, als auch gewisse subjektive Faktoren, die mit den persönlichen Eigenschaften Stalins zusammenhängen, in Betracht ziehen.

Die Sozialistische Oktoberrevolution ist als das klassische Beispiel der unter der Führung der Arbeiterklasse vollzogenen revolutionären Umgestaltung der kapitalistischen Gesellschaft in die Geschichte eingegangen. Am Beispiel des heldenhaften Kampfes der bolschewistischen Partei und des ersten sozialistischen Staates der Welt – der UdSSR – lernen die kommunistischen und Arbeiterparteien der anderen Länder sowie alle fortschrittlichen und demokratischen Kräfte, wie die grundlegenden sozialen Fragen, die von der gegenwärtigen gesellschaftlichen Entwicklung aufgeworfen werden, zu lösen sind. In fast vierzigjährigem Aufbau der sozialistischen Gesellschaft haben die Werktätigen unseres Landes gewaltige Erfahrungen gesammelt, die die Werktätigen der anderen sozialistischen Länder studieren und sich schöpferisch, gemäß ihren eigenen konkreten Bedingungen, zu eigen machen.

Dies war der erste Versuch in der Geschichte, eine sozialistische Gesellschaft zu errichten, die sich im Prozeß des Suchens und des praktischen Erprobens vieler, den Sozialisten bisher nur in allgemeinen Zügen, in der Theorie, bekannter Wahrheiten in der Praxis bildete. Im Laufe von mehr als einem Vierteljahrhundert war das Sowjetland das einzige Land, das der Menschheit den Weg zum Sozialismus bahnte. Es ähnelte einer belagerten Festung, die sich in der kapitalistischen Einkreisung befand. Die Feinde des Sowjetlandes im Westen und im Osten fuhren nach der gescheiterten Intervention der 14 Staaten von 1918 bis 1920 fort, neue »Kreuzzüge« gegen die UdSSR vorzubereiten. Die Feinde sandten Spione und Diversanten in großer Zahl in die UdSSR und bemühten sich mit allen Mitteln, den ersten sozialistischen Staat der Welt zu untergraben. Die Gefahr einer neuen imperialistischen Aggression gegen die UdSSR verstärkte sich besonders nach dem Machtantritt des Faschismus in Deutschland im Jahre 1933, der die Vernichtung des Kommunismus und die Vernichtung der Sowjetunion, des ersten Staates der Werktätigen in der Welt, als sein Ziel verkündete. Allen ist die Bildung des sogenannten Anti-Komintern-Paktes und der »Achse Berlin–Rom–Tokio«, die von den Kräften der gesamten internationalen Reaktion aktiv unterstützt wurden, in Erinnerung. In der Atmosphäre der akuten Gefahr eines neuen Krieges, als die Westmächte die von der Sowjetunion mehrmals vorgeschlagenen Maßnahmen zur Zügelung des Faschismus und zur Organisierung der kollektiven Sicherheit ablehnten, war das Sowjetland gezwungen, alle Kräfte zur Festigung der Verteidigung, zum Kampf gegen die Machenschaften der feindlichen kapitalistischen Einkreisung anzuspannen. Die Partei mußte das ganze Volk im Geist der ständigen Wachsamkeit und Bereitschaft angesichts der äußeren Feinde erziehen.

Die Machenschaften der internationalen Reaktion waren um so gefährlicher, als innerhalb des Landes lange Zeit ein erbitterter Klassenkampf im Gange war und die Frage »Wer wen?« entschieden wurde. Nach dem Tode Lenins wurden die feindlichen Strömungen in der Partei aktiver – Trotzkisten[4], Rechtsopportunisten und die bürgerlichen Nationalisten, die für den Verzicht auf die Leninsche Theorie von der Möglichkeit des Sieges des Sozialismus in einem Lande eintraten, was in Wirklichkeit zur Wiederherstellung des Kapitalismus in der UdSSR geführt hätte. Die Partei entfaltete einen erbarmungslosen Kampf gegen diese Feinde des Leninismus.

In Erfüllung des Leninschen Vermächtnisses nahm die Kommunistische Partei Kurs auf die sozialistische Industrialisierung des Landes, die Kollektivierung der Landwirtschaft und die Verwirklichung der Kulturrevolution. Auf dem Weg der Lösung dieser großartigen Aufgaben zum Aufbau der sozialistischen Gesellschaft in einem einzeln genommenen Lande mußten das Sowjetvolk und die Kommunistische Partei unerhörte Schwierigkeiten und Hindernisse überwinden. Unser Land mußte in historisch kürzester Frist ohne jegliche wirtschaftliche Hilfe von außen seine jahrhundertelange Rückständigkeit beseitigen und die gesamte Volkswirtschaft auf neuen, sozialistischen Grundlagen umgestalten.

Diese komplizierte internationale und innere Lage erforderte eiserne Disziplin und ständige Erhöhung der Wachsamkeit sowie strengste Zentralisierung der Führung, was sich negativ auf die Entwicklung einiger demokratischer Formen auswirken mußte. Im Verlauf des erbitterten Kampfes mit der ganzen Welt des Imperialismus mußte unser Land zu gewissen Beschränkungen der Demokratie greifen, die durch die Logik des Kampfes unseres Volkes für den Sozialismus unter den Bedingungen der kapitalistischen Einkreisung gerechtfertigt waren. Doch diese Beschränkungen wurden bereits damals von der Partei und dem Volk als zeitweilig betrachtet und sollten im Zuge der Festigung des Sowjetstaates und der Entwicklung der Kräfte der Demokratie und des Sozialismus in der ganzen Welt beseitigt werden. Das Volk brachte bewußt diese zeitweiligen Opfer, da es mit jedem Tag immer neue Erfolge der sowjetischen Gesellschaftsordnung sah.

Alle diese Schwierigkeiten beim Aufbau des Sozialismus wurden vom Sowjetvolk unter der Führung der Kommunistischen Partei und ihres Zentralkomitees überwunden, das konsequent die Leninsche Generallinie durchführte.

Der Sieg des Sozialismus in unserem Lande, das sich in feindlicher Einkreisung und in ständiger Gefahr eines Überfalls von außen befand, war eine welthistorische Tat des Sowjetvolkes. Im Laufe der ersten Planjahrfünfte machte das wirtschaftlich rückständige Land durch die angestrengten, heroischen Bemühungen des Volkes und der Partei einen gigantischen Sprung in seiner wirtschaftlichen und kulturellen Entwicklung. Auf der Grundlage der Erfolge des sozialistischen Aufbaus wurde der Lebensstandard der Werktätigen gehoben und die Arbeitslosigkeit für immer beseitigt. Im Lande vollzog sich eine tiefgreifende kulturelle Revolution. In kürzester Zeit zog das Sowjetvolk zahlreiche Kader der technischen Intelligenz heran, die das Niveau des technischen Fortschritts der Welt erreichten und die sowjetische Wissenschaft und Technik auf einen der führenden Plätze in der Welt stellten. Initiator und Organisator dieser Siege war die große Partei der Kommunisten. Die Werktätigen der ganzen Welt haben sich am Beispiel der UdSSR anschaulich davon überzeugt, daß die Arbeiter und Bauern, wenn sie die Macht in die eigenen Hände genommen haben, ohne Kapitalisten und Gutsbesitzer ihren sozialistischen Staat, der die Interessen der breiten Volksmassen zum Ausdruck bringt und verteidigt, erfolgreich aufbauen und entwickeln können. All dies spielte eine gewaltige, begeisternde Rolle für das Wachsen des Einflusses der kommunistischen und Arbeiterparteien in allen Ländern der Welt.

J. W. Stalin, der lange Zeit den Posten des Generalsekretärs des ZK der Partei innehatte, kämpfte zusammen mit den anderen führenden Funktionären aktiv für die Verwirklichung des Leninschen Vermächtnisses. Er war dem Marxismus-Leninismus ergeben und leitete als Theoretiker und bedeutender Organisator den Kampf der Partei gegen die Trotzkisten, die rechten Opportunisten und die bürgerlichen Nationalisten sowie gegen die Machenschaften der kapitalistischen Einkreisung. In diesem politischen und ideologischen Kampf erwarb Stalin große Autorität und Popularität. Jedoch begann man, fälschlich all unsere großen Siege mit seinem Namen zu verbinden. Die Erfolge, die die Kommunistische Partei und das Sowjetland erzielt hatten, die Lobpreisungen auf Stalin, stiegen ihm zu Kopf. In dieser Atmosphäre entwickelte sich allmählich der Personenkult um Stalin.

Die Entwicklung des Personenkults förderten in gewaltigem Maße gewisse persönliche Eigenschaften J. W. Stalins, auf deren negativen Charakter bereits W. I. Lenin hinwies. Ende 1922 richtete Lenin ein Schreiben an den Parteitag, in dem es hieß:

»Gen. Stalin hat, nachdem er Generalsekretär geworden ist, eine unermeßliche Macht in seinen Händen konzentriert, und ich bin nicht überzeugt, daß er es immer verstehen wird, von dieser Macht vorsichtig genug Gebrauch zu machen.« In einem Zusatz zu diesem Brief, den Lenin Anfang Januar 1923 schrieb, kommt Lenin erneut auf die Frage einiger für einen Führer nicht tragbarer persönlicher Eigenschaften Stalins zurück. »Stalin ist zu grob«, schrieb Lenin, »und dieser Mangel, der in unserer Mitte und im Verkehr zwischen uns Kommunisten durchaus erträglich ist, kann in der Funktion des Generalsekretärs nicht geduldet werden. Deshalb schlage ich den Genossen vor, sich zu überlegen, wie man Stalin ablösen könnte, und jemand anderen an diese Stelle zu setzen, der sich in jeder Hinsicht von Gen. Stalin nur durch *einen* Vorzug unterscheidet, nämlich dadurch, daß er toleranter, loyaler, höflicher und den Genossen gegenüber aufmerksamer, weniger launenhaft usw. ist.«[5]

Auf dem XIII. Parteitag, der bald nach dem Tode W. I. Lenins stattfand, wurden seine Briefe den Delegationen zur Kenntnis gebracht. Nach der Erörterung dieser Dokumente wurde es für zweckmäßig erachtet, Stalin auf dem Posten des Generalsekretärs zu belassen, jedoch mit dem Vorbehalt, daß er die Kritik W. I. Lenins berücksichtige und aus ihr alle notwendigen Schlußfolgerungen ziehe.

Auf dem Posten des Generalsekretärs des ZK geblieben, trug Stalin in der ersten Zeit nach dem Tode Wladimir Iljitsch Lenins dessen kritischen Hinweisen Rechnung. Später jedoch überschätzte Stalin seine Verdienste maßlos und begann, sich selbst für unfehlbar zu halten. Gewisse Beschränkungen der innerparteilichen und der sowjetischen Demokratie, die während des erbitterten Kampfes gegen den Klassenfeind und seine Agenten und später während des Krieges gegen die deutsch-faschistischen Eindringlinge unumgänglich waren, begann Stalin zur Norm des Lebens innerhalb der Partei und im Staate zu machen und trat die Leninschen Prinzipien der Führung gröblich mit Füßen. Plenartagungen des ZK und Parteitage wurden unregelmäßig durchgeführt und dann viele Jahre hindurch gar nicht einberufen. Stalin stand faktisch jenseits der Kritik.

Großen Schaden für den sozialistischen Aufbau und die Entwicklung der Demokratie innerhalb der Partei und des Staates verursachte Stalins falsche Formel, daß der Klassenkampf sich in dem Maße, wie die Sowjetunion zum Sozialismus fortschreitet, immer mehr verschärfen werde. Diese Formel, die nur richtig ist für bestimmte Etappen der Übergangsperiode, als die Frage »Wer wen?« entschieden wurde, als ein erbitterter Klassenkampf um die Errichtung der Grundlagen des Sozialismus im Gange war, wurde im Jahre 1937, zu einem Zeitpunkt in den Vordergrund geschoben, als der Sozialismus in unserem Lande bereits gesiegt hatte, als die Ausbeuterklassen und ihre wirtschaftliche Basis beseitigt waren. In der Praxis diente diese falsche theoretische Formel als Begründung für gröbste Verletzungen der sozialistischen Gesetzlichkeit und für Massenrepressalien.

Unter diesen Voraussetzungen ergab sich insbesondere für die Organe der Staatssicherheit eine besondere Lage. Ihnen wurde gewaltiges Vertrauen entgegengebracht, da sie beim Schutz der Errungenschaften der Revolution unzweifelhafte Verdienste um das Volk und das Land erworben hatten. Lange Zeit hatten die Staatssicherheitsorgane dieses Vertrauen gerechtfertigt, und ihre besondere Stellung beschwor keinerlei Gefahr herauf. Das änderte sich, nachdem die Kontrolle über sie seitens Partei und Regierung allmählich durch die persönliche Kontrolle Stalins und die übliche Einhaltung der Normen der Rechtsprechung häufig durch seine eigenmächtigen Entscheidungen ersetzt wurde. Die Lage der Staatssicherheitsorgane wurde noch komplizierter, als die verbrecherische Bande Berijas, des Agenten des internationalen Imperialismus, an ihre Spitze trat. Es kam zu schwerwiegenden Verletzungen der sowjetischen Gesetzlichkeit und zu Massenrepressalien. Die Folge der Machenschaften der Feinde war, daß viele ehrliche Kommunisten und parteilose Sowjetmenschen verleumdet wurden und unschuldig leiden mußten.

Der XX. Parteitag und die gesamte Politik des Zentralkomitees nach dem Tode Stalins zeigen anschaulich, daß es innerhalb des Zentralkomitees der Partei einen festgefügten Leninschen Kern führender Funktionäre gab, die die akuten Erfordernisse sowohl der Innen- als auch der Außenpolitik richtig verstanden. Man kann nicht sagen, daß es keine Gegenwirkungen gegen die negativen Erscheinungen gab, die mit dem Personenkult zusammenhingen und die Vorwärtsbewegung des Sozialismus hemmten. Darüber hinaus gab es bestimmte Zeitabschnitte, zum Beispiel während des Krieges, als die eigenmächtigen Handlungen Stalins stark eingeschränkt wurden und die negativen Folgen der Gesetzlosigkeit, der Willkür usw. wesentlich weniger fühlbar waren.

Es ist bekannt, daß gerade während des Krieges Mitglieder des ZK und auch hervorragende sowjetische Heerführer bestimmte Abschnitte der Tätigkeiten im Hinterland und an der Front in ihre Hand nahmen, selbständig Entscheidungen trafen und durch ihre organisatorische, politische, wirtschaftliche und militärische Tätigkeit zusammen mit den örtlichen Parteiorganisationen und Verwaltungsorganen den Sieg des Sowjetvolkes im Kriege sicherten. Nach dem Sieg begannen sich die negativen Folgen des Personenkults erneut mit großer Stärke auszuwirken.

Der Leninsche Kern des Zentralkomitees begann unmittelbar nach dem Tode Stalins mit dem entschiedenen Kampf gegen den Personenkult und seine schwerwiegenden Folgen.

Es kann die Frage entstehen: Warum wandten sich denn diese Leute nicht offen gegen Stalin und entfernten ihn von der Führung? Unter den gegebenen Verhältnissen war das nicht möglich. Zweifellos besagen die Tatsachen, daß Stalin an vielen Ungesetzlichkeiten schuld ist, die besonders in der letzten Zeit seines Lebens begangen wurden. Gleichzeitig darf man jedoch nicht vergessen, daß die Sowjetmenschen Stalin als einen Menschen kannten, der stets für den Schutz der UdSSR vor den Anschlägen der Feinde eintrat und für die Sache des Sozialismus kämpfte. Er wandte zuweilen in diesem Kampf unwürdige Methoden an und verletzte die Leninschen Prinzipien und Normen des Parteilebens. Darin bestand die Tragödie Stalins. Doch all das erschwerte zugleich auch den Kampf gegen die damals begangenen Ungesetzlichkeiten, weil die Erfolge beim Aufbau des Sozialismus und bei der Festigung der UdSSR in der Atmosphäre des Personenkults Stalin zugeschrieben wurden.

Jedes Auftreten gegen ihn wäre unter diesen Bedingungen vom Volk nicht verstanden worden, und es handelt sich hierbei keineswegs um Mangel an persönlichem Mut. Es ist klar, daß niemand, der sich in dieser Atmosphäre gegen Stalin gewandt hätte, die Unterstützung im Volke erhalten hätte. Darüber hinaus wäre ein derartiges Auftreten unter diesen Verhältnissen als ein Auftreten gegen den Aufbau des Sozialismus, als in der Atmosphäre der kapitalistischen Einkreisung äußerst gefährliche Untergrabung der Einheit der Partei und des ganzen Staates angesehen worden. Es kommt hinzu, daß die Erfolge, die die Werktätigen der Sowjetunion unter Führung ihrer Kommunistischen Partei erzielten, das Herz eines jeden Sowjetmenschen mit berechtigtem Stolz erfüllten und eine Atmosphäre schufen, in der einzelne Fehler und Mängel auf dem Hintergrund der gewaltigen Erfolge weniger bedeutend erschienen und die negativen Folgen dieser Fehler rasch durch die kolossal anwachsenden Lebenskräfte der Partei und der Sowjetgesellschaft ausgeglichen wurden.

Ferner muß auch der Umstand berücksichtigt werden, daß viele Tatsachen sowie falsche Handlungen Stalins, besonders auf dem Gebiet der Verletzung der sowjetischen Gesetzlichkeit, erst in letzter Zeit, erst nach dem Tode Stalins, hauptsächlich durch die Entlarvung der Berija-Bande und die Errichtung der Kontrolle der Partei über die Staatssicherheitsorgane, bekannt wurden.

Das sind die wichtigsten Voraussetzungen und Ursachen, die zur Entstehung und Verbreitung des Personenkults um J. W. Stalin führten. Es ist selbstverständlich, daß alles Gesagte den Personenkult um J. W. Stalin und seine Folgen, die von unserer Partei so scharf und mit Recht verurteilt wurden, erklärt, aber keineswegs rechtfertigt.

III.

Zweifellos hat der Personenkult der Kommunistischen Partei und der Sowjetgesellschaft bedeutenden Schaden zugefügt. Es wäre jedoch ein grober Fehler, aus der Tatsache, daß früher ein Personenkult bestand, Schlüsse über irgendwelche Änderungen in der Gesellschaftsordnung in der UdSSR zu ziehen oder die Quelle dieses Kults in der Natur der sowjetischen Gesellschaftsordnung zu suchen. Sowohl das eine als auch das andere ist absolut falsch, da dies nicht der Wirklichkeit entspricht und den Tatsachen zuwiderläuft.

Trotz allem Schaden, den der Personenkult um Stalin der Partei und dem Volke zugefügt hat, konnte er die Natur unserer Gesellschaftsordnung nicht ändern und hat sie auch nicht geändert. Keinerlei Personenkult konnte die Natur des sozialistischen Staates ändern, der das gesellschaftliche Eigentum an den Produktionsmitteln, das Bündnis der Arbeiterklasse mit der Bauernschaft und die Freundschaft der Völker zur Grundlage hat, obwohl dieser Kult auch der Entwicklung der sozialistischen Demokratie und dem Aufschwung der schöpferischen Initiative der Massen schwer geschadet hat.

Zu glauben, daß eine einzelne Persönlichkeit, selbst eine so bedeutende wie Stalin, unsere gesellschaftliche und politische Ordnung ändern konnte, bedeutet, in einen tiefen Widerspruch mit den Tatsachen, mit dem Marxismus, mit der Wahrheit zu geraten, in Idealismus zu verfallen. Dies würde bedeuten, einer einzelnen Persönlichkeit so übermäßige, übernatürliche Kräfte zuzuschreiben wie die Fähigkeit, die Ordnung einer Gesellschaft, noch dazu einer Gesellschaftsordnung, in der die Millionenmassen der Werktätigen die entscheidende Kraft sind, zu ändern.

Bekanntlich wird die Natur der gesellschaftlichen und politischen Ordnung dadurch bestimmt, wie die Produktionsweise ist, wem in der Gesellschaft die Produktionsmittel gehören, in den Händen welcher Klasse die politische Macht liegt. Die ganze Welt weiß, daß in unserem Lande durch die Oktoberrevolution und den Sieg des Sozialismus eine sozialistische Produktionsweise entstanden ist, daß sich die Macht nun bereits seit fast 40 Jahren in den Händen der Arbeiterklasse und der Bauernschaft befindet. Deshalb festigt sich von Jahr zu Jahr die sowjetische Gesellschaftsordnung und wachsen ihre Produktivkräfte. Diese Tatsache müssen sogar Leute anerkennen, die uns nicht wohlgesinnt sind.

Die Folgen des Personenkults waren bekanntlich einige schwerwiegende Fehler in der Leitung verschiedener Tätigkeitsgebiete der Partei und des Sowjetstaates sowohl im inneren Leben des Sowjetlandes als auch in seiner Außenpolitik. Man kann unter anderem auf ernste Fehler hinweisen, die Stalin bei der Leitung der Landwirtschaft, bei der Vorbereitung des Landes auf die Abwehr der faschistischen Eindringlinge begangen hat, auf die grobe Willkür, die zu dem Konflikt in den Beziehungen zu Jugoslawien in der Nachkriegszeit geführt hat.[6] Diese Fehler schadeten der Entwicklung im Leben des Sowjetstaates auf einzelnen Gebieten, hemmten, besonders in den letzten Lebensjahren J. W. Stalins, die Entwicklung der Sowjetgesellschaft, führten sie aber selbstverständlich nicht von dem richtigen Weg der Entwicklung zum Kommunismus ab.

Unsere Feinde behaupten, der Personenkult um Stalin sei angeblich nicht durch bestimmte historische Bedingungen, die bereits der Vergangenheit angehören, sondern durch das Sowjetsystem selbst, durch seinen, von ihrem Standpunkt undemokratischen Charakter und so weiter hervorgerufen worden. Derartige verleumderische Behauptungen werden durch die ganze Geschichte der Entwicklung des Sowjetstaates widerlegt. Die Sowjets als neue demokratische Form der Staatsmacht sind infolge des revolutionären Triumphes der breitesten Volksmassen entstanden, die sich zum Kampf für die Freiheit erhoben hatten. Sie waren und bleiben Organe einer wirklichen Volksherrschaft.

Gerade die Sowjetordnung schuf die Möglichkeit zur Entfaltung der gewaltigen schöpferischen Energie des Volkes. Sie setzte unerschöpfliche Kräfte, die in den Volksmassen ruhen, in Bewegung und bezog Millionen Menschen in die bewußte Lenkung des Staates, in die aktive schöpferische Teilnahme am Aufbau des Sozialismus ein. In historisch kurzer Frist ging der Sowjetstaat als Sieger aus schwersten Prüfungen hervor, bestand er die Probe im Feuer des zweiten Weltkrieges.

Nachdem in unserem Lande die letzten Ausbeuterklassen beseitigt sind, nachdem der Sozialismus zum herrschenden System in der ganzen Volkswirtschaft geworden ist und die internationale Stellung unseres Landes sich von Grund auf geändert hat, erhielt die Sowjetdemokratie eine unermeßlich breitere Basis, die ständig erweitert wird. Im Unterschied zu jeder bürgerlichen Demokratie verkündet die Sowjetdemokratie nicht nur ausnahmslos allen Mitgliedern der Gesellschaft das Recht auf Arbeit, Bildung und Erholung, auf die Mitwirkung an den Angelegenheiten des Staates, die Rede-, Presse- und Gewissensfreiheit und die reale Möglichkeit der freien Entfaltung der persönlichen Fähigkeiten sowie alle anderen demokratischen Rechte und Freiheiten, sondern sichert sie ihnen auch materiell. Das Wesen der Demokratie besteht nicht in formalen Merkmalen, sondern darin, ob die politische Macht den Willen und die grundlegenden Interessen der Mehrheit des Volkes, die Interessen der Werktätigen wirklich widerspiegelt und ihnen dient. Die gesamte Innen- und Außenpolitik der Sowjetunion zeugt davon, daß unsere Ordnung eine wahrhaft demokratische, eine wirkliche Ordnung des Volkes ist. Das höchste Ziel und die ständige Sorge des Sowjetstaates ist die allseitige

Hebung der Lebenshaltung der Bevölkerung und die Gewährleistung einer friedlichen Existenz für sein Volk.

Ein Beweis für die weitere Entwicklung der sowjetischen Demokratie sind die von der Partei und Regierung durchgeführten Maßnahmen zur Erweiterung der Rechte und Kompetenzen der Unionsrepubliken, zur strikten Einhaltung der Gesetzlichkeit, zur Umgestaltung des Planungssystems mit dem Ziel, die örtliche Initiative zu entfalten, zur Aktivierung der Tätigkeit der örtlichen Sowjets und zur Entwicklung von Kritik und Selbstkritik.

Trotz des Personenkults und gegen ihn hat die aus unserer Gesellschaftsordnung geborene mächtige Initiative der Volksmassen, die von der Kommunistischen Partei geführt werden, ihre große historische Tat vollbracht und alle Hindernisse auf dem Wege des Aufbaus des Sozialismus überwunden. Und darin findet die Demokratie der sozialistischen Sowjetordnung ihren höchsten Ausdruck. Die großartigen Siege des Sozialismus in unserem Lande sind nicht von selbst gekommen. Sie wurden dank der gewaltigen organisatorischen und erzieherischen Arbeit der Partei und ihrer örtlichen Organisationen sowie dank der Tatsache erzielt, daß die Partei stets ihre Kader und alle Kommunisten im Geist der Treue zum Marxismus-Leninismus, zur Sache des Kommunismus erzogen hat. Die Sowjetgesellschaft ist stark durch die Bewußtheit der Massen. Ihr historisches Schicksal wird durch das schöpferische Wirken unserer heldenhaften Arbeiterklasse, der ruhmreichen Kolchosbauernschaft und der Volksintelligenz bestimmt.

Mit der Beseitigung der Folgen des Personenkults, mit der Wiederherstellung der bolschewistischen Normen des Parteilebens und mit der Entfaltung der sozialistischen Demokratie hat unsere Partei die Verbindung zu den breiten Massen weiter gefestigt und sie noch enger unter dem großen Banner Lenins zusammengeschlossen.

Die Tatsache, daß die Partei selbst kühn und offen die Frage der Beseitigung des Personenkults und der von Stalin begangenen unzulässigen Fehler stellte, ist ein überzeugender Beweis dafür, daß die Partei über den Leninismus, die Sache des Sozialismus und des Kommunismus, die Einhaltung der sozialistischen Gesetzlichkeit und die Interessen der Völker sowie die Gewährleistung der Rechte der Sowjetbürger wacht. Das ist der beste Beweis für die Stärke und die Lebenskraft der sozialistischen Sowjetordnung. Das zeugt zugleich von der Entschlossenheit, die Folgen des Personenkults völlig zu überwinden und in der Zukunft derartige Fehler nicht zu wiederholen.

Die Verurteilung des Personenkults um J. W. Stalin und seiner Folgen durch unsere Partei fand auch in allen brüderlichen kommunistischen und Arbeiterparteien Billigung und großen Widerhall. Die ausländischen Kommunisten heben die gewaltige Bedeutung des XX. Parteitages der KPdSU für die gesamte internationale kommunistische und Arbeiterbewegung hervor und betrachten den Kampf gegen den Personenkult und seine Folgen als Kampf für die Reinheit der Prinzipien des Marxismus-Leninismus, für das schöpferische Herangehen an die Lösung der gegenwärtigen Probleme der internationalen Arbeiterbewegung, für die Bestätigung und die weitere Entwicklung der Prinzipien des proletarischen Internationalismus.

In den Erklärungen mehrerer kommunistischer Bruderparteien werden die von unserer Partei getroffenen Maßnahmen gegen den Personenkult und seine Folgen gebilligt und unterstützt. Die Pekinger »Volkszeitung«, das Organ des ZK der Kommunistischen Partei Chinas, legte die Schlußfolgerungen aus der Erörterung der Beschlüsse des XX. Parteitages der KPdSU in einer Sitzung des Politbüros des ZK der Kommunistischen Partei Chinas dar und schrieb in einem redaktionellen Artikel »Über die historischen Erfahrungen der Diktatur des Proletariats«: »Die Kommunistische Partei der Sowjetunion nimmt getreu dem Vermächtnis Lenins mit großem Ernst zu den von Stalin in der Leitung des sozialistischen Aufbaus begangenen schweren Fehlern und zu den durch sie hervorgerufenen Folgen Stellung. Angesichts der Tragweite dieser Folgen hat sich für die Kommunistische Partei der Sowjetunion die Notwendigkeit ergeben, gleichzeitig mit der Anerkennung der großen Verdienste Stalins in aller Schärfe den Kern der von Stalin begangenen Fehler aufzudecken und die ganze Partei aufzurufen, sich vor einer Wiederholung dessen zu hüten, und die durch diese Fehler entstandenen ungesunden Folgen entschieden zu beseitigen. Wir Kommunisten Chinas glauben fest, daß nach der scharfen Kritik auf dem XX. Parteitag der KPdSU all die aktiven Faktoren, die früher wegen gewisser politischer Fehler stark in den Hintergrund gedrängt wurden, unbedingt überall in Bewegung geraten werden und daß die Kommunistische Partei der Sowjetunion und das Sowjetvolk im Kampf für den Aufbau einer in der Geschichte der Menschheit noch nie dagewesenen großen kommunistischen Gesellschaft und für den dauerhaften Frieden in der ganzen Welt noch geeinter und geschlossener als früher sein werden.«

»Es war ein Verdienst der führenden Genossen der Kommunistischen Partei der Sowjetunion«, heißt es in der Erklärung des Politbüros der Kommunistischen Partei Frankreichs, »daß sie zur Korrektur der Fehler und Mängel geschritten sind, die sich aus dem Personenkult ergaben; das zeugt von der Kraft und Einheit der großen Partei Lenins, vom Vertrauen, das sie im Sowjetvolk genießt, sowie von ihrer Autorität in der internationalen Arbeiterbewegung.« Der Generalsekretär des Nationalkomitees der Kommunistischen Partei der USA, Genosse Eugene Dennis[7], hebt in dem bekannten Artikel die gewaltige Bedeutung des XX. Parteitages hervor und erklärt: »Der XX. Parteitag hat den Weltfrieden und den sozialen Fortschritt gefestigt. Er bedeutete eine neue Etappe in der Entwicklung des Sozialismus und im Kampf für die friedliche Koexistenz, der zu Lenins Lebzeiten begann, in den letzten Jahren fortgesetzt wurde und immer wirksamer und erfolgreicher wird.«

Gleichzeitig muß festgestellt werden, daß bei der Erörterung der Frage des Personenkults die Ursachen, welche den Personenkult hervorriefen, und die Folgen dieses Kults für unsere Gesellschaftsordnung nicht immer richtig gedeutet werden. So enthält zum Beispiel das inhaltsreiche und interessante Interview des Genossen Togliatti[8] für die Zeitschrift »Nuovi Argomenti« neben vielen überaus wichtigen und richtigen Schlüssen auch falsche Gedanken. Insbesondere kann man sich nicht einverstanden erklären, wenn Genosse Togliatti die Frage aufwirft, ob nicht die Sowjetgesellschaft »zu einigen Formen der Entartung« gelangt ist. Für eine solche Fragestellung besteht keinerlei Ursache. Sie ist um so unverständlicher, als Genosse Togliatti an anderer Stelle seines Interviews vollkommen richtig sagt:

»Man muß den Schluß ziehen, daß das Wesen der sozialistischen Gesellschaftsordnung nicht verlorengegangen ist, denn es ging keine einzige der vorhergegangenen Errungenschaften verloren und vor allen Dingen nicht die Unterstützung der Gesellschaftsordnung durch die Massen der Arbeiter, Bauern, Geistesschaffenden, welche die Sowjetgesellschaft bilden. Diese Unterstützung selbst zeigt, daß trotz allem diese Gesellschaft ihren grundlegenden demokratischen Charakter bewahrt hat.«

In der Tat, ohne Unterstützung der Sowjetmacht, der Politik der Kommunistischen Partei durch die breitesten Volksmassen hätte unser Land nicht in unerhört kurzer Zeit eine machtvolle sozialistische Industrie schaffen, nicht die Landwirtschaft kollektivieren können, hätte es nicht den Sieg im zweiten Weltkrieg erringen können, von dessen Ausgang das Schicksal der gesamten Menschheit abhing. Als Ergebnis der völligen Zerschlagung des Hitlerismus, des italienischen Faschismus und des japanischen Militarismus erfuhren die Kräfte der kommunistischen Bewegung eine umfassende Entwicklung, wuchsen die kommunistischen Parteien Italiens, Frankreichs und anderer kapitalistischer Länder und wurden zu Massenparteien, wurde die volksdemokratische Ordnung in einer Reihe von Ländern Europas und Asiens errichtet, entstand und erstarkte das Weltsystem des Sozialismus, erzielte die nationale Befreiungsbewegung, die zum Niedergang des Kolonialsystems des Imperialismus führte, außerordentliche Erfolge.

Die Kommunisten, alle Sowjetmenschen billigen einmütig die Beschlüsse des XX. Parteitages der KPdSU, die den Personenkult verurteilen, und sehen in ihnen einen Beweis für die wachsende Kraft unserer Partei, ihre Leninsche Grundsatzfestigkeit, ihre Einheit und Geschlossenheit. »Die Partei des revolutionären Proletariats«, sagte W. I. Lenin, »ist stark genug, um offen an sich selbst Kritik zu üben, um ohne Umschweife einen Fehler als Fehler und eine Schwäche als Schwäche zu bezeichnen.«[9]

Geleitet von diesem Leninschen Prinzip, wird unsere Partei auch in Zukunft die Fehler und Mängel in ihrer Arbeit kühn aufdecken, offen kritisieren und entschieden beseitigen.

Das ZK der KPdSU ist der Ansicht, daß die bisher von der Partei geleistete Arbeit zur Überwindung des Personenkults und seiner Folgen schon positive Ergebnisse gezeitigt hat.

Ausgehend von den Beschlüssen des XX. Parteitages, ruft das Zentralkomitee der KPdSU alle Parteiorganisationen auf:

in unserer gesamten Arbeit konsequent die wichtigsten Punkte der Lehre des Marxismus-Leninismus vom Volk als Schöpfer der Geschichte, Schöpfer aller materiellen und geistigen Reichtümer der Menschheit, von der entscheidenden Rolle der marxistischen Partei im revolutionären Kampf für die Umgestaltung der Gesellschaft, für den Sieg des Kommunismus zu beachten;

die in den letzten Jahren vom Zentralkomitee der Partei geleistete Arbeit beharrlich weiterzuführen, die darauf gerichtet ist, sicherzustellen, daß in allen Parteiorganisationen von oben bis unten die Leninschen Grundsätze der Parteiführung, vor allem der höchste Grundsatz, die kollektive Leitung, und die Normen des Parteilebens, wie sie im Statut unserer Partei verankert sind, eingehalten, daß Kritik und Selbstkritik entfaltet werden;

die Grundsätze der sozialistischen Sowjetdemokratie, die in der Verfassung der Sowjetunion zum Ausdruck kommen, völlig wiederherzustellen und die Verletzung der revolutionären sozialistischen Gesetzlichkeit restlos zu korrigieren;

unsere Kader, alle Kommunisten und die breitesten Massen der Werktätigen zum Kampf für die praktische Verwirklichung der Aufgaben des sechsten Fünfjahrplans zu mobilisieren und zu diesem Zweck die schöpferische Initiative und Energie der Massen, der wahren Schöpfer der Geschichte, in jeder Weise zu entwickeln.

Der XX. Parteitag der KPdSU hat darauf hingewiesen, daß das wichtigste Kennzeichen unserer Epoche in der Umwandlung des Sozialismus in ein Weltsystem besteht. Die schwerste Etappe in der Entwicklung und Festigung des Sozialismus liegt hinter uns. Unser sozialistisches Land ist keine einsame Insel im Ozean der kapitalistischen Staaten mehr. Heute baut mehr als ein Drittel der gesamten Menschheit unter dem Banner des Sozialismus das neue Leben. Die Ideen des Sozialismus haben von vielen Millionen Menschen in den kapitalistischen Ländern Besitz ergriffen. Gewaltig ist die Einwirkung der Ideen des Sozialismus auf die Völker Asiens, Afrikas und Lateinamerikas, die sich gegen jede Art von Kolonialismus wenden.

Die Beschlüsse des XX. Parteitages der KPdSU werden von allen Anhängern des Friedens und des Sozialismus, von allen demokratischen und fortschrittlichen Kreisen aufgenommen als begeisterndes Programm des Kampfes für die Festigung des Friedens in der ganzen Welt, für die Interessen der Arbeiterklasse, für den Triumph des Sozialismus.

In der Gegenwart eröffnen sich den kommunistischen Parteien und der gesamten internationalen Arbeiterbewegung die weiten und begeisternden Perspektiven, gemeinsam mit allen friedliebenden Kräften einen neuen Weltkrieg abzuwenden, die Monopole zu zügeln und einen dauerhaften Frieden und die Sicherheit der Völker zu gewährleisten, das Wettrüsten einzustellen und den Werktätigen die dadurch hervorgerufene schwere Steuerlast von den Schultern zu nehmen und die demokratischen Rechte und Freiheiten zu vertreten, welche den Werktätigen den Kampf für ein besseres Leben und eine lichte Zukunft ermöglichen. Daran sind Millionen einfacher Menschen in allen Ländern der Welt zutiefst interessiert. Zu einer erfolgreichen Lösung dieser Probleme tragen in außerordentlich starkem Maße die Friedenspolitik und die immer neuen und neuen Erfolge der Sowjetunion, der Volksrepublik China und aller anderen auf dem Weg des Sozialismus schreitenden Länder bei.

Unter den neuen historischen Bedingungen haben solche internationalen Organisationen der Arbeiterklasse wie die Komintern und das Kominform ihre Tätigkeit eingestellt. Daraus folgt aber durchaus nicht, daß die internationale Solidarität und die Notwendigkeit von Kontakten der revolutionären Bruderparteien, die auf dem Boden des Marxismus-Leninismus stehen, ihre Bedeutung verloren haben. In der gegenwärtigen Zeit, da die Kräfte des Sozialismus und der Einfluß der Ideen des Sozialismus in der ganzen Welt unermeßlich gewachsen sind, da sich die Eigenart der

Wege zum Sozialismus in den verschiedenen Ländern erweist, müssen die marxistischen Parteien der Arbeiterklasse natürlich ihre ideologische Einheit und internationale brüderliche Solidarität im Kampf gegen die Gefahr eines neuen Krieges, im Kampf gegen die volksfeindlichen Kräfte des Monopolkapitals, die alle revolutionären und fortschrittlichen Bewegungen zu unterdrücken versuchen, bewahren und festigen. Die kommunistischen Parteien eint das große Ziel der Befreiung der Arbeiterklasse vom Joch des Kapitals. Sie verbindet miteinander die Treue zur wissenschaftlichen Ideologie des Marxismus-Leninismus und zum Geist des proletarischen Internationalismus, die rückhaltlose Treue zu den Interessen der Volksmassen.

In ihrer Tätigkeit gehen alle kommunistischen Parteien unter den gegenwärtigen Bedingungen von den nationalen Besonderheiten und Voraussetzungen jedes Landes aus und bringen auf umfassendste Weise die nationalen Interessen ihrer Völker zum Ausdruck. Gleichzeitig vereinigen und festigen sie die gegenseitigen Verbindungen und die gemeinsame Zusammenarbeit, da sie erkennen, daß der Kampf für die Interessen der Arbeiterklasse, für den Frieden und die nationale Unabhängigkeit ihrer Länder zugleich eine Sache des gesamten Weltproletariats ist. Die ideologische Geschlossenheit und brüderliche Solidarität der marxistischen Parteien der Arbeiterklasse in den verschiedenen Ländern sind um so notwendiger, als die kapitalistischen Monopole ihre internationalen aggressiven Vereinigungen und Blocks, wie die NATO, die SEATO und den Bagdad-Pakt[10], schaffen, die gegen die friedliebenden Völker, gegen die nationale Befreiungsbewegung, gegen die Arbeiterklasse und die Lebensinteressen der Werktätigen gerichtet sind.

Während die Sowjetunion viel für die Minderung der internationalen Spannung getan hat und weiterhin tut – und das wird heute von allen anerkannt –, stellt das amerikanische Monopolkapital weiter große Summen zur Verfügung, um die Wühltätigkeit in den sozialistischen Ländern zu verstärken. Mitten im »kalten Krieg« hat der amerikanische Kongreß bekanntlich offiziell (außer den Mitteln, die inoffiziell verausgabt werden) einhundert Millionen Dollar für die Wühltätigkeit in den Ländern der Volksdemokratie und in der Sowjetunion bewilligt. Heute, da die Sowjetunion und die anderen sozialistischen Länder alles, was in ihren Kräften steht, tun, um die internationale Spannung zu mildern, sind die Verfechter des »kalten Krieges« bemüht, den von den Völkern der ganzen Welt verurteilten »kalten Krieg« zu aktivieren. Dies zeigt der Beschluß des amerikanischen Senats über eine zusätzliche Bewilligung von 25 Millionen Dollar für Wühltätigkeit, die zynisch mit »Förderung der Freiheit« hinter dem »eisernen Vorhang« bezeichnet wird.

Wir müssen diese Tatsache nüchtern einschätzen und daraus die entsprechenden Schlußfolgerungen ziehen. So ist zum Beispiel klar, daß die volksfeindlichen Aktionen in Poznań[11] aus dieser Quelle finanziert wurden. Den Provokateuren und Diversanten, die mit Geldern von jenseits des Ozeans bezahlt wurden, hat die Luft jedoch nur für einige Stunden gereicht. Die Werktätigen Poznańs erteilten den feindlichen Ausfällen und Provokationen eine Abfuhr. Gescheitert ist der Plan der finsteren Ritter von »Feuer und Schwert«; gescheitert ist ihre schändliche Provokation gegen die Volksmacht in Polen. So werden auch in Zukunft Wühlaktionen in den Ländern der Volksdemokratie scheitern, mögen derartige Maßnahmen noch so freigebig aus den Mitteln finanziert werden, die von amerikanischen Monopolen bereitgestellt werden. Man kann sagen, daß dieses Geld zum Fenster hinausgeworfen ist.

All das zeigt, daß keine Sorglosigkeit gegenüber neuen Machenschaften der imperialistischen Agenten walten darf, die bestrebt sind, in die sozialistischen Länder einzudringen, um den Errungenschaften der Werktätigen Schaden zuzufügen und sie zu untergraben.

Die Kräfte der imperialistischen Reaktion sind bemüht, die Werktätigen vom richtigen Weg des Kampfes für ihre Interessen abzubringen, ihren Geist durch das Gift des Unglaubens an den Erfolg der Sache des Friedens und des Sozialismus zu verseuchen. Trotz aller Umtriebe der Ideologen der kapitalistischen Monopole wird die Arbeiterklasse mit der erprobten kommunistischen Vorhut an der Spitze ihren Weg gehen, der zu den historischen Errungenschaften des Sozialismus geführt hat und der zu neuen Siegen des Friedens, der Demokratie und des Sozialismus führen wird. Man kann überzeugt sein, daß die kommunistischen und Arbeiterparteien aller Länder das ruhmreiche marxistische Banner des proletarischen Internationalismus noch höher erheben werden.

Die Sowjetmenschen sind mit Recht stolz darauf, daß unsere Heimat als erste den Weg zum Sozialismus gebahnt hat. Heute, da der Sozialismus zu einem Weltsystem geworden ist, da die sozialistischen Länder brüderlich zusammenarbeiten und einander helfen, wurden neue günstige Voraussetzungen geschaffen für das Aufblühen der sozialistischen Demokratie, für die weitere Festigung der materiellen Produktionsbasis des Kommunismus, die unablässige Hebung der Lebenshaltung der Werktätigen, für die allseitige Entwicklung der Persönlichkeit des neuen Menschen, der die kommunistische Gesellschaft aufbaut. Mögen die bürgerlichen Ideologen Märchen von einer »Krise« des Kommunismus, von

»Verwirrung« in den Reihen der kommunistischen Parteien erfinden, uns können derartige Auslassungen der Feinde nicht erschüttern. Ihre Prophezeiungen sind stets wie Seifenblasen geplatzt. Diese Pechvögel von Propheten kamen und gingen, aber die kommunistische Bewegung, die unsterblichen und lebenspendenden Ideen des Marxismus-Leninismus siegten und werden siegen. So wird es auch in Zukunft sein. Keinerlei böswillige verleumderische Ausfälle unserer Feinde werden den unüberwindlichen Gang der historischen Entwicklung der Menschheit zum Kommunismus aufhalten können.

30. Juni 1956
Zentralkomitee der Kommunistischen Partei der Sowjetunion

Neues Deutschland (B), 3. Juli 1956, S. 3/4.

3

Telegramm Walter Ulbrichts an das Präsidium des Zentralkomitees der KPdSU vom 19. März 1956

Telegramm 19. 3. 1956

An das Präsidium des Zentralkomitees der KPdSU,
Genossen N. S. Chruschtschow

Moskau

Teurer Genosse Chruschtschow!

Wir erhielten am 17. März Kenntnis von den Veröffentlichungen der Londoner Presse über die geschlossene Sitzung des XX. Parteitages. Das wurde am selben Tage teilweise von der Berliner Nachmittagspresse abgedruckt. Wir mußten damit rechnen, daß der Gegner seine Kampagne im Rundfunk auf Grund der Londoner Veröffentlichungen noch weiter steigert. Aus diesem Grunde vereinbarten die Mitglieder des Politbüros der SED, die an der Berliner Bezirksdelegiertenkonferenz teilnehmen, daß ich in einer Diskussionsrede zu Fragen, die in der Partei eine große Rolle spielen und die vor allen Dingen J. W. Stalin betreffen, Stellung nehme. Es wurde dann festgelegt, daß diese Diskussionsrede sofort veröffentlicht werden soll. Es ist für uns nicht angenehm, daß wir zu Fragen der KPdSU öffentlich Stellung nehmen, bevor das in der »Prawda« geschehen ist. Es blieb uns jedoch in dieser Situation kein anderer Weg.

Ich schlage vor, daß in einem Leitartikel der »Prawda« zu einigen Fragen Stellung genommen wird.

Mit kommunistischem Gruß!
W. Ulbricht

Institut für Geschichte der Arbeiterbewegung,
Zentrales Parteiarchiv, Berlin, J IV 2/202/315.

Телеграмма

Президиуму Центрального Комитета
Коммунистической Партии Советского Союза

товарищу Н.С. ХРУЩЕВУ

Москва

Дорогой товарищ Хрущев!

17 марта мы узнали о том, что лондонская печать публикует материалы о закрытом заседании XX с'езда КПСС. В тот же день западноберлинские вечерние газеты частично перепечатали эти материалы. Мы должны были считаться с тем, что противник по радио еще будет усиливать свою кампанию на основе лондонских публикаций. Поэтому члены Политбюро ЦК СЕПГ, присутствовавшие на берлинской окружной конференции СЕПГ, сочли необходимым, чтобы я в прениях выступил по вопросам, которые играют важную роль в партии, прежде всего по вопросам, которые касаются И.В. Сталина. Мы кроме того договорились, что мое выступление в прениях потом сразу должно быть опубликовано. Нам, конечно, неприятно, что мы публично выступаем по вопросам КПСС до того, как это было сделано в "Правде". Но у нас в этой ситуации не было другого выхода. Я предлагаю опубликовать в "Правде" соответствующую передовую статью и высказаться в ней по определенным вопросам.

С коммунистическим приветом -

В. УЛЬБРИХТ

Берлин, 19 марта 1956г.

4

Über den XX. Parteitag der Kommunistischen Partei der Sowjetunion

Artikel von Walter Ulbricht vom 4. März 1956

Der Verlauf des XX. Parteitages der KPdSU wurde in der ganzen Welt mit größtem Interesse verfolgt. Arbeiter und Bauern, Angehörige der Intelligenz, des werktätigen Mittelstandes und des Bürgertums richteten ihren Blick nach Moskau, weil sie vom XX. Parteitag der KPdSU eine Beurteilung der internationalen Lage und der weiteren Entwicklung erwarteten. Insbesondere interessierten sich die Volksmassen für die Frage: Ist es möglich, den Frieden zu erhalten, und was muß dazu getan werden?

Von diesem Parteitag klang die Stimme des Friedens, der Freiheit und des Sozialismus in die ganze Welt. Es war der Parteitag *der* Partei, die, unter der Führung des großen Lenin, nach dem ersten Weltkrieg die russische Arbeiterklasse zur Großen Sozialistischen Oktoberrevolution geführt und damit den Beginn einer neuen Epoche der ganzen Menschheit eingeleitet hatte. Es war der Parteitag *der* Partei, die, anfangs alleinstehend, auf einem Sechstel des Erdballs den Sozialismus zum Siege geführt hat. Es war der Parteitag *der* Partei, die nach dem Siege über den grausamen Hitlerfaschismus im zweiten Weltkrieg den Völkern der volksdemokratischen Länder half, die Grundlagen des Sozialismus zu schaffen.

I.

Der XX. Parteitag der KPdSU konnte mit Genugtuung feststellen, daß dank der Leninschen Politik des Zentralkomitees der Partei und der Sowjetregierung, dank der heldenhaften Arbeit des Sowjetvolkes gewaltige Erfolge im Kampf für den Aufbau des Kommunismus in der Sowjetunion und für den Frieden in der ganzen Welt erzielt wurden.

Dieser XX. Parteitag war der bedeutendste Parteitag der Kommunistischen Partei der Sowjetunion seit dem Ableben Lenins. Der Rechenschaftsbericht des Zentralkomitees der KPdSU, den Genosse N. S. Chruschtschow gab, der Bericht des Genossen N. A. Bulganin über die Richtlinien für den sechsten Fünfjahrplan sowie die Darlegung der Redner auf dem Parteitag zu den verschiedensten Problemen gaben ein überzeugendes Bild von der siegreichen Kraft des Sozialismus. Alle fortschrittlichen Kräfte sind begeistert von den Ergebnissen dieses Parteitages, weil er der ganzen friedliebenden Menschheit eine große Perspektive gab und den Weg zum Glück zeigt.

Die Beschlüsse des XX. Parteitages, die vom Sowjetvolk enthusiastisch und mit dem festen Willen aufgenommen wurden, sie zu verwirklichen und den sechsten Fünfjahrplan überzuerfüllen, die Beschlüsse, die in allen Ländern des sozialistischen Lagers eine große Initiative zur Verbesserung der eigenen Arbeit auf allen Gebieten auslösen werden, werden auch auf die Arbeiterklasse und die Werktätigen in den kapitalistischen Ländern und vor allem in den Kolonien und abhängigen Ländern großen Einfluß ausüben.

Der Erste Sekretär des ZK der KPdSU, Genosse N. S. Chruschtschow, konnte im Rechenschaftsbericht des ZK feststellen: Unsere Epoche wird hauptsächlich dadurch gekennzeichnet, daß *der Sozialismus* über den Rahmen eines Landes hinausgegangen ist und *sich in ein Weltsystem verwandelt hat*. Das Wichtigste im Rechenschaftsbericht besteht darin, daß er die gesellschaftliche Entwicklung in der gegenwärtigen Periode und die Politik der Sowjetunion, der Staaten des sozialistischen Lagers sowie aller fortschrittlichen Kräfte in der Welt theoretisch begründet hat. Dadurch wurde nicht nur die Lehre des Marxismus-Leninismus bereichert, sondern auch die Anleitung zum Handeln gegeben, um die politische Entwicklung in der Welt auf das Gleis des Fortschritts zu bringen.

Der Parteitag charakterisierte *erstens* die entgegengesetzten Entwicklungstendenzen der *zwei Wirtschaftssysteme in der Welt,* der sozialistischen Wirtschaft und der kapitalistischen Wirtschaft. Er beschloß die Direktiven zum sechsten Fünfjahrplan und stellte vor den Völkern der Sowjetunion die Aufgabe, die entwickeltsten kapitalistischen Länder in der Produktion pro Kopf der Bevölkerung in geschichtlich kürzester Frist zu überholen.

Zweitens wurde das *Leninsche Prinzip der friedlichen Koexistenz begründet* und festgestellt, daß angesichts der Veränderung des Kräfteverhältnisses in der Welt, der Stärke der Sowjetunion und der Existenz einer Zone des Friedens, die bereits anderthalb Milliarden Menschen umfaßt, es möglich ist, den Frieden zu erhalten und zu sichern.

Drittens wurden auf dem Parteitag sehr gründlich die *Leninschen Nor-*

men des Parteilebens behandelt, ein grundsätzlicher Kampf gegen alle Formen des Personenkults geführt, die Rolle der Arbeiterklasse und der Volksmassen als der Träger der geschichtlichen Entwicklung hervorgehoben und die unbedingte Einhaltung der Kollektivität der Leitung gefordert. Ferner wurde gefordert, in der Propagandaarbeit Theorie und Praxis enger zu verbinden und einen entschiedenen Kampf gegen Dogmatismus und Buchstabengelehrsamkeit zu führen.

Schon die Vorbereitung des Parteitages stand im Zeichen der engen Verbindung der Partei- und Staatsorgane mit den Massen. Charakteristisch war die demokratische Vorbereitung des Parteitages, die breite Diskussion insbesondere über die Fragen der Entwicklung der Industrie und der Landwirtschaft und des Kampfes um die Einführung und Meisterung der modernen Technik. Bereits in der Vorbereitung des Parteitages hatten viele Betriebe ihren Plan zur Einführung der modernen Technik oder der Rekonstruktion des Betriebes sowie der neuen Aufgaben auf dem Gebiete der Forschung ausgearbeitet. Es wurden also wichtige Voraussetzungen für die Erhöhung der Arbeitsproduktivität geschaffen. In den Betriebsabteilungen war viel diskutiert worden über die Erfahrungen der Neuerer und der Rationalisatoren und die Einführung dieser Erfahrungen in die Produktion. In den Sowjetgütern und Kollektivwirtschaften hatte man gründlich über die Methode zur Erhöhung der landwirtschaftlichen Erträge beraten. In den wissenschaftlichen Institutionen wurden neue Forschungsaufgaben gestellt.

Der Parteitag spiegelte die Entwicklung der Sowjetdemokratie wider, die Initiative und auch die Kritik der Werktätigen, der Herren des Landes.

Auf dem XX. Parteitag wurden auch so wichtige und interessante politische, ökonomische, wissenschaftliche Fragen behandelt, so viele Vorschläge in bezug auf die Einführung der modernen Technik in den verschiedenen Industriezweigen behandelt und die Arbeit der Hochschulen und wissenschaftlichen Institute einer solch gründlichen sachlichen Kritik unterzogen, daß sich daraus große Lehren für die Schaffung der Grundlagen des Sozialismus in der Deutschen Demokratischen Republik ergeben. Von diesem Gesichtspunkt aus ist es notwendig, nicht nur in jeder Parteiorganisation neben den allgemeinen grundlegenden Fragen besondere Probleme der Industrie, der Landwirtschaft oder der wissenschaftlichen Arbeit zu behandeln, sondern auch besondere Beratungen der Neuerer der Produktion, der Angehörigen der Intelligenz, aller Mitarbeiter in bestimmten Forschungsinstituten und der Wissenschaftler und Studenten an den Hochschulen durchzuführen. In Verbindung mit der

Begeisterung darüber, daß dem Weltsystem des Sozialismus die Zukunft gehört, ist es erforderlich, eine ernste Arbeit zu leisten, um die fortgeschrittensten Erfahrungen der Sowjetunion zu studieren und sich gründlich mit allen Erscheinungen des technischen Fortschritts im Auslande überhaupt zu beschäftigen.

Die Entschließung des XX. Parteitages zum Rechenschaftsbericht, in der alle Grundfragen zusammengefaßt sind, ist eine ausgezeichnete Anleitung für das gründliche Studium der Lehren des Parteitages und für die Anwendung in der Praxis.

II.
Warum gehört dem Sozialismus die Zukunft?

In der Entschließung des XX. Parteitages wird gesagt, daß der Grundzug unserer Epoche darin besteht, daß der Sozialismus über den Rahmen eines Landes hinausgegangen und zu einem Weltsystem geworden ist, wobei sich der Kapitalismus außerstande erwies, diesen welthistorischen Prozeß aufzuhalten. N. S. Chruschtschow hob im Rechenschaftsbericht des ZK hervor, daß sich innerhalb von 26 Jahren die Industrieproduktion der Sowjetunion trotz des ungeheuren Schadens, den der Krieg brachte, auf mehr als das Zwanzigfache erhöht hat, während die USA, die sich in einer außerordentlich günstigen Lage befanden, in der gleichen Zeit ihre Produktion nur auf etwas mehr als das Doppelte steigern konnten. Vergleicht man die Entwicklung in den letzten 26 Jahren unter Ausschaltung der Kriegszeit, so belief sich, wie Genosse D. T. Schepilow[1] sagte, die Jahreszunahme der Industrieproduktion in der UdSSR auf 18 Prozent, in den USA auf 2,8 Prozent, in England auf 3,5 Prozent und in Frankreich auf 2,5 Prozent. Wenn man das schnelle Tempo der weiteren Entwicklung der Volkswirtschaft in der Sowjetunion im sechsten Fünfjahrplan in Betracht zieht, ist nicht schwer zu erkennen, daß die Sowjetunion in geschichtlich kurzer Frist die entwickeltsten kapitalistischen Länder überholen wird. Es kommt hinzu, daß der Anteil der Industrieproduktion der Länder des sozialistischen Weltsystems an der Industrieproduktion der Welt ständig wächst und seine Zunahme durch die gegenseitige Hilfe und Zusammenarbeit der Staaten des sozialistischen Lagers systematisch gefördert wird.

Auf der anderen Seite geht der *geschichtliche Prozeß der Einengung des kapitalistischen Ausbeutungsbereiches und der Schrumpfung der internationa-*

len Position des Kapitalismus vor sich. Die allgemeine Krise des Kapitalismus vertieft sich weiter. Wer nur einseitig die Entwicklung moderner Technik in den kapitalistischen Ländern sieht, täuscht sich, denn gerade die Entwicklung der modernen Technik in den kapitalistischen Ländern verschärft den grundlegenden Widerspruch im Kapitalismus. Die führenden kapitalistischen Kreise sagen selbst, daß ihre Konjunktur auf keiner gesunden Grundlage beruht, und fürchten das Heranreifen einer Krise. Auf dem XX. Parteitag wandte sich Genosse N. S. Chruschtschow gegen die Auffassung, als habe der Marxismus-Leninismus die Vorstellung, die allgemeine Krise des Kapitalismus bedeute völlige Stagnation, Stillstand der Produktion und des technischen Fortschritts. Zum Unterschied von der Auffassung, die in Stalins »Ökonomische Probleme des Sozialismus« vertreten worden war, unterstrich er die Richtigkeit der Leninschen These, daß die allgemeine Fäulnistendenz des Kapitalismus den technischen Fortschritt und den Aufschwung der Produktion keineswegs ausschließe. Es trete im Zeitalter des Imperialismus mehr oder minder stark bald die eine, bald die andere dieser Tendenzen hervor. (Siehe dazu auch den Bericht über die 25. Tagung des ZK der SED, wo auf diese Frage in bezug auf Westdeutschland geantwortet wurde.[2]) Genosse N. S. Chruschtschow wies nach, daß die Behauptung, die marxistische Krisentheorie sei »veraltet«, zwar dem Wunschtraum gewisser bürgerlicher Wirtschaftswissenschaftler entspricht, aber nichts mit wissenschaftlichen Erkenntnissen zu tun hat. Gerade gegenwärtig verfolgt das Monopolkapital in den USA und in einer Reihe anderer Länder den Kurs auf das Wettrüsten, um Krisenerscheinungen, die sich unter der Oberfläche entwickeln, zu mildern. Die Militarisierung der Wirtschaft wird jedoch nur zur Verschärfung der inneren Widersprüche und zur Verschärfung des Klassenkampfes führen. Schon jetzt wird der Kampf der Arbeiterklasse gegen das kapitalistische Joch immer aktiver. Das bestätigen auch die Streikkämpfe in Westdeutschland.

In seiner Diskussionsrede auf dem Parteitag setzte sich Genosse D. T. Schepilow mit den Versuchen kapitalistischer Kreise auseinander, den Kapitalismus als »Volkskapitalismus« aufzuputzen.

Von mehreren Rednern wurde auf dem Parteitag hervorgehoben, daß die Sowjetunion und die Staaten des sozialistischen Lagers für einen friedlichen Wettbewerb zwischen den Staaten der beiden Weltsysteme sind. *Wir sind überzeugt, daß in diesem friedlichen Wettbewerb der Sozialismus siegen wird, weil das sozialistische System die größte Entwicklung der Produktivkräfte ermöglicht, weil es Wirtschaftskrisen ausschließt und seine gesellschaftliche Produktion dem Wohle des Volkes dient.* Das sozialistische System zeichnet sich aus durch die brüderliche Verbundenheit der Nationen und gibt den Völkern eine schöne Perspektive. Die Anziehungskraft des Sozialismus wächst vor allem deshalb, weil die Sowjetunion und die Staaten des sozialistischen Lagers die Bannerträger im Kampf für einen dauerhaften Frieden sind.

III.
Das Leninsche Prinzip der friedlichen Koexistenz der beiden Systeme und die Möglichkeit der Verhütung von Kriegen

Der Parteitag bestätigte die Linie des Zentralkomitees der KPdSU und der Sowjetregierung, die auf die Verbesserung der Beziehungen, die Festigung des Vertrauens unter den Völkern und die Entwicklung der politischen, wirtschaftlichen und kulturellen Zusammenarbeit mit allen Staaten gerichtet ist. Das Leninsche Prinzip der friedlichen Koexistenz von Staaten mit unterschiedlicher sozialer Ordnung war und bleibt die Generallinie der Außenpolitik der Sowjetunion. Genosse Chruschtschow konnte dem Parteitag über die Erfolge der Friedensinitiative der Sowjetunion berichten, die ihren Ausgangspunkt nahmen in der Beseitigung der Kriegsherde im Osten und der Regelung von Beziehungen mit einer Reihe von Staaten in Europa, was zu einer Minderung der Spannungen führte. Eine besonders wichtige Rolle im Kampf um die Sicherung des Friedens spielt die große Volksrepublik China. Für die Herbeiführung der friedlichen Koexistenz zwischen den Staaten der beiden Systeme sind die bekannten *fünf Prinzipien,* die auf der *Bandung-Konferenz*[3] angenommen wurden, von großer Bedeutung. In der Entschließung des Parteitages wird gesagt, daß diese Prinzipien als Grundlage dauerhafter friedlicher Beziehungen zwischen den Staaten der ganzen Welt dienen können.

Die Vorschläge der Sowjetunion und anderer friedliebender Staaten für eine Abrüstung und das Verbot der Atom- und Wasserstoffwaffen sowie für die Gewährleistung der kollektiven Sicherheit in Europa und der kollektiven Sicherheit in Asien zeigen den Weg zu einem dauerhaften Frieden und zur Lösung solcher Fragen wie der Deutschlandfrage.

Auf dem Parteitag wurde aufgezeigt, daß sich *zwei entgegengesetzte Hauptrichtungen in der Entwicklung der internationalen Ereignisse* herausgebildet haben: Einerseits die imperialistischen Mächte unter der Führung reaktionärer Kreise der USA, die die »Politik der Stärke« weiter betreiben wollen, andererseits das Wachsen und Erstarken der Kräfte des Friedens, die immer stärkeren Einfluß auf den Verlauf des Weltgeschehens ausüben. Es ist ein großer Erfolg der Friedensbewegung, daß durch das Lossagen einer Gruppe friedliebender Staaten Europas und Asiens von der Politik der Militärblocks eine weite *»Zone des Friedens« geschaffen* wurde.

Von großer Bedeutung für die weitere Entwicklung der internationalen Beziehungen zwischen den Staaten ist die grundsätzliche Erklärung im Rechenschaftsbericht des Zentralkomitees über die friedliche Koexistenz der zwei Systeme und *über die Möglichkeit der Verhinderung von Kriegen in der gegenwärtigen Epoche.* N. S. Chruschtschow ging von der Feststellung aus, daß es für einen sozialistischen Staat keinen einzigen Beweggrund zur Entfesselung eines aggressiven Krieges gibt, denn es gibt in den Staaten des sozialistischen Lagers keine Klassen oder Gruppen, die am Krieg als einem Mittel der Bereicherung interessiert sind. Auf dem Parteitag wurde hervorgehoben, daß gewisse reaktionäre Kreise die Fragen des ideologischen Kampfes mit Fragen der Beziehungen zwischen den Staaten durcheinanderbringen, um die Kommunisten in der Sowjetunion als aggressive Leute hinzustellen. Aber die Sowjetunion hat sich für den friedlichen Wettbewerb zwischen den beiden Systemen erklärt. Weder die Sowjetunion noch andere Staaten des sozialistischen Lagers haben die Absicht, den Sieg des sozialistischen Weltsystems durch bewaffnete Einmischung in die inneren Angelegenheiten der kapitalistischen Länder zu erzwingen.

Diese Frage ist auch für die Entwicklung in Deutschland von Bedeutung. In der Deutschen Demokratischen Republik gibt es keine aggressiven imperialistischen Kräfte mehr, in Westdeutschland aber sitzen die Revanchepolitiker in leitenden Funktionen des Staates und der Wirtschaft und haben die Führung in der Armee. Um ihre eigenen aggressiven Pläne zu verschleiern, ziehen sie aus unserer Erklärung, daß die volksdemokratische Ordnung und der Sozialismus eine höhere Staats- und Wirtschaftsordnung sind, die Schlußfolgerung, daß die DDR aggressive Ziele gegenüber Westdeutschland verfolge. Dabei zeigen die Tatsachen, daß die Verschärfung der inneren Widersprüche und des Klassenkampfes in Westdeutschland durch die NATO-Politik und Remilitarisierung und vor allem durch die Herrschaft des Monopolkapitals hervorgerufen wurde. Die Verantwortung dafür tragen allein die herrschenden Kreise in Westdeutschland. Wir haben der Bevölkerung Westdeutschlands einen anderen Weg, den Weg der friedlichen demokratischen Entwicklung gezeigt. Daß die Erfolge des sozialistischen Aufbaus in der DDR zur Folge haben, daß die Ideen des Marxismus-Leninismus auch in Westdeutschland immer tiefer in das Bewußtsein breiter Massen der Werktätigen eindringen, das ist eine ganz normale Entwicklung. Die Volksmassen in allen Ländern gehen – in dem einen Land langsamer, in dem anderen schneller – den Weg des Kampfes um den Frieden und für den sozialen Fortschritt und wollen sich nicht von den herrschenden monopolkapitalistischen Kräften in eine neue Kriegskatastrophe treiben lassen. Das hat die Analyse der internationalen Lage auf dem XX. Parteitag eindeutig bestätigt.

Wir begrüßen die Stellungnahme des XX. Parteitages, daß Länder mit verschiedenen sozialen Systemen nicht nur einfach nebeneinander bestehen können, sondern darüber hinaus eine Verbesserung der Beziehungen und eine Festigung des Vertrauens und gegenseitige Zusammenarbeit anstreben müssen. Auf Deutschland angewandt, heißt das, daß die Bevölkerung und die staatlichen Organe beider deutscher Staaten sich für die Verständigung beider deutscher Staaten und für die Herbeiführung der kollektiven Sicherheit, für das Verbot der Einlagerung und Verwendung von Atom- und Wasserstoffwaffen, für den Abzug der Besatzungstruppen und die Beseitigung der ausländischen Militärstützpunkte einsetzen mögen.

Von großer aktueller Bedeutung für das deutsche Volk ist die Beantwortung der Frage, die auf dem XX. Parteitag behandelt wurde: Ist ein neuer Krieg in der gegenwärtigen Epoche unvermeidlich? Bekanntlich hatten beide Weltkriege ihren Ausgangspunkt in Deutschland. Deshalb interessiert es das ganze deutsche Volk – mit Ausnahme der kleinen Gruppe von Monopolherren und Revanchepolitikern –, wie es möglich ist, einen dritten Weltkrieg zu verhindern. Bekanntlich hat Lenin gelehrt, daß Kriege unvermeidlich sind, solange es den Imperialismus gibt. Zweifellos bleibt die ökonomische Grundlage von Kriegen bestehen, solange der Imperialismus existiert. Aber es ist notwendig, auch die Entwicklung der politischen Kräfte des bewußten Willens der Menschen in Rechnung zu setzen. Inzwischen ist das Weltlager des Sozialismus zu einer mächtigen Kraft geworden. Die Besonderheit besteht darin, daß die Friedenskräfte nicht nur politische, sondern auch sehr reale materielle Mittel zur Verhinderung einer Kriegsaggression besitzen. Es kommt hinzu, daß es viele nichtsozialistische Staaten gibt, darunter solche großen Staaten wie Indien, die sich aktiv gegen den Krieg wenden.

Unter diesen Bedingungen besteht in der gegenwärtigen Epoche die Möglichkeit, Kriege zu verhüten. Von Arbeitern und Bauern in der Deutschen Demokratischen Republik wurde dazu sehr richtig Stellung genommen, als sie daraus die Schlußfolgerung zogen: das hängt wesentlich von uns selbst ab, von der Stärkung der Deutschen Demokratischen Republik und der Stärkung der Friedensbewegung überhaupt.

Angesichts der Stationierung amerikanischer Truppen in Westdeutschland und des starken Einflusses von Kriegsinteressenten in der Führung der westdeutschen Armee ist besonders bei uns größte Wachsamkeit notwendig. Marschall Shukow hat auf dem Parteitag sehr ernst zur Wachsamkeit aufgefordert und dargelegt, daß die Sowjetarmee mit den modernsten Waffen ausgerüstet ist. Es ist unrichtig, zu behaupten, daß eine eventuelle imperialistische Kriegsaggression zum Untergang der Menschheit führe. Genosse A. I. Mikojan sagte treffend:

»Wir sind der Ansicht, daß die Besten der Menschheit in dem Falle, daß irgend jemand den Versuch zum Abwurf der Wasserstoff- oder Atombombe unternehmen sollte, den Untergang der Zivilisation nicht zulassen werden, daß sie sich unverzüglich zusammenschließen, den Aggressoren die Zwangsjacke anlegen und jeglichen Kriegen und damit auch dem Kapitalismus ein für allemal ein Ende bereiten werden.«

Vorschlag an die sozialdemokratischen Parteien

Im Rechenschaftsbericht des Zentralkomitees machte Genosse N. S. Chruschtschow den sozialdemokratischen Parteien einen Vorschlag zur Zusammenarbeit für die Sache des Friedens:

»So manches Unglück der modernen Welt wurzelt darin, daß die Arbeiterklasse in vielen Ländern seit langen Jahren gespalten ist und ihre verschiedenen Teile nicht in einer Einheitsfront auftreten, was natürlich nur den Kräften der Reaktion zustatten kommt. Indessen eröffnet sich jetzt unserer Meinung nach die Perspektive, diese Lage zu ändern. Das Leben hat viele Fragen auf die Tagesordnung gesetzt, die nicht nur eine Annäherung, eine Zusammenarbeit aller Arbeiterparteien fordern, sondern auch reale Möglichkeiten für eine solche Zusammenarbeit schaffen. Die wichtigste dieser Fragen ist die Verhütung eines neuen Krieges. Wenn die Arbeiterklasse als eine einheitliche, organisierte Kraft auftritt und festen Willen zeigen wird, wird es keinen Krieg geben. All das erlegt allen in der Arbeiterbewegung Tätigen eine historische Verantwortung auf. Die Interessen des Friedenskampfes machen es erforderlich, die gegenseitigen Beschuldigungen einzustellen, Berührungspunkte zu finden und auf dieser Basis die Grundlagen für eine Zusammenarbeit zu entwikkeln. Dabei ist auch mit den Kreisen der sozialistischen Bewegung, die in der Frage der Formen des Übergangs zum Sozialismus andere Ansichten vertreten als wir, eine Zusammenarbeit möglich und notwendig. Es gibt unter ihnen nicht wenige, die in dieser Frage in ehrlicher Überzeugung eine irrige Meinung vertreten, aber das ist kein Hindernis für die Zusammenarbeit. Heute treten viele Sozialdemokraten für den aktiven Kampf gegen die Kriegsgefahr und den Militarismus, für die Annäherung zu den sozialistischen Ländern und für die Einheit der Arbeiterbewegung ein. Wir begrüßen diese Sozialdemokraten aufrichtig und sind bereit, alles zu tun, um unsere Bemühungen im Kampf für die edle Sache der Verteidigung des Friedens und der Interessen der Werktätigen zu vereinen.«

Die größte Verantwortung für die Sicherung des Friedens liegt auf den Schultern der deutschen Arbeiterklasse. Angesichts der großen Gefahren, die durch die militaristischen und faschistischen Elemente in Westdeutschland heraufbeschworen werden, gibt es für keinen Sozialdemokraten, für kein Gewerkschaftsmitglied, für keinen christlichen Werktätigen irgendein sachliches Argument, das ihn hindern könnte, an der Zusammenarbeit der Arbeiterparteien, Gewerkschaften und anderen Massenorganisationen in Westdeutschland und in ganz Deutschland teilzunehmen und eine solche Zusammenarbeit zu fördern. Vorbedingungen für eine solche Zusammenarbeit werden weder von der SED noch von der KPD gestellt. Daß eine solche Zusammenarbeit bestimmten Parteiinteressen diene oder bestimmten Parteiinteressen widerspreche, kann nicht im Ernst angeführt werden, da die Sicherung des Friedens eine so große Aufgabe ist, die es vernünftig erscheinen läßt, bestimmte Sonderinteressen, die gegen die Schaffung der Kampfgemeinschaft der Arbeiterklasse und gegen die Entfaltung einer breiten Friedensbewegung wirken, zurückzustellen. Um zu einer solchen Zusammenarbeit zu kommen, ist ein Meinungsaustausch notwendig, für dessen Durchführung irgendwelche Vorbedingungen nicht gestellt werden dürfen. Es war sehr interessant, als Genosse *Togliatti*, Leiter der Delegation der Kommunistischen Partei Italiens, und Genosse Maurice *Thorez*[4], Leiter der Delegation der Kommunistischen Partei Frankreichs, ihre konstruktiven Vorschläge für die Sicherung des Friedens und den sozialen Fortschritt in ihren kurzen Ansprachen auf dem Parteitag darlegten.

IV.
Über die Formen des Übergangs der verschiedenen Länder zum Sozialismus

Genosse N. S. Chruschtschow erklärte im Rechenschaftsbericht des ZK, daß im Zusammenhang mit den grundlegenden Veränderungen in der internationalen Arena sich auch für den Übergang der Länder und Nationen zum Sozialismus neue Perspektiven eröffnen. Er berief sich dabei auf Lenin, der am Vorabend der Großen Sozialistischen Oktoberrevolution schrieb:

»Alle Nationen werden zum Sozialismus gelangen, das ist unausbleiblich, aber keine auf genau die gleiche Art und Weise, jede wird zu dieser oder jener Form der Demokratie, zu dieser oder jener Abart der Diktatur des Proletariats, zu diesem oder jenem Tempo der sozialistischen Umgestaltung der verschiedenen Seiten des gesellschaftlichen Lebens etwas Eigenes beitragen. Nichts wäre theoretisch jämmerlicher und in der Praxis lächerlicher, als sich ›im Namen des historischen Materialismus‹ in *dieser* Hinsicht die Zukunft grau in grau vorzustellen: das wäre so etwas wie die Pinseleien der Susdaler Ikonenmaler, nichts anderes.«[5]

Im Bericht des Zentralkomitees wurde dargelegt, wie die Erfahrung der Geschichte diesen genialen Leitsatz Lenins voll und ganz bestätigt hat. In den volksdemokratischen Ländern Europas hat sich der Übergang zum Sozialismus in den verschiedensten Formen vollzogen. Besonders stark tritt das im sozialistischen Aufbau der Volksrepublik China hervor, wo der volksdemokratische Staat nach der Eroberung der entscheidenden Kommandohöhen den Übergang zur sozialistischen Revolution beschritten und dabei den Kurs auf friedliche Umbildung der Privatindustrie und des Privathandels in einen Bestandteil der sozialistischen Wirtschaft eingeschlagen hat.

In der Föderativen Volksrepublik Jugoslawien bilden sich im Prozeß des sozialistischen Aufbaus besondere Formen der Leitung der Wirtschaft und des Aufbaus des Staatsapparates heraus. Im Bericht des Zentralkomitees der KPdSU wird die Schlußfolgerung gezogen, daß es verschiedene Formen des Übergangs zum Sozialismus gibt. Die Anerkennung der Notwendigkeit der revolutionären Umgestaltung der kapitalistischen Gesellschaft bedeutet nicht unbedingt, daß die Lösung dieser Aufgabe unter allen Umständen mit dem Bürgerkrieg verbunden sein wird. Die größere oder geringere Schärfe des Kampfes, die Anwendung oder Nichtanwendung von Gewalt beim Übergang zum Sozialismus hängen nicht so sehr vom Proletariat als vielmehr vom Widerstand der Ausbeuter, von der Anwendung von Gewaltmitteln durch die Ausbeuterklasse selbst ab.

Der friedliche Weg in der DDR

Es ist bekannt, daß auch in der Deutschen Demokratischen Republik die revolutionäre Umgestaltung, der Übergang vom Kapitalismus zum Sozialismus auf friedlichem Wege unter Ausnutzung der parlamentarischen Einrichtungen erfolgte. Weil das verhältnismäßig friedlich vor sich geht, ist manchen Bürgern der Republik die Bedeutung dieser revolutionären Umwälzung gar nicht voll zu Bewußtsein gekommen. Als die Sowjetarmee 1945 den Hitlerfaschismus zerschmettert hatte, war sich die Vorhut der Arbeiterklasse bewußt, daß nunmehr der deutsche Imperialismus mit der Wurzel ausgerottet werden und die Klasse die Hauptverantwortung übernehmen muß, die den gesellschaftlichen Fortschritt und die Zukunft Deutschlands verkörpert – die Arbeiterklasse. Die Kommunistische Partei Deutschlands trat am 11. Juni 1945 mit einem antifaschistisch-demokratischen Programm hervor, das dem Zwecke der Einigung der Arbeiterklasse und der Zusammenarbeit aller antifaschistisch-demokratischen Kräfte in Deutschland diente. In diesem Programm wurde gesagt, daß es falsch wäre, Deutschland das Sowjetsystem aufzuzwingen, da dieser Weg nicht den gegenwärtigen Entwicklungsbedingungen in Deutschland entsprach. Weiter wurde gesagt, daß die Interessen des deutschen Volkes verlangen, den Weg der Aufrichtung eines antifaschistisch-demokratischen Regimes, einer parlamentarischen Republik mit allen Rechten und Freiheiten für das Volk, zu gehen. Entscheidend für die demokratische Entwicklung war die Aktionseinheit der Arbeiterklasse. Die Aktionseinheit zwischen Kommunisten und Sozialdemokraten sowie die Schaffung einheitlicher Klassengewerkschaften und die Herstellung der Einheit der Arbeiterbewegung durch die Vereinigung von SPD und KPD vervielfachten die Kräfte der Werktätigen. Die Arbeiterklasse im Bündnis mit den werktätigen Bauern begann mit dem Aufbau einer neuen demokratischen Verwaltung und der Bestrafung der faschistischen Kriegsverbrecher. Sie führten in der damaligen sowjetischen Besatzungszone die demokratische Bodenreform durch, die schon in vergangenen Zeiten eine Aufgabe der bürgerlich-demokratischen Revolution gewesen wäre.

Nachdem die Vereinigung der beiden Arbeiterparteien vollzogen war, wurde in der Programmerklärung der SED klar gesagt, daß nach der Errichtung der antifaschistisch-demokratischen Ordnung das Ziel vor uns steht, die Befreiung der Werktätigen von jeder Ausbeutung und Unterdrückung, von Wirtschaftskrisen, Armut und imperialistischer Kriegsdrohung durchzuführen, was nur durch den Sozialismus erreicht werden könne. Es hieß darin weiter, daß die gegenwärtige besondere Lage in Deutschland, die mit der Zerbrechung des reaktionären staatlichen Gewaltapparates und dem Aufbau eines demokratischen Staates auf neuer wirtschaftlicher Grundlage entstanden ist, die Möglichkeit einschließt, »die reaktionären Kräfte daran zu hindern, mit den Mitteln der Gewalt und des Bürgerkrieges der endgültigen Befreiung der Arbeiterklasse in den Weg zu treten. *Die Sozialistische Einheitspartei Deutschlands erstrebt den demokratischen Weg zum Sozialismus; sie wird aber zu revolutionären Mitteln greifen, wenn die kapitalistische Klasse den Boden der Demokratie verläßt.«*

Welche Politik hat seitdem die SED durchgeführt? Über die Bestrafung der Kriegsverbrecher und Naziaktivisten und die Vernichtung der großkapitalistischen Monopole wurde in Sachsen eine *Volksabstimmung* durchgeführt. 77,7 Prozent der Bevölkerung stimmten für den Gesetzentwurf. Dann fanden im Oktober 1946 in allen Ländern *Landtagswahlen* statt. Das Wahlergebnis bestätigte die demokratischen Maßnahmen der neuen Verwaltungsorgane. Die Sozialistische Einheitspartei erhielt in den Ländern die Mehrheit der Stimmen. Durch Landtagsbeschluß wurden die Bodenschätze und Bergbaubetriebe in die Hände des Volkes übergeführt, und es wurde zur langfristigen Planung der Wirtschaft mit dem Ziele des Wiederaufbaus der Friedenswirtschaft und der Hebung des Lebensstandards der Bevölkerung übergegangen. Erst als der Friedensstand der Wirtschaft erreicht war und sich die neuen demokratischen Verwaltungsorgane eingearbeitet hatten, konnte zur Schaffung der volksdemokratischen Grundlagen und zum Aufbau der Grundlagen des Sozialismus übergegangen werden. Das geschah nach der Gründung der Deutschen Demokratischen Republik, in der Zeit der Durchführung des ersten Fünfjahrplans.

So beweist die Entwicklung in der Deutschen Demokratischen Republik, daß der Weg zur Arbeiter-und-Bauern-Macht ohne Bürgerkrieg durchgeführt wurde. Der Übergang zum Sozialismus erforderte vor allem die führende Rolle der Arbeiterklasse in Staat und Wirtschaft, und diese wurde unter Führung der SED verwirklicht.

Einige westdeutsche Zeitungen schreiben, daß die Erklärung auf dem XX. Parteitag über die Möglichkeit eines friedlichen Weges zum Sozialismus der SPD-Politik recht gegeben habe. Die Tatsachen zeigen jedoch etwas anderes. In den westlichen Besatzungszonen Deutschlands fanden genausolche Landtagswahlen statt wie in der sowjetischen Besatzungszone.

Bei den Landtagswahlen in Groß-Hessen am 1. Dezember 1946 hatten SPD und KPD zusammen die absolute Mehrheit (SPD 38 Sitze, KPD 10 Sitze). Im Land Bremen hatten SPD und KPD zusammen 59,5 Prozent der Stimmen. In Hamburg hatten SPD und KPD zusammen 53,3 Prozent der Stimmen. In Schleswig-Holstein hatte die SPD die absolute Mehrheit der Landtagssitze. Und was hat die SPD-Führung angesichts dieser Mehrheit unternommen? In Verbindung mit der Landtagswahl wurde in Hessen über den Artikel 41 der hessischen Verfassung abgestimmt, in dem die Überführung der Grundstoffindustrie in Gemeineigentum und die Kontrolle über die Großbanken festgelegt wurde. 72 Prozent aller abgegebenen Stimmen der hessischen Wähler stimmten dafür. Aber niemals wurde dieser Volkswille verwirklicht. Schumacher[6] erklärte 1946 im Berliner Poststadion großsprecherisch: »In der Westzone beginnt jetzt der Kampf um die Bodenreform und um die Sozialisierung der Großbetriebe.« Aber getan wurde nichts. Jeder Werktätige in Westdeutschland kann selbst Vergleiche ziehen, was die Landtage in Westdeutschland unternommen haben, um das neue Deutschland aufzubauen. Wir haben uns also nicht mit der Sozialdemokratie in Westdeutschland gestritten, ob es richtig ist, den demokratischen Weg zu gehen, sondern darüber, daß die rechten sozialdemokratischen Führer aus Furcht vor der Bourgeoisie nicht einmal die parlamentarische Mehrheit ausnutzten. Sie hatte in den wichtigsten Landesparlamenten die Mehrheit, um diesen Weg zu gehen. Die Bourgeoisie und ihre Staatsmacht waren damals geschwächt. Aber die reformistischen Führer wollten dem Großkapital nicht wehe tun. Mit Recht stellen jetzt die Gewerkschaftsmitglieder in Westdeutschland die Frage: Wofür haben wir eigentlich diese zehn Jahre geschafft und Opfer gebracht?

Wir haben im östlichen Teil Deutschlands der Arbeiterklasse Westdeutschlands gezeigt, daß man unter bestimmten Verhältnissen auf friedlichem und demokratischem Wege mit Hilfe von Mehrheiten in den Landesparlamenten zu einer antifaschistisch-demokratischen Staatsmacht kommen kann. Dieser Weg erfordert aber die Einheit der Arbeiterklasse, ihr Bündnis mit den werktätigen Bauern und ihre Zusammenarbeit mit allen friedliebenden und demokratischen Kräften. Natürlich hatten wir es leichter, weil die sowjetische Besatzungsmacht den demokratischen Aufbau geschützt hat. Die Gewinnung der Mehrheit der Bevölkerung konnte aber nur die SED und der Block der antifaschistisch-demokratischen Parteien erreichen. Es ist kein Zweifel, daß inzwischen mit der Errichtung der Arbeiter-und-Bauern-Macht eine revolutionäre Umwälzung durchgeführt wurde, unter der Bedingung der führenden Rolle der Arbeiterklasse und mit den Mitteln der Überzeugung.

Es gibt also einen grundsätzlichen Unterschied zwischen dem demokratischen Weg zum Sozialismus und dem »friedlichen Hineinwachsen« in den Sozialismus im Sinne des Reformismus. Der Reformismus will nur durch Reformen innerhalb der bestehenden kapitalistischen Verhältnisse die Lage der Ausgebeuteten mildern, aber nicht das System der Ausbeutung abschaffen. Welcher Weg in Westdeutschland beschritten werden kann, hängt ab von der Entwicklung der Klassenkräfte. Was die Frage der Wiedervereinigung Deutschlands betrifft, dazu wird die 3. Parteikonferenz Stellung nehmen.

Nun wird im Rechenschaftsbericht des XX. Parteitages gesagt, daß in einer Reihe kapitalistischer Länder unter den gegenwärtigen Bedingungen die Arbeiterklasse die Möglichkeit hat, unter ihrer Führung die übergroße Mehrheit des Volkes zu vereinigen, den reaktionären volksfeindlichen Kräften eine Niederlage zuzufügen und eine stabile Mehrheit im Parlament zu erobern, um das Parlament aus einem Organ der bürgerlichen Demokratie zu einem Werkzeug des tatsächlichen Volkswillens zu machen. Es muß davon ausgegangen werden, daß die Idee des Sozialismus immer mehr zum beherrschenden Faktor im Bewußtsein aller werktätigen Menschen wird. Genosse D. T. Schepilow sagte in seiner Diskussionsrede auf dem Parteitag:

»In Wirklichkeit erfolgt unter den Verhältnissen der allgemeinen Krise des Kapitalismus die Vereinigung *vieler* sozialistischer und nichtsozialistischer Ströme und Strömungen zu einem mächtigen Strom des Befreiungskampfes des Volkes, der an verschiedenen Stellen das verwitterte kapitalistische Gebäude unterspült und unterhöhlt.

Unterscheiden sich diese Ströme und Strömungen nach ihren Triebkräften, nach ihrer Ideologie sowie nach den unmittelbaren Zielen? Zweifellos unterscheiden sie sich. Die Anziehungskraft der Ideen des Sozialismus ist so sehr gewachsen, daß außer den proletarischen marxistischen Revolutionären sich solche Politiker, Gruppen und Parteien als Anhänger des Sozialismus bezeichnen, die den Sozialismus nicht im Lichte der Prinzipien des revolutionären Marxismus sehen, jedoch bereit sind, gegen den Imperialismus und für die Lebensinteressen der Arbeiterklasse und aller Werktätigen zu kämpfen. Deshalb also können die vorhandenen Unterschiede und Ansichten in vielen Fällen in den Hintergrund treten und treten in den Hintergrund, sobald das gemeinsame Interesse am Kampf gegen kapitalistische Unterdrückung, für Freiheit und Demokratie augenscheinlich wird.«

Es wurde aber auch darauf hingewiesen, daß in solchen Ländern, in denen der Kapitalismus noch stark ist und über einen gewaltigen Militär- und Polizeiapparat verfügt, ein ernster Widerstand der reaktionären Kräfte unvermeidlich ist und der Übergang zum Sozialismus sich unter den Bedingungen eines revolutionären Kampfes vollziehen wird.

V.
Der sechste Fünfjahrplan der Sowjetunion und die Probleme des Aufbaus des Kommunismus

Im Bericht des Vorsitzenden des Ministerrats, Genossen N. A. Bulganin, über die Richtlinien zum sechsten Fünfjahrplan wird hervorgehoben, daß die Sowjetunion bei ihrem Eintritt in das sechste Planjahrfünft über eine mächtige und allseitig entwickelte sozialistische Produktion, große materielle Hilfsquellen und zahlreiche qualifizierte Kader verfügt. Nachdem die Sowjetunion eine erstklassige Schwerindustrie aufgebaut hat und diese weiter festigt, bestehen alle Voraussetzungen dafür, in raschem Tempo nicht nur die Erzeugung von Produktionsmitteln, sondern auch von Massenbedarfsgütern zu entwickeln, den gesellschaftlichen Reichtum erheblich zu mehren und den materiellen Wohlstand und das Kulturniveau des Volkes bedeutend zu heben.

Auch in Deutschland hat dieser sechste Fünfjahrplan das Interesse der Arbeiter, der Intelligenz und der Bauern erregt. Wie lächerlich wirkt gegenüber diesem grandiosen Programm des Aufbaus des Kommunismus die antikommunistische Propaganda gewisser reaktionärer Kräfte Westberlins und Westdeutschlands. Welch große Probleme stellt allein die stürmische Entwicklung der Technik. Wenn sich das gegenwärtige Jahrhundert, wie Genosse Bulganin sagt, vor unseren Augen zum Jahrhundert der Atomenergie entwickelt, so steht die Sowjetunion dabei in der ersten Reihe. Der sechste Fünfjahrplan sieht den Aufbau der größten Wasserkraft- und Industriewerke in Sibirien vor, die Schaffung neuer Industriezentren, neuer Rohstoffquellen. Das Wasserkraftwerk Bratsk an der Angara soll eine Gesamtkapazität von 3 200 000 Kilowatt erreichen, ebenso das Wasserkraftwerk von Krasnojarsk am Jenissei. Diese Elektrizitätswerke sollen mit Kraftmaschinen bis zu 300 000 Kilowatt ausgerüstet werden.

Von weittragender Bedeutung ist die großzügige Errichtung von Atomkraftwerken. Die Richtlinien sehen den Bau mehrerer Atomkraftwerke mit einer Gesamtleistung von zwei bis zweieinhalb Millionen Kilowatt vor. Das ist auch für uns von großem Interesse, weil neben den volksdemokratischen Ländern auch die Deutsche Demokratische Republik unmittelbarer Nutznießer dieser Forschungsergebnisse sein wird.

Diese großen Fortschritte auf dem Gebiet der Technik sind nur möglich, weil das sozialistische Wirtschaftssystem die größten Möglichkeiten für die Entwicklung der Produktivkräfte gewährleistet. Im Verlaufe von 13 Vorkriegsjahren verwandelte das Sowjetvolk das Land aus einem Agrarland in eine Industriemacht. Genosse Saburow gab an, daß im gesamten Zeitraum der Vorkriegs-Fünfjahrpläne die Roheisenerzeugung um elf Millionen Tonnen erhöht wurde, sie allein im sechsten Planjahrfünft um rund 20 Millionen Tonnen zunehmen wird. Wenn im Verlauf der Vorkriegsfünfjahrpläne die Stahlerzeugung um 14 Millionen Tonnen stieg, so wird sie allein im sechsten Planjahrfünft um 23 Millionen Tonnen zunehmen.

Der zweite Weltkrieg, der vom deutschen Imperialismus organisiert wurde, hat die Entwicklung der Sowjetindustrie um *zehn Jahre aufgehalten*. Wäre dieser Kriegsüberfall auf die Sowjetunion nicht gewesen, so könnte bei dem gegebenen jährlichen Wachstumstempo in der Sowjetunion und in den USA die Sowjetunion bereits im Jahre 1960 den Gesamtumfang der Industrieproduktion der USA erreichen. Der Kampf für die weitere Modernisierung bzw. die Erneuerung veralteter Ausrüstungen und für die Entwicklung der Forschungsarbeit in allen Großbetrieben und Instituten nimmt darum einen großen Platz ein. Durch bessere Betriebsorganisation und Auslastung der vorhandenen Produktionskapazitäten sollen zumindest folgende Anteile der festgesetzten Produktionssteigerung erzielt werden: bei Stahl 47 Prozent, bei Roheisen 35 Prozent, bei Zink 47 Prozent usw. Das sind Ziffern, die auch uns Anlaß zum Nachdenken und zur Mobilisierung der Reserven geben sollten. Im Fünfjahrplan wird gefordert, im Jahre 1960 ungefähr 40 Prozent der gesamten Stahlproduktion, darunter den gesamten Konverterstahl, unter Anwendung von Sauerstoff zu erschmelzen. Das Verfahren des kontinuierlichen Stahlgießens soll im weiten Maßstab eingeführt werden.

Auf dem Gebiet der Landwirtschaft stehen die Mechanisierung und der Kampf um höhere Erträge im Vordergrund. Das Problem der Mechanisierung der wichtigsten Arbeiten des Ackerbaus ist in der Sowjetunion gelöst. Jetzt konzentriert man die Aufmerksamkeit auf die Mechanisierung der anderen landwirtschaftlichen Arbeiten, insbesondere der Pflanzenpflege. Auf dem Parteitag wurde an der Arbeit der Maschinen-Traktoren-Stationen Kritik geübt und der allmähliche Übergang der MTS zur wirtschaftlichen Rechnungsführung gefordert.

Es gehört zum Wesen der sozialistischen Ordnung, daß alle Talente in den Menschen entwickelt werden und daß systematisch das technische und allgemeine Bildungsniveau der Werktätigen durch den Sowjetstaat gehoben wird. Die Richtlinien für den sechsten Fünfjahrplan bedeuten gewissermaßen einen weiteren Sprung vorwärts. Es wurde beschlossen, bis zum Jahre 1960 die allgemeine Zehnjahresschulpflicht einzuführen. Scharfe Kritik wurde am Hochschul- und Schulwesen geübt, das oft die Verbindung von Lehre und Praxis vermissen läßt.

Der sechste Fünfjahrplan sieht eine bedeutende Erhöhung der Konsumgüterproduktion vor. Diese wird im Jahre 1960 gegenüber dem Vorkriegsjahr 1940 fast auf das 3,5fache erhöht. Der Einzelhandelsumsatz im staatlichen und genossenschaftlichen Handel soll um 50 Prozent gesteigert werden. Gegenüber 1955 wird sich im Jahre 1960 die Versorgung der Bevölkerung in folgendem Maße erhöhen: bei Fleischwaren um 85 Prozent, Fischwaren um 59 Prozent, Butter 57 Prozent, Käse auf das 2,4fache, Zucker um 70 Prozent. Genosse A. L. Mikojan erklärte:

»In der sozialistischen Gesellschaft muß die Nachfrage schneller steigen als das Warenangebot. Die ständig steigende Nachfrage treibt die Produktion von Waren vorwärts. Das ganze Problem besteht nur darin, in welchem Grade sich dieses schnellere Wachstum vollzieht.«

Er forderte, daß die Qualität der gesamten Warenmasse auf das Niveau der besten Muster der sowjetischen und der ausländischen Produktion gebracht wird. Wir stellen uns die Aufgabe, sagte Genosse Mikojan, die reichsten kapitalistischen Länder in der Kopfquote des Verbrauchs einzuholen und zu überholen, zu erreichen, daß es in der Sowjetunion alle und jegliche Bedarfsgüter in Hülle und Fülle gibt.

Wenn sich gewisse hochmütige Amerikaner mit ihrer »amerikanischen Lebensweise« brüsten, so »mögen sie mit uns in den Wettbewerb treten und sich davon überzeugen, wo mehr für das Wohl des Volkes getan wird, wessen Lebensweise die bessere ist. Mögen sie anstatt des Wettrüstens diesen Weg des Wettbewerbs beschreiten. Uns Sowjetmenschen und auch dem amerikanischen Volk würde ein solcher Wettbewerb besser gefallen.«

Entscheidend für die Erfolge der Sowjetunion ist die Steigerung der Arbeitsproduktivität, die in entscheidendem Maße abhängt von der höheren Technisierung der Arbeit, von der komplexen Mechanisierung der Produktionsprozesse und der Beseitigung der Arbeitszeitverluste. In dem Abschnitt der Direktive zum Fünfjahrplan über die Arbeitsproduktivität sind auch genaue Vorschläge enthalten über die technisch begründeten Arbeitsnormen und die Verbesserung der Tarifverträge durch richtige Abstufung der Tarifsätze. Der Reallohn der Arbeiter und Angestellten soll im sechsten Fünfjahrplan um etwa 30 Prozent erhöht werden.

Von großer Bedeutung für die Werktätigen der Sowjetunion, aber auch von großer internationaler Bedeutung ist die Direktive, im sechsten Planjahrfünft allmählich für die Arbeiter und Angestellten den Siebenstundentag und für die Untertagearbeiter im Kohlen- und Erzbergbau den Sechsstundentag einzuführen. Für Jugendliche im Alter von 16 bis 18 Jahren wird der Sechsstundentag eingeführt. Es erfolgt eine Verbesserung der Rentenversorgung.

Dieser sechste Fünfjahrplan wird einen bedeutenden Einfluß auf die Menschheit ausüben. Dieser Plan wird die Macht des Sowjetstaates und die internationalen Positionen des Sozialismus weiter stärken.

Daß in der Sowjetunion alle Bedingungen vorhanden sind, um diesen Fünfjahrplan zu verwirklichen, darüber besteht kein Zweifel. Selbstverständlich wird das Tempo der Entwicklung durch die Initiative des Volkes bedingt. Es ist deshalb von großer Bedeutung, daß auf dem XX. Parteitag offen über die Fortentwicklung der Sowjetdemokratie gesprochen wurde. Im Rechenschaftsbericht des Genossen N. S. Chruschtschow wie in den Diskussionsreden, insbesondere in der Rede des Vorsitzenden des Präsidiums des Obersten Sowjets, Genossen K. J. Woroschilow, wurde dargelegt, wie die enge Verbindung der Partei und des Staatsapparates mit dem Volke zu gewährleisten und ein entschiedener Kampf gegen den Bürokratismus und gegen Verletzung der Gesetze zu führen ist. Es wurde über die Pflicht der Abgeordneten zur regelmäßigen Rechenschaftslegung gesprochen, über strenge Einhaltung der sowjetischen Gesetzlichkeit und die unbedingte Achtung der Rechte der Bürger. Der Parteitag spiegelte die innere Atmosphäre wider, die im Sowjetlande, dem Lande der wirklichen Freiheit und Gerechtigkeit, vorhanden ist. Zweifellos gab es Verletzungen der Gesetze, besonders in den Jahren 1936 bis 1938 und nach dem Kriege. Durch Erscheinungen des Personenkults war die Sowjetdemokratie teilweise entstellt worden. Die freimütige Aussprache über alle Fragen vor dem Parteitag und auf dem Parteitag, die Kritik an Institutionen und Zeitschriften, in denen an die Stelle des wissenschaftlichen Meinungsstreites der Dogmatismus getreten ist, kennzeichnen heute die Atmosphäre in der Sowjetunion. Offen wurde gesagt, daß der Kampf geführt werden muß gegen die Willkür von Personen, die ihre Staatsfunktion mißbrauchen. Deshalb sei es notwendig, irgendwelche Verstöße gegen die sozialistische Gesetzlichkeit unbedingt zu korrigieren.

Die Direktiven zum sechsten Fünfjahrplan und die Beschlüsse des Parteitages haben im Sowjetvolk einen großen Enthusiasmus zum Kampf für die Erfüllung des großen Planes ausgelöst.

VI.
Über die Leninschen Normen des Parteilebens

Im Rechenschaftsbericht des ZK berichtete Genosse N. S. Chruschtschow auch über die Festigung der Reihen der Kommunistischen Partei und die Stärkung ihrer führenden Rolle im Sowjetstaat. Diese Einheit der Kommunistischen Partei bildete sich in Jahren und Jahrzehnten des Kampfes heraus und wuchs und erstarkte im Kampf gegen solche Feinde wie die Trotzkisten, Bucharinleute[7] und bürgerliche Nationalisten. Genosse Chruschtschow hob hervor, daß der führende Kern der Partei keine durch persönliche Beziehungen oder gegenseitige Vorteile verbundene Gruppe von Menschen ist, sondern, wie Lenin lehrte, ein tätiges Kollektiv leitender Genossen, deren Beziehungen auf prinzipieller ideologischer Grundlage beruhen, die weder gegenseitige Rücksichtnahme noch persönliche Feindschaft zuläßt. Auf den Plenartagungen des Zentralkomitees der KPdSU wurde die Tätigkeit mancher Parteiorganisationen und Mitglieder, darunter auch die Tätigkeit von Mitgliedern des Zentralkomitees, einer Kritik ohne Ansehen der Person unterzogen. Genosse Chruschtschow wies darauf hin, daß es viele Mängel nicht gäbe, wenn nicht seinerzeit in einzelnen Teilen der Partei Stimmungen der Selbstzufriedenheit verbreitet worden wären. Deshalb sei ein entschlossener Kampf gegen Schönfärberei und Prahlerei zu führen.

Im Rechenschaftsbericht des ZK wurde erklärt, daß früher häufig gegen die Leninschen Normen des Parteilebens verstoßen wurde. Erstrangige Bedeutung habe die Wiederherstellung und gründliche Verankerung des Leninschen Prinzips der Kollektivität der Leitung. Das Zentralkomitee nahm den Kampf auf gegen den Persönlichkeitskult, der dem Geiste des Marxismus-Leninismus fremd ist. Offenkundig meinte Genosse N. S. Chruschtschow damit auch solche Selbstbeweihräucherungen und Entstellungen der Parteigeschichte, wie sie in der Stalin-Biographie zu lesen sind. Er sagte: »Die Verbreitung des Persönlichkeitskults setzte die Rolle der kollektiven Führung in der Partei herab und führte zuweilen zu ernsten Versäumnissen in unserer Arbeit.«

Die Gegner haben sich bemüht, an diese Äußerungen des Genossen Chruschtschow, der Mitglieder des Präsidiums des ZK der KPdSU und verschiedener Diskussionsredner allerhand Spekulationen zu knüpfen. Sie kommen damit viel zu spät. Das Zentralkomitee der KPdSU hat bereits in den letzten Jahren entschieden den Kampf um die Wiederherstellung der Leninschen Normen des Parteilebens geführt und hat das bereits in weitgehendem Maße erreicht. Das Zentralkomitee der KPdSU hat bestimmte theoretische Fehler, wie sie zum Beispiel in Stalins Schrift »Ökonomische Probleme des Sozialismus« enthalten sind, korrigiert. Es wurde auch die von Stalin vertretene Auffassung korrigiert, daß sich mit den fortschreitenden Erfolgen des sozialistischen Aufbaus in der Sowjetunion der Klassenkampf verschärfe. Wenn Lenin gelehrt hat, daß die Anwendung von Gewalt von der Notwendigkeit hervorgerufen wird, den Widerstand der Ausbeuterklassen zu unterdrücken, so bezieht sich das auf die Periode, wo die Ausbeuterklassen in Sowjetrußland noch stark waren. Als jedoch die soziale und politische Grundlage der alten kapitalistischen Klassenkräfte beseitigt war, änderte Lenin sofort die Methoden.

Wenn man von Genossen gefragt wird, »ob Stalin zu den Klassikern des Marxismus gehört«, kann man darauf nur antworten: Zweifellos hat Stalin nach dem Tode Lenins bedeutende Verdienste beim Aufbau des Sozialismus und im Kampf gegen die parteifeindlichen Gruppierungen der Trotzkisten, Bucharinleute und bürgerlichen Nationalisten. Als sich Stalin jedoch später über die Partei stellte und den Personenkult pflegte, erwuchsen der KPdSU und dem Sowjetstaat daraus bedeutende Schäden. Zu den Klassikern des Marxismus kann man Stalin nicht rechnen.

Indem der Parteitag der KPdSU auch solche unangenehmen Fragen wie die zeitweise Herrschaft des Personenkults offen behandelte, bekundete er den Willen, mit aller Konsequenz die Leninschen Normen des Parteilebens durchzuführen und alle Auswüchse, die sich aus dem Personenkult ergeben haben, zu beseitigen. Der Parteitag war erfüllt von dem Willen, den Personenkult nicht nur auszumerzen, sondern auch alle und jegliche Versuche, ihn in dieser oder jener Form wiedererstehen zu lassen, schonungslos zu bekämpfen. Zur Verhinderung des Personenkults ist es notwendig, *in der ganzen ideologischen Arbeit die wichtigsten Lehrsätze des Marxismus-Leninismus über das Volk als den Schöpfer der Geschichte, als den Schöpfer aller materiellen und geistigen Reichtümer der Menschheit und über die entscheidende Rolle der marxistischen Partei im Kampf für die Umgestaltung der Gesellschaft, für den Sieg des Kommunismus, hervorzuheben.*

In bezug auf die parteiorganisatorische Arbeit erklärte Genosse N. S. Chruschtschow, daß viele Jahre lang die Parteikader nicht genügend im Geiste der hohen Verantwortlichkeit für die Lösung der praktischen Fragen des wirtschaftlichen Aufbaus erzogen wurden, was zur Verbreitung bürokratischer Methoden der Wirtschaftsführung führte. Er kritisierte, daß es in der Tätigkeit des Parteiapparates noch immer viel Formalismus gebe, daß noch nicht genügend mit den Menschen gearbeitet werde. Genosse Chruschtschow forderte, daß sich die Parteikader den konkreten

Aufgaben der Wirtschaft zuwenden und die lebendige Arbeit nicht durch Schreibereien ersetzen. Er meinte, auch der Parteiapparat sei noch zu schwerfällig. Die Funktionäre des Parteiapparates sollten täglich mitten unter den Massen sein. Sie sollen die fortgeschrittensten Arbeitsmethoden der Industrie und Landwirtschaft kennen und für die weiteste Verbreitung der Neuerer-Erfahrungen sorgen. Es wurde kritisiert, daß das Niveau der Arbeit der Kreisorganisationen bei weitem nicht den gegenwärtigen Anforderungen entspricht. Deshalb sei die Stärkung der Kreisorganisationen durch erfahrene und tüchtige Kader von vordringlicher Bedeutung.

Ein Hindernis für die Erfüllung der Parteiaufgaben ist die oft ungenügende Verbindung der ideologischen Arbeit mit der Praxis des kommunistischen Aufbaus. N. S. Chruschtschow forderte:

»Der ganzen Propaganda muß die politische Erfahrung des wirtschaftlichen Aufbaus zugrunde gelegt werden. Das ist unsere Hauptaufgabe ... Unsere politische Hauptaufgabe muß heute der wirtschaftliche Aufbau des Staates sein.«

Was Genosse Chruschtschow im weiteren über die Arbeit der Propagandisten und Agitatoren sagte, das können wir im wesentlichen auf die Arbeit in unserer Partei beziehen. Deswegen sollte jeder Agitator und Propagandist das gründlich lesen.

N. S. Chruschtschow schloß den Rechenschaftsbericht des ZK mit den Worten:

»Unsere Sache ist unbesiegbar, sie ist unbesiegbar, weil zusammen mit dem großen Sowjetvolk viele hundert Millionen Menschen im chinesischen Brudervolk und in allen Ländern der Volksdemokratie diese Sache voranbringen. Sie ist unbesiegbar, weil sie die glühende Unterstützung und Sympathie der Völker der Länder besitzt, die sich von nationaler und kolonialer Unterdrückung befreit haben. Sie ist unbesiegbar, weil sie von den Werktätigen der ganzen Welt unterstützt wird. Keiner kann uns einschüchtern, zur Aufgabe unserer Positionen, zum Verzicht auf die Verteidigung des Friedens, der Demokratie und des Sozialismus zwingen.«

Der XX. Parteitag der KPdSU war erfüllt vom Geiste der internationalen Solidarität. Noch nie war die Sympathie für die Sowjetunion in der ganzen Welt so stark wie gegenwärtig. Die Friedenspolitik der Sowjetunion ist bis in die entferntesten Länder gedrungen. Mit großer Begeisterung wurde vom Parteitag die Rede des Vertreters des heroischen chinesischen Volkes, Marschall Tschu Teh, entgegengenommen, der schilderte, wie das chinesische Volk kühn den Sozialismus aufbaut und Schulter an Schulter mit der Sowjetunion den Kampf um einen dauerhaften Frieden führt. Ebenso bekundeten die übrigen Völker der Staaten des sozialistischen Lagers ihre enge Verbundenheit mit der KPdSU und den Völkern der UdSSR. Die Freundschaft und Solidarität von Millionen Arbeitern und Bauern der kapitalistischen Länder und der unterdrückten Völker der Kolonien kam zum Ausdruck in den Begrüßungsansprachen der Vertreter der Bruderparteien aus 55 Ländern der Erde. Dazu kommen die schriftlichen Begrüßungen, wie z. B. aus den USA, deren Kommunistischer Partei es wegen der dort herrschenden »Freiheit« nicht möglich war, der Einladung zum Parteitag zu folgen. Die Vertreter der kommunistischen und Arbeiterparteien Italiens, Frankreichs, Großbritanniens, Indiens, der Staaten des Nahen Ostens, Nordafrikas, Südamerikas, der skandinavischen Länder und andere begrüßten die Vorschläge Chruschtschows für die Einigung der Arbeiter und die konsequente Weiterführung der Politik des Friedens und der Völkerfreundschaft.

Die Begrüßungsansprachen zeigten, daß die kommunistischen und Arbeiterparteien eine Politik entwickelt haben, die den konkreten Entwicklungsbedingungen in dem betreffenden Land entspricht, und daß sie sich dabei von den grundlegenden Richtlinien der Lehre des Marxismus-Leninismus leiten lassen. Diese Lehre hat schon in zahlreichen Staaten, die ein Drittel des Erdballs umfassen, gesiegt, und sie wird weitere Erfolge erzielen, denn es ist die Lehre von der Befreiung der Menschheit und der Erringung von gesichertem Glück und Wohlstand der Völker.

Neues Deutschland (B), 4. März 1956, S. 3/4.

5

Antworten auf Fragen auf der Berliner Bezirksdelegiertenkonferenz der SED

Aus der Diskussionsrede Walter Ulbrichts am 17. März 1956

Genossinnen und Genossen! Ich habe nicht die Absicht, eine offiziell schriftlich ausgearbeitete Rede zu halten, sondern so, wie es auf einer Delegiertenkonferenz sein soll, auf einige Fragen zu antworten, die gestellt worden sind. Meine Aufgabe ist es aber nicht, zu allen Fragen Stellung zu nehmen. Ich will nur bestimmte wichtige Fragen herausgreifen und dazu beitragen, sie zu klären.

In einer Versammlung von Genossen der Berliner Humboldt-Universität wurde die Frage gestellt: Was hat eigentlich der XX. Parteitag der KPdSU Neues gebracht? Zweifellos ist diese Frage der Ausgangspunkt und die Grundfrage, um die es geht. Das Zentralkomitee unserer Partei hat angesichts der Bedeutung dieser Fragen sofort und vollständig alles, was im Rechenschaftsbericht, in der Rede des Genossen Bulganin und in den Diskussionsreden über den Fünfjahrplan gesagt wurde, im »Neuen Deutschland«[1] veröffentlicht. Also kann niemand sagen, daß er über die Probleme nicht umfassend informiert worden sei. Aber es ist notwendig, daß wir diese Beschlüsse und Reden sehr gründlich und sehr sorgfältig studieren, um ihre große Bedeutung richtig zu erfassen.

Auf der Delegiertenkonferenz wurde im Referat des Genossen Alfred Neumann und auch von Diskussionsrednern hervorgehoben, was im Rechenschaftsbericht des Genossen Chruschtschow gesagt wurde, nämlich, daß der Sozialismus sich zu einem Weltsystem entwickelt hat, daß dank der Politik der Sowjetunion und der Staaten des sozialistischen Lagers sowie der Staaten, die eine antiimperialistische Orientierung haben, eine große Zone des Friedens in der Welt geschaffen wurde. Weiter wurde auf dem XX. Parteitag im Zusammenhang mit den Richtlinien über den sechsten Fünfjahrplan dargelegt, welche Bedeutung dieser Plan für die weitere Änderung des Kräfteverhältnisses in der Welt, für den Fortschritt des Sozialismus und für die Sicherung des Friedens in der Welt hat. Es wurde dort gesagt, daß jetzt auf der Grundlage des sechsten Fünfjahrplans schon in der Ferne sichtbar wird, daß die Sowjetunion die technisch entwickeltsten kapitalistischen Länder in geschichtlich kürzester Frist überholen wird.

Wenn man noch die große Bedeutung der Asiatisch-Afrikanischen Konferenz, auf der die fünf Prinzipien von Bandung angenommen wurden, in Rechnung setzt, so zeigt das die weitgehende Veränderung des Kräfteverhältnisses in der Welt. Diese Veränderung wirkt sich auf ganz Deutschland und auf Berlin, die Hauptstadt der Deutschen Demokratischen Republik, aus.

Es kommt darauf an, daß unsere Partei diese neuen Probleme richtig durchdenkt und daraus Schlußfolgerungen für die Politik in der gegenwärtigen Periode zieht. Das bedeutet für Berlin, nicht nur allgemein die Politik des Friedens zu führen, sondern auch konkret eine Politik der Minderung der Spannungen in Deutschland und in Berlin. Wir wollen also eine solche Politik entwickeln, um auch in Berlin zu einer Minderung der Spannungen zu kommen, trotz aller Methoden des kalten Krieges, die gegenwärtig der Gegner von Westberlin aus anwendet. Wenn wir aber diese Politik realisieren wollen, dann ist es doch die erste Aufgabe, in einer Stadt, in deren demokratischem Teil die Arbeiterklasse die führende Klasse ist, und in Westberlin die Sozialdemokratie 51 Prozent Wählerstimmen hat, die Annäherung und Zusammenarbeit der Arbeiter und ihrer Organisationen herbeizuführen.

Was muß getan werden, um die Aktionsgemeinschaft in Zusammenarbeit mit den Gewerkschaften und ihren Mitgliedern, um die Annäherung und Zusammenarbeit mit den Sozialdemokraten herbeizuführen?

Der Genosse aus der Parteiorganisation des Kraftwerks Klingenberg hat hier sehr interessante Darlegungen gemacht, die grundsätzliche Bedeutung haben. Er schilderte, wie ein Sozialdemokrat sagte: Die SED-Mitglieder sollten mehr Vertrauen zu den sozialdemokratischen Genossen haben. Jawohl, er hat recht! Wir stellen nicht nur die Frage an die sozialdemokratischen Genossen, mit uns zusammenzukommen, sondern wir müssen auch bestimmte Methoden unserer Arbeit in den Beziehungen zu den Sozialdemokraten in Berlin ändern; nicht nur reden von Aktionsgemeinschaft, sondern normale genossenschaftliche Beziehungen zu den sozialdemokratischen Genossen und Gewerkschaftern in Westberlin herstellen und auch zu den Sozialdemokraten, die im demokratischen Berlin wohnen oder arbeiten.

Das hat der Genosse in der Diskussion sehr richtig dargestellt. Er hat die richtigen Schlußfolgerungen gezogen aus dem, was Genosse

Chruschtschow auf dem XX. Parteitag sagte, als er allen sozialdemokratischen Parteien vorschlug, daß man sich bei der Lösung der gemeinsamen Aufgaben der Kräfte des Friedens und der Demokratie näherkommen möge, weil das im Interesse nicht nur der Arbeiterklasse, sondern im Interesse aller friedliebenden Menschen ist.

Die zweite Schlußfolgerung für Berlin ist die Stärkung der volksdemokratischen Ordnung im demokratischen Teil Berlins, die Vergrößerung der Anstrengungen beim Aufbau des Sozialismus.

Die Berliner Genossen sind in einer besonderen Position. Sie müssen den Kampf um die Schaffung der Grundlagen des Sozialismus unter den schweren Bedingungen einer gespaltenen Stadt führen. Sie müssen den Kampf unter Verhältnissen führen, wo der Feind alle seine Kräfte 200 oder 300 Meter von hier konzentriert hat, das heißt, wo in dieser Stadt tatsächlich der Kampf zwischen zwei Systemen vor sich geht.

Ich stelle die Frage: Ist unsere ökonomische Politik in Berlin und die Einstellung der gesamten Parteiorganisation so weit entwickelt, daß sie die Bedeutung dieser Fragen richtig versteht und daraus die Schlußfolgerung zieht? Wird der ideologische Kampf bei uns in Berlin in dem Bewußtsein geführt, daß der Feind am Brandenburger Tor steht und von dort aus den ideologischen Kampf gegen die SED und gegen die demokratischen und Friedenskräfte führt? Ist die Parteiorganisation schon so erzogen, daß sie diese Aufgabe erfüllt? Genossen, das ist eine wichtige Frage, die Gegenstand der Aussprache auf dieser Delegiertenkonferenz sein sollte. Wie beurteilt ihr den Stand des Kampfes, und was haben wir bisher erreicht und was nicht?

Ihr werdet selbst bemerkt haben, daß schon seit längerer Zeit unsere Partei die Fragen des sozialistischen Aufbaus und der Perspektiven des Sozialismus ausführlicher begründet und damit der Arbeiterklasse und allen Werktätigen in der DDR einschließlich Berlins die große Perspektive gibt. Ist unsere Arbeit in allen Betrieben und Institutionen in Berlin so weit entwickelt, daß wir die Lösung der aktuellen, der wirtschaftlichen, kulturellen und schulischen Fragen mit der großen Perspektive verbinden?

Es genügt nicht, zu sagen: Wir müssen die Arbeitsproduktivität erhöhen. Es ist gleichzeitig notwendig, den Arbeitern und der Intelligenz die prinzipiellen Fragen des sozialistischen Aufbaus konkret zu erklären. Das geschieht aber heute noch ungenügend.

Damit hängt zusammen die Frage des Kampfes um die fortgeschrittenste Technik. Zweifellos geben sich die technische Intelligenz und die Arbeiter große Mühe. Aber die Frage ist so: Was ist der Maßstab für unsere

Leistungen und für den Stand, den wir erreicht haben? Besteht der Maßstab darin, daß wir zufrieden sind, wenn Genossen sagen: Wir haben die und die Maschine weiterentwickelt? Ich zweifle nicht daran, daß die Genossen im Betrieb »7. Oktober« Entwicklungsarbeiten an Maschinen durchgeführt haben, aber uns interessiert das Verhältnis des Entwicklungsstandes dieser Maschinen zum gegenwärtigen Weltstand. Einen anderen Maßstab gibt es nicht und kann es nicht geben. Wir müssen darum kämpfen, daß wir selbst unseren Beitrag leisten, damit in der geschichtlich kürzesten Frist die Sowjetunion und die Staaten des sozialistischen Lagers den Stand der Entwicklung in den kapitalistischen Ländern übertreffen.

Die Partei hat die Aufgabe, sich mit diesen Fragen gründlich zu beschäftigen und den Kampf gegen die Selbstzufriedenheit zu führen. Beschäftigen wir uns also mit Hilfe hochqualifizierter Fachleute sehr gründlich mit diesen Fragen. Die Erfüllung dieses ökonomischen Programms ist die grundlegende politische Aufgabe, die die Partei zu erfüllen hat. Das erfordert zugleich, daß wir den Kampf gegen den Bürokratismus führen, der uns hindert, den technischen Fortschritt durchzusetzen.

Die Frage der Erhöhung der Arbeitsproduktivität und des Kampfes um die fortgeschrittene Technik ist selbstverständlich eine bedeutende Frage der Entwicklung des Bewußtseins der Arbeiter. Man hat mir erzählt, daß im VEB Kalichemie Arbeiter geäußert haben, daß es hier in Berlin »Ausbeutung« gäbe und daß man »die Arbeitskraft so teuer wie möglich verkaufen muß«. Die Frage steht, was tun die Parteiorganisationen, um diese Arbeiter zu überzeugen und sie von ihrer falschen Auffassung abzubringen?

Es ist sehr ernst, daß auf den Stadtteilkonferenzen und auch auf der Delegiertenkonferenz die Fragen der Senkung der Selbstkosten, der Arbeitsproduktivität und der Arbeitsmoral nicht die Rolle gespielt haben, die sie einnehmen müßten. Wenn bei uns solche Schwächen in der Arbeit vorhanden sind, muß man das korrigieren. Ich sage das deshalb, weil die Entwicklung der sozialistischen Wirtschaft und der demokratischen Staatsmacht in Berlin die Voraussetzung ist, um unseren Einfluß nach Westberlin zu tragen. Wenn wir eine Milderung der Spannungen erreichen wollen, müssen wir unsere Arbeit im demokratischen Sektor so entwickeln, daß wir die Kraft haben, den Einfluß der Friedenskräfte tagtäglich in Westberlin zu verstärken.

Nun möchte ich auf einige andere Fragen übergehen. Mich hat die Diskussion auf der Delegiertenkonferenz sehr interessiert vom Standpunkt der Beurteilung des ideologischen Kampfes, der in Berlin stattfindet. Man muß doch immer davon ausgehen, daß einige hundert Meter von hier die Sektorengrenze ist und daß von dort aus der Kampf der reaktionären NATO-Agenturen geführt wird. Wir wissen doch, daß Einwohner des demokratischen Sektors Vorträge und Veranstaltungen in Westberlin, Kinos, Institutionen usw. besuchen. Jetzt stelle ich die Frage: Tun wir alles, um ein solch interessantes gesellschaftliches Leben bei uns zu entwikkeln, daß die Leute hier bleiben und darauf verzichten, die Westberliner Sumpfstätten zu besuchen?

Was die Frage der öffentlichen Lektionen betrifft, so ist die Arbeit im demokratischen Sektor Berlins unbefriedigend. Die meisten Wissenschaftler usw. sind in Berlin. Es fehlt nicht an Lektoren, es fehlt auch nicht an Räumen. Sollte man sich nicht darüber Gedanken machen, wie man sich bei uns mit Problemen auseinandersetzt, die von Teilen der Bevölkerung gestellt werden? Dabei gibt es Leute, die auch unangenehme Fragen stellen. Nun gut, diskutieren wir mit denen auch über unangenehme Fragen. Unsere Weltanschauung ist der gegnerischen überlegen. Also muß es uns gelingen, kraft unserer Weltanschauung die Menschen zu überzeugen und die feindliche Ideologie zu überwinden. Aber manche Genossen weichen vielfach aus, und das muß man ändern.

Ich sage das, um die Genossen in den Kreisleitungen vor allen Dingen zu bitten, sich gründlicher mit diesen Fragen zu beschäftigen und dafür zu sorgen, daß das Leben im demokratischen Sektor wirklich entwickelt, auf ein Niveau gehoben wird, wie es den Bedingungen des Aufbaues des Sozialismus entspricht. Das ist eine neue, eine größere Aufgabe, als sie bisher gestellt war.

Nun zum XX. Parteitag der KPdSU. Es wurde am Anfang über die großen positiven Ergebnisse ganz richtig diskutiert. Dabei ist man einigen Fragen, die auf dem XX. Parteitag gestellt waren, ein wenig aus dem Weg gegangen, und als dann der Bericht von mir veröffentlicht wurde, haben Genossen in einigen Grundorganisationen gesagt: Ja, bisher ist in bezug auf den XX. Parteitag alles ganz ruhig gegangen. Aber durch den Artikel von Walter Ulbricht ist Unruhe entstanden.

Mir scheint, daß die Lage etwas anders ist. Ein Teil der Genossen hat das, was auf dem XX. Parteitag gesagt wurde, nicht gründlich gelesen und bestimmte Fragen weggelassen, die dort ganz klar beantwortet waren. Jeder hat verstanden, was mit dem Kampf gegen den Personenkult gemeint war. Dann haben sie gesagt, ausgerechnet muß der Ulbricht jetzt dasselbe offen sagen. Ich habe nicht mehr gesagt, als was dem Inhalt des XX. Parteitages entsprach.

Was zeigt das? Das zeigt doch, daß bei uns in der Partei noch nicht alle Genossen die Gewohnheit haben, wenn wichtige Beschlüsse veröffentlicht werden, diese Reden und Dokumente gründlich zu studieren.

Wir verstehen, daß es eine große Zahl junger Genossen bei uns gibt, die nach 1945 in die Arbeiterbewegung gekommen sind, die nicht wie wir mehr als 45 Jahre Parteikampf und innerparteilichen Kampf mitgemacht haben, sondern die im Parteilehrjahr bestimmte Dogmen auswendig gelernt haben und nun erleben, daß einige Dogmen nicht mehr zum Leben passen. Aber jetzt sagen manche nicht etwa, der Dogmatismus ist nicht richtig, sondern da stimmt etwas im Leben nicht. (Heiterkeit.) Das scheint mir verkehrt zu sein.

Wir machen diesen Genossen keinen Vorwurf. Aber notwendig ist, daß die leitenden Organe sorgfältig auf die Probleme, die unter den Mitgliedern oder in der Bevölkerung auftreten, reagieren, daß man mit den Genossen diskutiert, um sie zu überzeugen, und daß man diesen Fragen nicht ausweicht.

Ich möchte jetzt auf eine Reihe solcher Fragen antworten.

Es wurde die Frage gestellt: Warum sind diese Probleme der Verletzung der sowjetischen Gesetzlichkeit, des Führerkults usw. auf dem XX. Parteitag so scharf gestellt worden? – Wir sind der Meinung, daß unsere Partei es nur begrüßen kann und daß sie dem Zentralkomitee der Kommunistischen Partei der Sowjetunion dankbar sein muß dafür, daß sie diese Fragen bis zu Ende klar formuliert und ausgesprochen hat, weil das zur Stärkung der KPdSU und zur Stärkung aller Parteien des sozialistischen Lagers führen wird. (Beifall.)

Wer kann bestreiten, daß der Personenkult die Initiative der Massen behindert? – Wenn das der Fall ist, dann muß man offen darüber sprechen, damit dieses Hindernis überwunden wird.

Wer kann bestreiten, daß sich der Personenkult schädlich auf die Entwicklung in der Sowjetunion und in den Staaten des sozialistischen Lagers ausgewirkt hat? Die falsche Entscheidung in der jugoslawischen Frage und in einigen anderen Fragen der Außenpolitik und die Verletzung der sowjetischen Gesetzlichkeit als Folge des Personenkultes und persönlicher Willkür haben sich schädlich ausgewirkt.

Wenn jetzt eine solche große Aufgabe steht, in geschichtlich kürzester Frist die entwickeltsten kapitalistischen Länder zu überholen, dann kann man das nur mit der größten Entfaltung der Initiative der Arbeiterklasse und der ganzen Bevölkerung erreichen, und dann muß man Fehler und Verletzungen der Sowjetdemokratie beseitigen und auch Verletzungen der Demokratie in den anderen sozialistischen Staaten.

Wenn eine Reihe wirtschaftlicher Fehler gemacht wurden, wenn Fehler in der Landwirtschaftspolitik der Sowjetunion begangen wurden, die dazu geführt haben, daß der Getreideertrag zurückging, dann war es richtig, durch Kritik ohne Ansehen der Person diese Fehler zu überwinden.

Wenn die Normen des Parteilebens in einer bestimmten Zeit verletzt worden sind, was die richtige Erfüllung der Aufgaben der Partei als führende Kraft behindert hat, dann war es notwendig, daß der XX. Parteitag diese Fehler und Verletzungen der Normen des Parteilebens korrigierte.

Es werden nun manche Genossen sagen: Ja, aber das ist unangenehm! Ist das ein Argument für einen Sozialisten? Es gibt manche unangenehmen Sachen im Leben. Aber die Geschichte wird von den Volksmassen gemacht, und deshalb muß man der Partei und den Massen die Wahrheit sagen! (Beifall.)

Einige unserer Genossen haben nun gesagt: Was ist Ulbricht eingefallen, das so offen zu sagen! Hätte er das nicht so gesagt, so wäre das doch für uns viel bequemer gewesen. (Heiterkeit.) Ich werde darauf antworten.

Ich fasse diese Fragen zusammen: Im Interesse der Erfüllung der großen neuen Aufgaben, die auf dem XX. Parteitag der KPdSU gestellt wurden, war es unvermeidlich und notwendig, bestimmte Fehler, die begangen wurden, offen zu kritisieren und damit die Partei und die Massen zu erziehen, damit solche Fehler nicht wieder vorkommen. Ich sage das nicht nur in bezug auf die Partei und die Massen in der Sowjetunion, sondern das gilt auch für unsere Partei, die SED.

In dem veröffentlichten Artikel über den XX. Parteitag der KPdSU wird gesagt, daß, nachdem Lenin nicht mehr unter uns war, Genosse Stalin bedeutende Verdienste hatte im Aufbau des Sozialismus, im Kampf gegen die feindlichen trotzkistischen Gruppierungen, deren Politik zu einer Schwächung und ernsten Schädigung der Sowjetunion geführt hätte. Wir haben auch nicht bestritten, daß Stalin ein Marxist, sogar ein gebildeter Marxist war. Aber wenn wir exakt die Entwicklung analysieren, müssen wir sagen, daß sich nach dem XVII. Parteitag in der Arbeit von J. W. Stalin immer stärker die Tendenzen der persönlichen Willkür zeigten. Die Tagungen des Zentralkomitees wurden seltener. Die Fristen zwischen den Parteitagen wurden größer, bis zu zwölf Jahren. Auch die Sitzungen des Politbüros wurden immer seltener. Die Folge dieses Personenkults waren eine Anzahl Fehler.

Ich habe darauf hingewiesen, daß Stalin die Theorie vertreten hat, daß sich mit der Entwicklung des Sozialismus der Klassenkampf verschärft usw. Aber nachdem die feindlichen Klassen in der Sowjetunion liquidiert waren, gegen wen mußte sich die Verschärfung dieses Kampfes von seiten der staatlichen Sicherheitsorgane richten? Die feindlichen Klassen waren liquidiert. Die vorhandenen gegnerischen Kräfte waren keine ernste Gefahr. Der Stoß richtete sich faktisch gegen einen Teil der Kommunisten. Deshalb ist in meinem Artikel gesagt worden – ich wiederhole das jetzt –: »Zweifellos gab es Verletzungen der Gesetze, besonders in den Jahren 1936 bis 1938 und nach dem Kriege. Durch die Erscheinungen des Personenkults war die Sowjetdemokratie teilweise entstellt worden.« Man hat die Frage gestellt: Aber gab es denn niemand, der dagegen opponiert hat? – Jawohl, Postyschew, Wosnessenski[2] und andere haben dagegen opponiert und wurden daraufhin verhaftet. Es ist nachweisbar, daß ihr Standpunkt richtig war. Das heißt, dieser Personenkult steht damit im Zusammenhang, daß willkürliche Maßnahmen mit Hilfe der Sicherheitsorgane des Staates getroffen wurden, daß an die Sicherheitsorgane des Staates Anweisungen gegeben wurden, die gegen die Sowjetgesetze verstießen.

Nun haben Genossen gesagt: Aber Stalin ist den Massen bekannt als »der Mann, der den Hitlerfaschismus geschlagen hat«. – Ich darf die Genossen daran erinnern, daß in den Dokumenten unserer Partei gesagt wird, daß der Hitlerfaschismus durch den Heroismus der Sowjetarmee und des Sowjetvolkes geschlagen worden ist. Wir sind auch heute noch dieser Meinung.

In der Stalin-Biographie wird gesagt, daß Stalin der geniale Feldherr war, ohne den keine wichtige Entscheidung gefällt wurde, daß er allein das Land zum Sieg über den Faschismus geführt hat. – Aber geschichtlich stimmt das nicht. Das hat Genosse Stalin selbst in seine Biographie hineingeschrieben. Ich zitiere das, weil Genossen gesagt haben, sie hätten das nachgelesen und in der Biographie darüber nichts gefunden. Deshalb erlaube ich mir, das aus der Biographie hier zu zitieren. Dort heißt es: »In den letzten Jahren seit dem Zeitpunkt, da wir ohne Lenin arbeiten, kennen wir keine einzige Wendung in unserer Arbeit, kein einziges größeres Beginnen, keine Losung, keine Neuorientierung in unserer Politik, deren Urheber nicht Genosse Stalin, sondern irgendein anderer gewesen wäre.«

Mit »irgendein anderer« sind die anderen Mitglieder des Politbüros und des Zentralkomitees gemeint.

»Die gesamte grundlegende Arbeit – das muß die Partei wissen – verläuft nach den Hinweisen, auf die Initiative und unter Führung des Genossen Stalin. Die größten Fragen der internationalen Politik werden nach seinen Weisungen entschieden, und nicht bloß diese großen Fragen, sondern auch scheinbar drittrangige oder sogar zehntrangige Fragen interessieren ihn, wenn sie die Arbeiter, die Bauern und alle übrigen Werktätigen unseres Landes betreffen.«[3]

Das steht in der Biographie. Jetzt sollen die Genossen selber beurteilen, ob die Bemerkung, die wir gemacht haben, richtig ist oder die Bemerkungen der Genossen, die gesagt haben, daß in der Stalin-Biographie alles in Ordnung ist. Weiter! In der Stalin-Biographie wird gesagt: »1938 erschien das Buch ›Geschichte der Kommunistischen Partei der Sowjetunion (Bolschewiki), Kurzer Lehrgang‹, das von Stalin verfaßt und von einer Kommission des Zentralkomitees der KPdSU(B) bestätigt wurde.«[4]

Aber das stimmt nicht. Im Text der Kommission, die dieses Buch ausgearbeitet hat, heißt es:

»Der ›Kurze Lehrgang, die Geschichte der KPdSU‹, wurde ausgearbeitet von der Kommission und vom Genossen Stalin bestätigt.«

Das ist genau das Gegenteil. Richtet sich etwa die Kritik gegen die Geschichte der KPdSU? Nein. Die Geschichte der KPdSU ist eine Kollektivarbeit. Die Entstellungen sind nur hineingekommen, soweit sie einen gewissen Personenkult enthalten. Das betrifft vor allem die letzten Kapitel.

Weiter haben einige Genossen, wie ich schon anführte, gesagt, daß Stalin der Mann ist, der den Hitlerfaschismus geschlagen hat. In der Biographie ist die Rede von dem genialen Feldherrn, der alle strategischen und taktischen Fragen richtig entschieden hat. Gegen diese Formulierungen sind ernste Einwendungen erhoben worden. Warum? Es ist bekanntgeworden, daß Stalin das Land nicht in der notwendigen Weise auf den Krieg vorbereitet hatte, obwohl die Aggression Hitlerdeutschlands vorauszusehen war. Nachdem im engen Kreis von Hitler der Überfall auf die Sowjetunion beschlossen war, nachdem die Militärs bereits den Plan des Überfalls ausgearbeitet hatten, was selbstverständlich nicht ganz geheim bleiben konnte, wurde Genosse Stalin von drei Stellen darauf aufmerksam gemacht. Selbst als in der Nacht vor Beginn des Überfalls ein deutscher Soldat – es war ein einfacher Arbeiter – über die Linie ging und den sowjetischen Offizieren meldete, daß morgen früh um 4 Uhr der Überfall beginnt, wurde diese Meldung nicht als wahrheitsgemäß zur Kenntnis genommen. Aber nicht nur das: Auch während des Krieges gab es eine Anzahl Fälle, wo Genosse Stalin nicht auf die Meinung der leitenden militärischen Fachleute hörte, die sich als richtig erwiesen hat.

Was die Frage der Landwirtschaft betrifft, so ist es offenkundig, daß auf diesem Gebiete unter Verantwortung des Genossen Stalin bedeutende Fehler gemacht wurden, daß man sich hier nicht auf die Erhöhung der Hektarerträge und die Ausnutzung des Brachlandes, also des guten Bodens konzentrierte, sondern Experimente in Gebieten machte, wo wenig Aussicht bestand, entsprechende Erträge zu erreichen.

Was die Frage bestimmter theoretischer Fehler betrifft, so ist den Genossen bekannt, daß auf dem 25. Plenum des Zentralkomitees über diese Fragen gesprochen wurde und entsprechend der Leninschen Theorie gegen die Auffassung, daß in den kapitalistischen Ländern ein technischer Fortschritt nicht möglich sei, polemisiert wurde. Das betrifft im übrigen auch einige andere theoretische Fragen. Ich kann selbstverständlich jetzt nicht auf diese Einzelheiten eingehen; es genügt, wenn ich mich auf die Grundfragen konzentriere.

Weiter haben die Genossen gefragt: Wie kann man sagen, daß Genosse Stalin nicht zu den Klassikern gehört? Wer sind denn die Klassiker des Marxismus? – Die Klassiker sind Marx, Engels und Lenin! Klassiker sind die, die den wissenschaftlichen Sozialismus durch große wissenschaftliche Schöpfungen und durch große Leistungen in der Durchführung dieser Lehre wirklich in großem Maße bereichert haben. Wir haben nicht gesagt, daß Genosse Thälmann, der große Leistungen vollbracht hat, zu den Klassikern gehört. Und wir haben auch nicht gesagt, daß Rosa Luxemburg zu den Klassikern gehört, obwohl auch sie ungeheure Leistungen für die Partei vollbracht hat. Das bedeutet nicht, daß wir damit die Rolle dieser führenden Persönlichkeiten, die eine bedeutende Rolle in der Führung der Arbeiterklasse gespielt haben, herabsetzen.

Wenn Genosse Stalin die Leninschen Normen so verletzt und außerdem bestimmte Fehler, bedeutende Fehler in der Durchführung der Politik der Partei gemacht hat, dann kann man nicht sagen, daß er zu den Klassikern gehört. Das bedeutet nicht, daß etwa alles das, was Genosse Stalin geschrieben hat, als falsch erklärt würde oder daß man die Bände von Stalin nicht mehr benutzen darf. Kein Mensch spricht davon. Stalin ist jetzt auf den Platz gestellt worden, der seiner Rolle und seiner Tätigkeit entspricht und nicht mehr auf den Platz, der dank des Personenkults früher konstruiert worden war. Das ist die reale Frage. Das heißt, in bezug auf den Genossen Stalin ist eine reale Richtigstellung erfolgt, und es ist eine Lektion in bezug auf den Personenkult gegeben worden, nämlich, daß der Personenkult nicht nur für die Partei schädlich ist, sondern auch für den Staat, in dem die Arbeiterklasse die führende Kraft ist.

Nun haben Genossen eine ganze Reihe anderer Fragen gestellt. Sie haben gefragt, ob wir in Deutschland auch von einer Koexistenz sprechen können. Wir sprechen von der friedlichen Koexistenz zwischen den beiden Systemen und den Staaten dieser Systeme. Was Deutschland betrifft, so kann man nicht einfach von Koexistenz sprechen. Obwohl in diesem Lande der Kampf zwischen zwei Systemen geht, führen wir immer den

Kampf um die Annäherung beider deutscher Staaten und um die Wiedervereinigung zu einem friedliebenden, demokratischen Staat.

Es ist weiter die Frage gestellt worden über den friedlichen Weg zum Sozialismus und die Ausnutzung der Parlamente. In all den Reden und Artikeln, die veröffentlicht wurden, ist diese Frage ganz präzise beantwortet worden. Im Rechenschaftsbericht des Genossen Chruschtschow wurde gesagt, daß sich aus der Veränderung der Weltlage, aus der Tatsache, daß es ein Weltsystem des Sozialismus gibt, daß sich eine große Zone des Friedens entwickelt hat, Konsequenzen in bezug auf unsere Taktik ergeben. Er zieht aus diesen Veränderungen der Lage und des Kräfteverhältnisses die Schlußfolgerung, daß es möglich ist, in einer Reihe Staaten unter Ausnutzung der Parlamente auf friedlichem Wege zum Sozialismus zu gelangen. Diese Erklärung kann man nicht auf die politischen Ereignisse und die Taktik in einer früheren Periode zurückübertragen. Es ist bekannt, daß die kommunistischen und Arbeiterparteien seit den Beschlüssen über die Volksfrontpolitik in Spanien, in Frankreich sich bemüht haben, mit Hilfe solcher Koalitionen aus Vertretern von Arbeiterparteien und kleinbürgerlichen Parteien unter Ausnutzung des Parlaments eine antifaschistisch-demokratische Ordnung und damit die Voraussetzungen für einen späteren Übergang zum Sozialismus zu schaffen. Bekanntlich wurde das in Spanien versucht, wo eine parlamentarische Mehrheit von Sozialisten und Republikanern zustande kam. Aber durch den faschistischen Aufstand wurde mit bewaffneten Kräften, unterstützt vom deutschen Faschismus, diese antifaschistisch-demokratische Front militärisch niedergeworfen.

In Frankreich wurde als Antwort auf faschistische Provokationen die Volksfront gebildet. Durch Finanz- und andere Maßnahmen des Monopolkapitals und der reaktionären Kräfte wurde diese Volksfront zerschlagen.

In Ostdeutschland wurde nach der Niederlage des Hitlerfaschismus entsprechend den Beschlüssen, wie sie im Programmdokument der KPD im Juni 1945 und im Beschluß des Vereinigungs-Parteitages von KPD und SPD enthalten sind, der friedliche demokratische Weg beschritten, aber unter den Bedingungen des Schutzes dieses friedlichen Weges durch die sowjetischen Truppen. Feindliche Interventen hatten also keine Möglichkeit einzugreifen. Unter diesen Bedingungen haben wir mit Hilfe von Parlamentsmehrheiten – Ende 1946 hatte die SED bekanntlich 51 Prozent der Stimmen – Schritt für Schritt die Grundlagen des deutschen Imperialismus vernichtet. Gestützt auf den Kampf der Arbeiterklasse und das Bündnis mit den werktätigen Bauern, gestützt auf die friedliebenden

Kräfte im Volke, wurde die antifaschistisch-demokratische Ordnung aufgebaut.

Über diese Fragen gab es weder in der KPD noch in der SED Meinungsverschiedenheiten. Die Genossen können nachlesen, was auf der 1. Parteikonferenz z. B. Genosse Grotewohl zu dieser Frage sagte. Die Frage des »besonderen deutschen Weges« bezog sich nicht auf die Ausnutzung von Parlamenten usw., sondern es ging um etwas ganz anderes: In einer Situation, in der der Kampf noch nicht entschieden war, in einer Situation, wo die neue einheitliche Partei der Arbeiterklasse – ich möchte sagen – in den Kinderschuhen steckte und erst das Bekenntnis zum Marxismus abgelegt hatte – von Leninismus war damals noch keine Rede –, in einer solchen Situation hätte die Formulierung des »besonderen deutschen Weges« die Ablehnung der Verbindung von Marxismus und Leninismus bedeutet. Das war die Frage, um die es ging. Es ging also nicht darum, ob wir auf friedlichem Weg und unter Ausnutzung der Parlamente zum Sozialismus kommen.

Nun steht folgendes Problem vor uns: Welche Konsequenzen ergeben sich aus dem, was ich hier sagte, für die Parteiarbeit der SED? Es ist notwendig, daß wir unsere eigene Parteiarbeit überprüfen. Wir haben zwar schon Parteibeschlüsse gegen den Führerkult. Prüfen wir, wieweit es bei uns noch einen Führerkult gibt, und wenn solcher noch vorhanden sein sollte, wie man die Sache in Ordnung bringen kann. Prüfen wir, wie unsere Politik weiter zu entwickeln ist unter Auswertung der Beschlüsse des XX. Parteitages der KPdSU. Da stehen eine ganze Anzahl interessanter Fragen, insbesondere das Verhalten gegenüber den sozialdemokratischen Genossen und das Verhalten zur Sozialdemokratischen Partei in Westdeutschland.

Es gibt auch noch Fragen der Propaganda. Auf dieser Delegiertenkonferenz ist man den Propagandafragen etwas ausgewichen. Genossen, ist es nicht notwendig, sich auch darüber Gedanken zu machen? Wenn jüngere Genossen hier in Berlin in Parteiversammlungen aufgetreten sind und haben erklärt: »Ich bin von Stalin erzogen, und ich glaube ihm«, so müssen wir ihnen helfen, die Probleme richtig zu erkennen. Für diesen Führerkult tragen wir mit dem ZK der KPdSU in diesem Falle die gemeinsame Verantwortung.

Aber es geht nicht nur darum. Entspricht unsere Schulung den Methoden Lenins? Schon vor längerer Zeit haben wir unsere Genossen gebeten, sie sollen schnell die Werke Lenins herausbringen. Warum? Weil für die Erziehung der Parteigenossen die Leninsche Lehre, dieser Leninsche Arbeitsstil und die Leninschen Methoden der Überzeugung eine große erzieherische Bedeutung haben. Entspricht unsere Propaganda den Hinweisen, die uns Lenin gegeben hat? Das kann man nicht sagen. Die jungen Genossen sind zum großen Teil so geschult, daß sie bestimmte Dogmen gut auswendig gelernt haben. Sie wissen über die Biographie des Genossen Stalin mehr und Genaueres als das ganze Politbüro. Sie kennen die Zahlen und alles auswendig! (Heiterkeit!) Aber wenn man sie jetzt fragt: Wie verhalten wir uns in den Fragen der sozialistischen Ökonomik, da liegen sie glatt auf dem Kreuz. (Erneute Heiterkeit!) Da geht es nicht weiter, da hört es auf.

Neulich hat ein Genosse die Frage gestellt: Was ist eine Idee? Er hat gesagt: Eine Idee ist eine Verbindung von zwei Zitaten. (Große Heiterkeit!) Das ist zwar als Witz erzählt worden, aber doch ist darin eine tiefe Wahrheit enthalten.

Warum sage ich das? Weil wir selbstverständlich unsere eigene Arbeit auch kritisch überprüfen müssen. Wir haben über die Änderung der Propagandaarbeit viel gesagt. Ihr werdet sagen, aus verschiedenen Beschlüssen des ZK kann man das sogar zitieren. Es ist uns aber nicht gelungen, die Lage zu ändern.

Der Stoß, den wir vom XX. Parteitag bekommen haben, ist für uns sehr gesund. Auch wenn eine Reihe Genossen sagen, es sei schmerzlich, so wird sich das doch bei uns ausgezeichnet auswirken. Warum ist es wichtig, in den Parteiorganisationen offen darüber zu sprechen und über die Frage der Schädlichkeit des Führerkults und die Rolle der Volksmassen auch vor den Parteilosen zu sprechen? Weil wir ohne dieses Bewußtsein der Verantwortung jedes Werktätigen die großen Aufgaben gar nicht lösen können. Genosse Chruschtschow hat aus einem Gedicht von Majakowski zitiert und gesagt: Es genügt nicht, daß die Führer denken, wie es ihre Pflicht ist. Alle Kommunisten müssen sich ihrer Verantwortung bewußt sein.

Es stehen also vor uns neue Probleme. Unsere Bitte ist, daß die Genossen über die Fragen gründlich nachdenken mögen, wie man die Propagandaarbeit ändern muß, wie man die Partei wirklich so erzieht, daß sie eng mit den Massen verbunden ist, daß die Parteisekretäre täglich mit den Massen verbunden sind; wie man die Parteiarbeit in der Weise ändert, daß man Verletzungen der innerparteilichen Demokratie beseitigt und die Bestimmungen des Statuts streng eingehalten werden.

Die Genossen werden auch die Frage stellen: In der Sowjetunion hat die Staatssicherheit mehrfach die Gesetze verletzt – welche Garantien wurden in der DDR geschaffen, damit so etwas nicht passieren kann? Wir haben vor längerer Zeit, als solche Ansätze bei uns vorhanden waren, als

Kollektiv des Politbüros das gemeinsam korrigiert und im Zentralkomitee darüber berichtet. Wir haben in der letzten Zeit wiederum Stellung genommen mit der Weisung, daß die Vollmachten der Parteiorganisationen streng einzuhalten sind und daß die Bestimmungen der Partei über die innerparteiliche Demokratie, über die Kritik und Selbstkritik auch in der Parteiorganisation in der Staatssicherheit eingehalten werden müssen. Die Bezirksleitungen wurden verpflichtet, entsprechend zu helfen und zu kontrollieren. Die Staatssicherheit hat besondere und sehr verantwortungsvolle Aufgaben. Deshalb müssen die leitenden Parteiorgane sich mit dieser Frage beschäftigen und auch mithelfen bei der Erziehung der Parteifunktionäre, die Mitarbeiter der staatlichen Sicherheitsorgane sind.

Alle diese Fragen wurden und werden bei uns kollektiv entschieden.

Ich komme zu den Schlußfolgerungen: Es wäre gut, wenn man sich in der Berliner Parteiorganisation nach dieser Delegiertenkonferenz neben den ökonomischen Fragen systematisch mit den Fragen des ideologisch-politischen Kampfes beschäftigen würde, weil ihr eben eine höhere Verantwortung habt und weil der Druck des Gegners hier stärker ist.

Was muß die Partei tun? Sie muß den Kampf um die Milderung der Spannungen führen und helfen, die Friedensbewegung in Westberlin zu entfalten. Die Parteigenossen in Westberlin mögen alles tun, um mit den Sozialdemokraten zu sprechen und mit ihnen ein kameradschaftliches Verhältnis herzustellen. In Westberlin haben Sozialdemokraten in SPD-Parteiorganisationen Bericht über den XX. Parteitag verlangt. Sie diskutieren über alle Fragen. Sprechen wir kameradschaftlich mit ihnen.

Möge die Berliner Parteiorganisation jetzt zeigen, wie sie die Konsequenzen aus dem zieht, was auf dem XX. Parteitag gesagt wurde, daß das sozialistische System zum Weltsystem geworden ist, daß es möglich ist, durch die Kräfte der Sowjetunion und der sozialistischen Staaten, durch die Kräfte des Friedenslagers einen Krieg zu verhindern. Beweisen wir das, indem wir den Kampf gegen den kalten Krieg führen, der in Westberlin sein Rüstungszentrum hat. Es wird sich zeigen, daß die Taktik des Gegners, von den großen Problemen, die der XX. Parteitag stellte – der Sicherung des Friedens, der Schaffung eines lang andauernden Friedens –, durch alle möglichen anderen Fragen abzulenken, mißlingen wird.

Es gilt, die Arbeiterklasse, die Sozialdemokraten, die Gewerkschafter in Westberlin, die Bürger in Westberlin zu überzeugen, daß die Friedenspolitik, die Schaffung der kollektiven Sicherheit und die Annäherung der beiden deutschen Staaten der einzige Weg ist, der ihren Interessen entspricht.

Auf dem XX. Parteitag sind die Fragen klar beantwortet worden. Unsere Aufgabe ist es, offen, klar und ehrlich vor der Partei und den Massen diese Fragen zu erklären und die Lehren für uns zu ziehen. Dann wird das Ergebnis des XX. Parteitages nicht nur zu einer mächtigen Stärkung der Sowjetunion, sondern aller Staaten des sozialistischen Lagers einschließlich der Deutschen Demokratischen Republik führen. (Starker, lang anhaltender Beifall.)

Neues Deutschland (B), 18. März 1956, S. 3.

6

122. Sitzung der Zentralen Parteikontrollkommission vom 21. September 1955

(Auszug)

Protokoll der 122. Sitzung der ZPKK am 21. September 1955

Anwesend:
Genosse Matern
(anwesend nur bei den ersten beiden Tagesordnungspunkten, – wurde abberufen.)
Genosse Geffke
" Sens
" Tenner
" Altenkirch
" Holz
" Sepke
" Hempel
" Wittholz
Genosse Eyermann
Kandidat der ZPKK
Genosse Franz Fischer
Kandidat der ZPKK
Genosse Adamitz
" Hanna Melzer f. August
" Ilse Pfeiffer
" Alfred Weiss
" Kurt Hausmann
" Irene Baldauf
" Franz Obermanns
" Ilse Augustiniok
" Paffrath

Tagesordnung:
1.) Überprüfung der Angelegenheit von Genossen, die früher in der SU waren.
2.) Starkes Ansteigen von Parteiverfahren in den Kreisen und Bezirken.
3.) Beschlußfassung über durchgeführte Untersuchungen bei Einsprüchen.

Genosse Matern eröffnete die Sitzung und gab die Tagesordnung bekannt. Einwendungen und Zusätze ergaben sich nicht.

Zu Punkt 1)
Genosse Tenner schlug vor, zur Bearbeitung der Angelegenheiten von Genossen, die früher lange Zeit in der SU waren, eine Kommission zusammenzustellen, damit in jedem Fall konkret entschieden werden kann. Die Kommission setzt sich aus den Genossen Tenner (Leiter der Kommission), Geffke, Altenkirch zusammen.
Einverständnis.

Institut für Geschichte der Arbeiterbewegung,
Zentrales Parteiarchiv, Berlin, IV 2/4/455.

1. Exemplar. 115 Blatt

Vertrauliche Verschlußsache
ZK St 114/55

P r o t o k o l l

der 122. Sitzung der ZPKK am 21. September 1955

Anwesend: Genosse Matern (anwesend nur bei den ersten beiden Tagesordnungspunkten, – wurde abberufen.)

" Geffke
" Sens
" Tenner
" Altenkirch
" Holz
" Sepke
" Hempel
" Wittholz

" Eyermann Kandidat der ZPKK
" Franz Fischer " "
" Adamitz

" Hanna Melzer f. August
" Ilse Pfeiffer
" Alfred Weiss
" Kurt Hausmann
" Irene Baldauf
" Franz Obermanns
" Ilse Augustiniok

" Paffrath

Tagesordnung:

1.) Überprüfung der Angelegenheit von Genossen, die früher in der SU waren:

2.) Starkes Ansteigen von Parteiverfahren in den Kreisen und Bezirken.

3.) Beschlussfassung über durchgeführte Untersuchungen bei Einsprüchen.

Genosse Matern eröffnete die Sitzung und gab die Tagesordnung bekannt. Einwendungen und Zusätze ergaben sich nicht.

Zu Punkt 1)

Genosse Tenner schlug vor, zur Bearbeitung der Angelegenheiten von Genossen, die früher lange Zeit in der SU waren, eine Kommission zusammenzustellen, damit in jedem Fall konkret entschieden werden kann.

Die Kommission setzt sich aus den Genossen

Tenner, (leiter der Kommission)
Geffke
Altenkirch

zusammen.

Einverständnis.

Zu Punkt 2)

7

Protokoll über die erste Sitzung der Kommission des Zentralkomitees zur Überprüfung von Angelegenheiten von Parteimitgliedern vom 19. April 1956

(Auszug)

Berlin, 19. 4. 1956
Gl/Wg

Protokoll
über die erste Sitzung der Kommission des Zentralkomitees
zur Überprüfung von Angelegenheiten von Parteimitgliedern

Die Sitzung fand am 19. 4. 1956, 11.00 Uhr statt. Alle Mitglieder der Kommission:

Gen. Ulbricht,	Gen. Schirdewan,	Gen. Kiefert,
" Matern,	" Wollweber	" Haid,
" Ebert,	" Lehmann,	

außerdem die Genn. Geffke und der Gen. Mielke, waren anwesend. Die Sitzung wurde von Gen. Walter Ulbricht geleitet.

…

Zum fünften Tagesordnungspunkt:
Angelegenheiten von KPD-Mitgliedern, die in der Sowjetunion verhaftet waren, wurde beschlossen:

1. Die Kommission schlägt dem Politbüro vor, die ZPKK zu beauftragen, mit den aus der Sowjetunion zurückkehrenden Emigranten zu sprechen und zu entscheiden über ihre Rehabilitierung.
2. In Fällen, wo Angehörige von in der Sowjetunion verhafteten deutschen Genossen die Frage der Rehabilitierung stellen, soll die ZPKK entscheiden, ob eine solche möglich ist.

Institut für Geschichte der Arbeiterbewegung,
Zentrales Parteiarchiv, Berlin, J IV 2/202/8-9.

8

Die leninistische Geschlossenheit unserer Partei

Artikel des Politbüros des Zentralkomitees der SED vom 29. April 1956 (Auszug)

Das Politbüro des ZK der SED nahm zu einigen Problemen der Parteiarbeit Stellung, die sich aus den Beschlüssen des XX. Parteitages der KPdSU und aus der 3. Parteikonferenz der SED ergeben haben. Auf Grund dieser Aussprache wurde der vorliegende Artikel geschrieben.

...

Die SED, die Kollektivität der Führung und Fragen des Personenkults

Die Hervorhebung der großen Bedeutung der Kollektivität der Führung als eines der wichtigsten Prinzipien der Leninschen Lehre über die Partei auf dem XX. Parteitag der KPdSU ist von großer Bedeutung für alle kommunistischen und Arbeiterparteien.

Die Verurteilung des Personenkults durch den XX. Parteitag der KPdSU und die Aufdeckung seiner negativen Folgen im ideologisch-politischen Leben einer marxistisch-leninistischen Partei sowie auf ihre schöpferisch-theoretische Tätigkeit haben in unserer Partei einen tiefen Widerhall gefunden.

Nach den Veröffentlichungen über den XX. Parteitag gab es bei manchen Genossen Unsicherheit. Die Genossen fragten sich, gegen welche Maßnahmen und gegen welche Schriften sich die Kritik richte. Solange die Genossen nicht gründlich die Dokumente und Erläuterungen des XX. Parteitages lesen konnten, war eine solche Desorientierung verständlich. Es ist immer schmerzlich, wenn durch eine scharfe Kritik, wie sie auf dem XX. Parteitag geübt wurde, ernste Fehler aufgedeckt werden und manche gewohnte Vorstellung zerstört wird. Wenn wir aber ausgehen von der großen Aufgabe der Sowjetunion und der Staaten des sozialistischen Weltsystems in der gegenwärtigen Periode, dann ist es leicht zu verstehen, daß Fehler, die in der Vergangenheit gemacht wurden, mutig ausgesprochen werden müssen, weil solche Fehler die Eigenart haben, fortzuwirken und den Aufbau des Kommunismus in der Sowjetunion wie den Aufbau des Sozialismus in den volksdemokratischen Ländern und die Entwicklung zum Sozialismus in anderen Ländern sowie die Außenpolitik der Sowjetunion und der sozialistischen Staaten zu hindern.

Auf dem XX. Parteitag wurde dargelegt, welchen Schaden der Dogmatismus, die Buchstabengelehrsamkeit, gebracht hat. Es wurde gefordert, die Verbindung der Theorie und der Praxis herbeizuführen. Diese harte Kritik traf ebenso auf die Propagandaarbeit der SED wie auf die dogmatische Entstellung der Lehre des Marxismus-Leninismus an Hochschulen und Instituten in der Deutschen Demokratischen Republik zu. Daraus müssen wir ernste Lehren ziehen. Das kann aber nicht dadurch geschehen, daß das Zentralkomitee der Partei jetzt sofort einen neuen Beschluß faßt, sondern durch den Meinungsaustausch in der Partei und in den wissenschaftlichen Institutionen. Bevor man in dieser Frage Beschlüsse faßt, müssen Beratungen und Diskussionen mit den Parteimitgliedern, mit den Lehrern, Professoren, Dozenten und Studenten durchgeführt werden. Es ist an der Zeit, daß dieser Meinungsaustausch sich in unseren Zeitschriften widerspiegelt.

Was die Frage des Personenkults begrifft, so fördert er den Dogmatismus und hindert die Menschen am selbständigen Denken.

Die deutsche Arbeiterbewegung ist reich an Erfahrungen im kritischen Verhalten revolutionärer Führer zum Personenkult.

Marx und Engels haben mit der Gründung des »Bundes der Kommunisten« 1847 die Frage der kollektiven Leitung einer Partei gestellt und wandten sich entschieden gegen Tendenzen der persönlichen Diktatur und Einmannleitung.

Marx schrieb: »Der erste Eintritt von Engels und mir in die geheime Kommunistengesellschaft geschah nur unter der Bedingung, daß alles aus den Statuten entfernt würde, was dem Autoritätsaberglauben förderlich.«[1]

In der Zeit des Wirkens von Ferdinand Lassalle bestand die Gefahr der Verbreitung des Personenkults in der deutschen Arbeiterbewegung und besonders in dem von Lassalle[2] geschaffenen »Allgemeinen Deutschen Arbeiterverein«. Lassalle war bestrebt, diese Organisation entgegen dem Prinzip des demokratischen Zentralismus aufzubauen. Die Leiter dieser Partei – anfänglich Lassalle und nach ihm Schweitzer[3] – hatten sich für ihre Tätigkeit diktatorische Vollmachten eingeräumt. Fremd war ihnen das Prinzip der Kollektivität. Marx und Engels übten daran heftige Kritik. So schrieb Marx an Engels:

»Übrigens, wenn L[assalle] im Namen der Partei zu sprechen sich herausnimmt, muß er für die Zukunft entweder sich gefaßt machen, offen von uns desavouiert zu werden, indem die Verhältnisse zu wichtig sind für Rücksichtnahme, oder, statt den gemischten Inspirationen von Feuer und Logik zu folgen, muß er vorher sich verständigen über die Ansicht, die andre Leute außer ihm haben. Wir müssen jetzt durchaus auf Parteidisziplin halten, oder alles wird in den Dreck geritten.«[4]

Und weiter schreibt Marx über Lassalle:

»Er gebärdet sich – sehr wichtig mit den uns abgeborgten Phrasen um sich werfend – ganz als künftiger Arbeiterdiktator.«[5]

Auch die Geschichte der Kommunistischen Partei Deutschlands verfügt über Erfahrungen des Kampfes gegen den Personenkult. Mit Recht kann man sagen, daß in einer Partei, die unter den Bedingungen der Diktatur der Bourgeoisie kämpft, die Methoden der persönlichen Diktatur einzelner Führer schließlich zum Scheitern verurteilt sind. Besonders augenscheinlich trat das in den Auseinandersetzungen mit den trotzkistischen Elementen in der Kommunistischen Partei Deutschlands in Erscheinung. Es war keine Zufälligkeit, daß während der Herrschaft der »Ultralinken« in der Parteiführung die Arbeiter sich von der Partei wegwandten.

Ernst Thälmann sagte zu dieser Erscheinung, die zu einer zeitweisen Isolierung der Partei von den breiten Massen führte, daß die Arbeiter durch die persönliche Diktatur, durch die doppelte Buchführung in der Parteiführung durch die »Ultralinken« erbittert waren und irgendwo anders Zuflucht suchten.

Es ist ein Versäumnis unserer Partei, daß sie dem reichen Schatz an Erfahrungen der prinzipiellen Auseinandersetzung mit dem Personenkult in der deutschen Arbeiterbewegung zuwenig Aufmerksamkeit gewidmet hat, und es ist die Aufgabe der theoretischen Kader unserer Partei, dies jetzt nachzuholen.

Nach 1945 stand die Arbeiterklasse und ihre Partei in der heutigen Deutschen Demokratischen Republik vor neuen, bisher nicht gekannten Aufgaben. Es ging darum, die Bedingungen aufzudecken, die der Arbeiterklasse ermöglichen, den Weg zur politischen Macht zu beschreiten. Viel Neues galt es in dieser Beziehung zu erforschen und in die Tat umzusetzen. Hinzu kam, daß in unsere Partei viele Hunderttausende von Werktätigen strömten, die weder eine marxistisch-leninistische Bildung noch eine politische Erfahrung im Kampf und im Leben der Arbeiterbewegung besaßen.

Es ist klar, daß in diesem Zusammenhang das Wissen und die Fähigkeit bewährter Arbeiterführer eine überragende Bedeutung erhielten.

Dennoch muß unsere Partei erklären, daß trotz objektiv gegebener Möglichkeiten für das Entstehen des Personenkults in dieser Zeit in unserer Parteiführung es keine solchen Auswüchse gegeben hat. In unserer Partei wirkten die historischen Auseinandersetzungen der Klassiker mit dem Personenkult. Wir nahmen uns die Auseinandersetzung zur Lehre, die die Klassiker des Marxismus am Gothaer Programm und an der Rolle des Lassalleanismus geübt hatten.

Mit der Vereinigung der beiden Arbeiterparteien zur Sozialistischen Einheitspartei Deutschlands entstanden neue objektive Bedingungen, die die Kollektivität in der Führung förderten. Die Frage der Kollektivität der Leitung wurde ein aktiv wirkendes Element des Prozesses des immer fester werdenden Zusammenschlusses der beiden Arbeiterparteien. Ohne die Entwicklung der Kollektivität hätte aus der organisatorischen Vereinigung keine ideologische Verschmelzung der beiden Arbeiterparteien entstehen können. Manche Genossen lassen diese Tatsache unserer Entwicklung bei der Betrachtung des Personenkults von heute außer acht.

Zu den bemerkenswerten Besonderheiten unserer Parteientwicklung gehört auch folgendes: In den ersten Jahren nach der Vereinigung führten wir in der ganzen Partei von unten bis oben das bekannte Prinzip der Parität durch. Es gab in allen leitenden Organen der Partei zwei gleichberechtigte Vorsitzende.

Bis zur 1. Parteikonferenz hatte sich unsere Partei so weit entwickelt, daß das Prinzip der Parität von den Landesleitungen abwärts aufgehoben werden konnte. Es wurde durch das neue Prinzip ersetzt, welches damals formuliert wurde: die geeignetsten und befähigtsten Genossen in die leitenden Funktionen.

Dadurch erhielt die Kollektivität der Leitung mehr und mehr einen marxistisch-leninistischen Inhalt und war zugleich der Ausdruck der ideologischen und organisatorischen Festigkeit unserer Partei.

Auf dem IV. Parteitag hat unsere Partei im Statut den Grundsatz der Kollektivität noch konsequenter festgelegt und gesagt, daß der Personenkult als eine dem Wesen der marxistisch-leninistischen Partei fremde Erscheinung bekämpft werden muß.

Die bis dahin geltende Regelung der Wahl von zwei Vorsitzenden auf dem Parteitag wurde aufgehoben. Das bedeutete die allseitige Hebung der

Rolle und Autorität des Zentralkomitees und seines Organs – des Politbüros.

Bewußt wurde die Rolle der leitenden und besonders hervorragenden Arbeiterführer wie der Genossen Wilhelm Pieck, Otto Grotewohl und Walter Ulbricht seit der Vereinigung unserer Partei hervorgehoben. Die Partei, die Arbeiterklasse und alle, die mit uns gehen, haben diesen unseren Standpunkt gebilligt. Mit Recht wurde darin eine zielbewußte Förderung der Geschlossenheit und unverbrüchlichen Einheit der Partei gesehen.

Dies hat nichts mit einem Kultus der Person zu tun, sondern war unter den Bedingungen der Entwicklung und des Prozesses der Reife unserer Partei unter den komplizierten Verhältnissen der fortgesetzten Attacken der Feinde gegen die sozialistische Bewegung ein wichtiges Symbol und ein förderndes und verbindendes Element der Beziehungen der Partei zu den breitesten Massen der Arbeiterklasse und des Volkes.

Im Verlauf der weiteren Entwicklung der Partei wird mehr und mehr die Autorität des gesamten Zentralkomitees wachsen, wie das schon in den letzten Jahren sichtbar der Fall war. Bedeutet das, daß die hervorragende Rolle derjenigen Genossen, die im Kampf um die Einheit der Arbeiterklasse unmittelbar an der Spitze gestanden haben, deren Leben und Wirken mit der jüngsten Geschichte der deutschen Arbeiterbewegung verbunden ist, vermindert wird? Nein, sie wird nicht vermindert!

Entschieden müssen unsere Parteimitglieder gegen anarchistische Anschauungen auftreten, die besagen, daß man auf die Kritik am Personenkult mit der vollständigen Negierung der Rolle der Persönlichkeit in der Gesellschaft antworten soll, daß man nicht mehr auf die Führer zu hören brauche.

So haben z. B. einige Studenten die Propaganda feindlicher Agenturen unterstützt, indem sie deren demagogische und hinterhältige Forderungen übernahmen, daß die Führung der Partei in direkter Wahl bzw. in Urabstimmung gewählt werden müsse.

Eine solche Stellungnahme bedeutet, den marxistischen Aufbau unserer Partei, den demokratischen Zentralismus und die innerparteiliche Demokratie anzugreifen, denn jedermann weiß, daß unsere Parteiführung und die einzelnen Parteiführer auf dem Wege der geheimen Wahlen von unten nach oben für die Zeit zwischen den Parteitagen gewählt sind und so das Vertrauen der Mitglieder der Partei genießen. Diskussionen dieser Art helfen nur den Feinden und schaden dem Kampf um die Einheitsfront der deutschen Arbeiterklasse.

Unser Verhalten zu den Lehren anderer kommunistischer und Arbeiterparteien

Die Erkenntnisse des XX. Parteitages haben bestimmte Fragen von grundsätzlicher Bedeutung im Leben einer jeden marxistisch-leninistischen Partei aufgeworfen. Die Aufdeckung theoretischer Irrtümer in den Arbeiten Stalins, die Beseitigung ernster Mängel und fehlerhafter Methoden in der Partei- und Staatsarbeit, die neuen Anschauungen von der Einheit der Arbeiterklasse und den Beziehungen der Partei zu den Volksmassen haben eine große geistige Aktivität in der sozialistischen Bewegung der ganzen Welt ausgelöst. Mehr und mehr nehmen die Bruderparteien ihre eigene schöpferische Rolle in Anspruch und üben, so wie wir, eine offene Kritik an gewissen Fehlern in ihrer eigenen Entwicklung.

Die damit im Zusammenhang stehenden Fragen werden nur dann erfolgreich und im echten Sinne der Erfordernisse des Lebens von den Leitsätzen des Marxismus-Leninismus beantwortet, wenn sie vom Standpunkt der historischen Gegebenheiten und der gegenwärtigen Kampfbedingungen, die in diesem oder jenem Lande existieren, gelöst werden.

Aufmerksam verfolgen wir die Diskussionen und Beschlüsse der Bruderparteien, besonders die der volksdemokratischen Länder. Wir lassen uns dabei von einem Grundsatz Lenins leiten, der die russischen Kommunisten ermahnte, mit Eifer, aber zugleich mit Bedacht, Erfahrungen zu studieren, wobei man immer bedenken muß, daß bei der Verarbeitung der Erfahrungen anderer Länder es notwendig ist – zu verstehen – »diesen Erfahrungen kritisch gegenüberzutreten und sie selbständig zu überprüfen«[6].

Deshalb haben bei uns jene Parteimitglieder nicht recht, die für die gegenwärtige Diskussion z. B. über Fragen des Personenkults, über die Fragen der Korrektur von Fehlurteilen, der Verletzung der sozialistischen Gesetzlichkeit in anderen Ländern den Schluß ziehen, daß wir in gleicher Weise, also im mechanischen, schablonenhaften Sinne, eine Übertragung dieser Maßnahmen der Bruderparteien auf unsere Bedingungen vornehmen sollen.

Dazu ist zu sagen, daß unsere Partei und ihr Zentralkomitee gemeinsam mit der Regierung der DDR und dem demokratischen Block den möglichen Überspitzungen, die zu einer ungerechtfertigten Verurteilung von ehrlichen Menschen führten, sobald diese Sachen sichtbar wurden, keinen freien Lauf ließ. Es muß darauf hingewiesen werden, daß unsere Partei im Jahre 1953 begonnen hat, gewisse Tendenzen der Sicherheitsorgane, sich über die Partei und Staatsorgane zu erheben, sich der Kontrolle zu entziehen, zu korrigieren. Wir haben keinen solchen Prozeß wie z. B. den Rajk[7]- oder Kostoff[8]-Prozeß bei uns gehabt und demzufolge auch nicht so tiefgreifende Korrekturen durchzuführen.

Eine Reihe Parteimitglieder kennt offensichtlich unsere eigene Geschichte nicht ausreichend genug und ist in das Wesen der theoretischen schöpferischen Arbeit der 3. Parteikonferenz nicht eingedrungen. Es sei daran erinnert, daß dort eine Reihe von Fragen von großer Bedeutung theoretisch für unsere Bedingungen geklärt wurden, wie z. B. die gegenwärtigen Probleme des Übergangs vom Kapitalismus zum Sozialismus, die Leitung des Klassenkampfes, über die Zukunft der Mittelschichten, über die weiteren Schritte in der Entfaltung der Demokratie, der Sicherung der Rechte der Bürger der DDR und die Rolle der gewählten Volksvertretungen.

In einigen Fakultäten unserer Universitäten und Hochschulen sowie bei einer Reihe von Parteifunktionären und Mitgliedern zeigt sich das Bestreben, an Stelle des beharrlichen Eindringens in unsere eigenen Bedingungen und des Studiums der Lösung der Fragen, wie sie die Partei vorgenommen hat und vornimmt, den leichteren Weg zu wählen, sich mit sensationellen Nachrichten vollzustopfen, wobei die Beeinflussung durch feindliche Propaganda manchmal deutlich spürbar ist.

Ein solches Verhalten muß auf die Kritik der Parteimitglieder stoßen, und die Genossen, die solch einem fehlerhaften Verhalten verfallen, müssen überzeugt werden, daß sie damit der Sache des Sozialismus und der leninistischen Geschlossenheit unserer Partei nur Schaden zufügen.

Gewisse fehlerhafte Entscheidungen in der Frage der sozialistischen Gesetzlichkeit hängen aufs engste zusammen mit der falschen theoretischen Darlegung von der absoluten Verschärfung des Klassenkampfes beim erfolgreichen Aufbau des Sozialismus und seiner Vollendung.

Bekanntlich hat der XX. Parteitag diese Theorie Stalins verworfen. Wir alle gehen von den neuen Erkenntnissen aus und beantworten die Fragen des Klassenkampfes von den Kräften und Reserven, die die Arbeiterklasse im Bündnis mit der werktätigen Bauernschaft und durch die Heranziehung der Mittelschichten an die Arbeiterklasse für sich mobilisieren kann.

Auf der 3. Parteikonferenz haben wir theoretisch aufgezeigt, wie wir die Kräfte des Feindes zurückdrängen können und welche Seite des Klassenkampfes auch von uns in Zukunft mit Schärfe und Konsequenz geführt werden muß. Andererseits deckten wir die noch vorhandenen Kräfte und Reserven, besonders in den Mittelschichten, auf, die an die Seite der Arbeiterklasse gezogen und für den Weg zum Sozialismus gewonnen werden können. Das bedeutet, größere Möglichkeiten zu eröffnen für die Verminderung der Positionen des Feindes, für die Schwächung seines Einflusses unter Teilen der Bevölkerung in der DDR. Damit hat unsere Partei ihrerseits die eigenen notwendigen Korrekturen der als falsch erwiesenen Stalinschen These vorgenommen, ohne das leninistische Prinzip der Wachsamkeit gegenüber den Feinden zu verletzen.

Bekanntlich hat Lenin gefordert, daß ein Arbeiter-und-Bauern-Staat niemals einen Zweifel zulassen darf über seine Fähigkeit, auf den Terror des Feindes mit aller Entschlossenheit und Unbarmherzigkeit zu antworten. Gleichzeitig aber forderte er, diese Schärfe nur gegen den wirklichen Klassenfeind anzuwenden, nicht gegen jene, die Fehler begangen haben, sich irrten und die man mit dem Anwachsen der eigenen Kräfte für die Sache des Sozialismus, des neuen Lebens, gewinnen kann.

Heute, wo die Macht unserer Republik gewachsen ist, wo die Errungenschaften unserer DDR ein gewaltiger Magnet der Anziehungskraft und des Vertrauens für alle Schichten unserer Bevölkerung geworden sind und in Zukunft noch mehr sein werden, können wir gewisse Überprüfungen von gerichtlichen Entscheidungen empfehlen und uns dafür einsetzen, was nicht gleichzusetzen ist mit der Außerachtlassung des moralischen Rechtes unserer Arbeiter-und-Bauern-Macht, gegen diejenigen mit der Macht unseres Staates aufzutreten, die unsere Errungenschaften und den sozialistischen Aufbau antasten.

Nicht immer haben wir mit genügender Schärfe auf die konsequente Wahrung der demokratischen Gesetzlichkeit geachtet. Nicht genügend haben wir die erzieherische Seite bei denen, die gegen unsere Gesetze verstoßen haben, angewandt.

Unser Zentralkomitee führt alle durch die Entwicklung bedingten und notwendigen Korrekturen innerparteilicher Art sowie auf dem Gebiet des demokratischen Lebens der Arbeiter-und-Bauern-Macht gewissenhaft und überlegt durch und läßt sich von den Forderungen des Feindes nicht beeinflussen. Unsere jüngsten Maßnahmen beruhen auf der marxistisch-leninistischen Reife unserer Partei, auf der ideologischen Festigkeit unserer Arbeiterklasse und der Kraft und Stärke unserer Arbeiter-und-Bauern-Macht.

Die Kommission, die das Zentralkomitee mit der Überprüfung von Angelegenheiten von Parteimitgliedern und ehemaligen Parteimitgliedern beauftragt hat, hat ihre Empfehlungen an das Politbüro gegeben. Das Politbüro wird allen Parteimitgliedern, die sich in ihren Rechten verletzt fühlen, die Gelegenheit geben, ihre Angelegenheit erneut vorzutragen.

Alle Parteileitungen sind verpflichtet, das Verhältnis von Parteimitgliedern, die in ihrer Entwicklung durch eigene Fehler oder ungerechtfertigte Entscheidungen von Parteiorganisationen eine Krise erlitten haben, zu überprüfen. Man muß ihre Angelegenheiten kameradschaftlich klären und ihnen helfen, den Weg zur Partei und zur Arbeiterklasse zurückzufinden und, wenn sie schuldlos sind, ihnen ihre Rechte wiedergeben.

Was ist also notwendig: Es ist notwendig, daß die Parteimitgliedschaft und alle, die unserer Partei ihr Vertrauen geben, verstehen, daß die wichtigste Aufgabe des Zentralkomitees bei der Überführung der neuen Erkenntnisse in das Leben darin besteht, diesen Prozeß kontinuierlich zu leiten. Es gibt keinen Bruch in unserer Entwicklung, weder durch die inneren Ereignisse hervorgerufen, noch von außen her angeregt, und es ist kein Bruch notwendig.

Alle Beschlüsse unserer Parteiführung sind kollektiv beraten und gefaßt, und das gleiche gilt für die Beschlüsse des Ministerrats.

Wir arbeiten und kämpfen stets darum, Fehler zu vermeiden, was nicht bedeutet, daß bei der leitenden Arbeit und der Durchführung der Beschlüsse nicht Fehler entstehen können. Wer die Politik der SED seit dem Jahre 1946 objektiv beurteilt, wird anerkennen müssen, daß unsere Bedingungen, unter denen wir vorwärts schreiten, in vielem viel komplizierter sind als in anderen Ländern, die zum Sozialismus gehen.

Die Generallinie unserer Partei war und ist richtig.

Vorwärts geht unser Weg im Aufbau des Sozialismus.

Über den Inhalt der Kritik und Selbstkritik

Wir sprechen von der leninistischen Geschlossenheit unserer Partei. Dies setzt voraus, daß wir überzeugt sind, daß in unserer Partei ein gewaltiger Prozeß des Wachstums zum Leninismus vor sich gegangen ist. War der Marxismus eine Revolution in der Anschauung der Gesellschaft, so hat sich unsere Partei im Prozeß ihres Wachstums überzeugen können, daß der Leninismus vom Marxismus nicht zu trennen ist, weil er uns die Waffen für den Aufbau des neuen Lebens schmiedet.

Als Partei Leninschen Typus sind wir verpflichtet, stets der Kritik und Selbstkritik die notwendige Freiheit zu sichern und allseitig die Leninschen Normen des Parteilebens zu garantieren.

Zugleich müssen wir sorgsam darüber wachen, daß die jetzige Entwicklungsetappe unserer Partei zu größerer Reife und Fähigkeit nicht mißbraucht wird durch Verbreitung rückständiger und feindlicher Anschauungen, die selbstverständlich nicht der Klärung der ideologischen Entwicklung dienen, sondern sie hemmen und in den Reihen der Parteimitglieder Verwirrung stiften sollen.

Nicht nur wir, sondern auch unsere Gegner wissen, welche tiefe mobilisierende Wirkung unser kühner sozialistischer Aufbau für ein neues Leben, für den Fortschritt in ganz Deutschland hat. Deshalb lassen die Feinde nichts unversucht, um die Lage zuzuspitzen, in unseren Reihen Nervosität zu schaffen, die Parteimitglieder und die Volksmassen von dem Wesentlichen unserer Aufgaben abzulenken, die führende Rolle der Partei im gesellschaftlichen Leben zu diffamieren und besonders die Hetze gegen die leitenden Persönlichkeiten, gegen das Zentralkomitee unserer Partei auf gemeinste und niederträchtigste Weise zu führen. Dabei rechnen die Gegner mit jenen Menschen bei uns, die den Schwächen und Schwierigkeiten unserer Entwicklung und auch den bei uns begangenen Fehlern mit Zynismus, Gleichgültigkeit und Schadenfreude begegnen.

Daher muß unsere Partei stets den Kampf führen um die Erhöhung und Vervollkommnung des sozialistischen Bewußtseins ihrer Mitglieder, muß sorgsam wachen um die Vermehrung ihrer politischen Fähigkeiten, Vorbild gegenüber den Werktätigen zu sein. Eine enge bewußte Verbindung der jungen Generation von Hunderttausenden Parteimitgliedern mit der Geschichte der deutschen Arbeiterbewegung, die bereits ihre eigene Geschichte wird, sowie die feste Verbindung mit dem Wesen der Beschlüsse unserer Parteitage und des Zentralkomitees ist notwendig.

»Ihr müßt euch diese Kenntnisse nicht nur aneignen, sondern sie auch kritisch prüfen, um nicht euren Geist mit unnützem Zeug zu belasten, sondern durch die Kenntnisse aller Tatsachen zu bereichern, die für einen gebildeten Menschen von heute unerläßlich sind.«[9]

In unserer Partei muß der Meinungsaustausch nicht über äußere Formen und Erscheinungen, sondern um die Anwendung der Leitsätze des Marxismus-Leninismus geführt werden.

Man muß entschieden gegen eine solche Erscheinung Stellung nehmen, daß manche Parteimitglieder nicht den Unterschied zwischen den breiten Massen der Parteilosen und sich selbst erkennen wollen. Wir schätzen das Parteimitglied als einen Angehörigen des Vortrupps der Arbeiterklasse und fördern seine Rolle als eines bewußten Kämpfers und überlegenen Streiters für die Sache des Sozialismus.

Daher wenden wir uns gegen die Versuche der opportunistischen Nivellierung zwischen Partei und breiten Massen. Daher stellen wir die Frage des Inhalts der Kritik und Selbstkritik und deren Übereinstimmung mit den Fragen, die unsere Partei in schöpferischer und kritischer Weise auf der 3. Parteikonferenz entwickelt hat. In der Diskussion und im Meinungsaustausch in unserer Partei, bei der Erörterung der Politik der Partei darf man nie die bolschewistische Orientierung verlieren und muß so handeln, wie Lenin gesagt hat:

»Wir sind kein Diskutierklub. ... vor allem aber müssen wir unter den schwierigsten Verhältnissen kämpfen, und darum müssen wir uns zu einer festen Einheit zusammenschließen.«[10]

Zur Leninschen Geschlossenheit unserer Partei gehört als charakteristischstes Merkmal, daß ein Mitglied unserer Partei niemals die Grundsätze des Marxismus-Leninismus verletzt. In der gegenwärtigen Periode der gewaltigen, schöpferischen kritischen Atmosphäre in den kommunistischen und Arbeiterparteien, der offenen und freimütigen Verurteilung von Fehlern gibt es auch solche Erscheinungen, daß Parteimitglieder glauben, der Partei zu dienen, wenn sie sich zum Fürsprecher der rückschrittlichen, aus der bürgerlichen Ideologie geborenen Kritiken machen. Sie verstehen offenbar nicht, daß der Sinn der Kritik in unserer Entwicklung darin besteht, die Kraft und die Ideologie der Arbeiterklasse zu stärken, die sozialistische Ideologie noch überlegener gegenüber der bürgerlichen, der kapitalistischen Ideologie zu machen.

Zugleich gewinnt die Methode der ideologischen Leitung und Lenkung des Meinungsaustausches und die Klärung von Problemen der Parteiarbeit eine große Bedeutung. Das gilt besonders für die Arbeit der Funktionäre der Bezirks- und Kreisleitungen. Die Parteisekretäre sollen helfen, daß in den leitenden Organen wie in den Mitgliederversammlungen ein offener Meinungsaustausch über die Durchführung der Beschlüsse der 3. Parteikonferenz stattfindet und über die Fragen, über die es bei Mitgliedern Unklarheiten gibt. Unklarheiten sind in den Parteiversammlungen zu beraten und zu klären, damit die Parteiorganisation einheitlich auftreten kann. Sorgfältiges Eingehen auf die Überlegungen der Parteimitglieder ist notwendig. Einem Parteimitglied, das in seiner Meinung Unklarheiten äußert, Fragen stellt, um sich in der Sache Klarheit zu verschaffen, darf nicht mit Ungeduld, Reserve oder sogar mit Mißtrauen begegnet werden. Es wäre falsch, davon auszugehen, daß ein Parteimitglied, das mit einer unklaren, manchmal sogar von feindlicher Anschauung beeinflußten Auffassung auftritt, unehrlich handelt. Wir haben kein Recht dazu, ihm Unehrlichkeit vorzuwerfen. Wir haben mit ihm zusammenzuarbeiten und es in kürzerer oder längerer Zeit auf den Standpunkt unserer Partei, so wie wir ihn auf der 3. Parteikonferenz beschlossen haben, heranzuführen. Man darf von seiten derjenigen, die für die Linie der Partei kämpfen und denen das Wesen dieser Linie in allem bewußt ist, nicht so auftreten, daß die Lage im Verhältnis eines schwankenden Parteimitgliedes zur Partei erschwert wird, daß sozusagen zur Zuspitzung gedrängt wird. Es darf jedoch keine Vertuschung der Fragen zugelassen werden. Geduldige Überzeugung hat nichts zu tun mit Versöhnlertum in ideologischen Fragen.

Diese Praxis gibt es noch des öfteren in unserer Partei. Sie ist zu verurteilen! Man muß den Weg der Überzeugung gehen und so handeln, daß man schließlich in jedem Kollektiv unserer Mitgliedschaft klar unterscheiden kann zwischen unserer, der parteilichen Position und einem bösartigen Verharren in feindlichen Anschauungen.

Leninsche Geschlossenheit der Partei – das heißt Kampf für die Generallinie der Partei, wie sie von der 3. Parteikonferenz erneut erhärtet wurde, das heißt aktive ideologische und organisierende Arbeit beim Aufbau des Sozialismus.

Neues Deutschland (B), 29. April 1956, S. 3/4.

9

Aus dem Referat Walter Ulbrichts auf der 28. Tagung des Zentralkomitees der SED, 27.–29. Juli 1956

...

Die Kommission hat dem Politbüro vorgeschlagen, die ZPKK zu beauftragen, die Rehabilitierung von Genossen, die in der Sowjetunion verhaftet waren, auch wenn sie nicht mehr am Leben sein sollten, zu prüfen und zu entscheiden. Diese Maßnahme, die von besonderer Bedeutung ist, ergibt sich aus den Feststellungen des ZK der KPdSU über die verbrecherischen Umtriebe der Berija-Bande in der Sowjetunion.

Bereits vor dem XX. Parteitag wurde begonnen, aus der Sowjetunion zurückkehrende ehemalige Mitglieder der KPD, die unschuldig in Prozesse verwickelt, respektive administrativ behandelt waren, voll zu rehabilitieren und ihre Mitgliedschaft in der Partei als nicht unterbrochen wiederherzustellen.

Es ist eine selbstverständliche Pflicht, die Ehre der inzwischen verstorbenen und nicht zurückgekehrten Funktionäre und Parteimitglieder der KPD, die ebenfalls in solche Prozesse verwickelt waren, wiederherzustellen.

...

Überarbeitetes Protokoll des 28. Plenums des Zentralkomitees
der Sozialistischen Einheitspartei Deutschlands
vom 27. bis 29. Juli 1956.
Als parteiinternes Material gedruckt.

Vorbemerkungen zu Dokument 10

Nach dem Tode J. W. Stalins (5. März 1953) und der Verhaftung sowie Verurteilung L. P. Berijas (Juni bzw. Dezember 1953) wurden in der Sowjetunion, beginnend im Jahr 1954, erste Enthüllungen über Verletzungen der Gesetzlichkeit zwischen 1934 und Anfang 1953 bekannt, von denen auch deutsche Kommunisten und andere Antifaschisten betroffen waren. Aus der Sowjetunion bereits zurückgekehrte bzw. ab Herbst 1955 in weiteren Gruppen zurückkehrende Genossen berichteten ebenfalls über selbst erlittenes Unrecht, über das Schicksal ihnen bekannter Personen oder gar über den Tod von in der Sowjetunion unter falschen Anschuldigungen Verurteilten.

Das Politbüro des ZK der SED beauftragte die Zentrale Parteikontrollkommission (ZPKK), die in der Sowjetunion verhaftet gewesenen Genossen zu rehabilitieren. Die ZPKK faßte dazu am 21. September 1955 einen Beschluß, und ab Oktober nahm eine eigens dafür geschaffene Kommission ihre Tätigkeit auf. Im Vordergrund ihrer Prüfungen und Entscheidungen stand die Wiederherstellung der Parteiehre und nicht die juristische Rehabilitierung, denn dafür gab es weder eine rechtliche Kompetenz noch standen irgendwelche offiziellen Dokumente über die seinerzeitige Anklage, Urteilssprechung bzw. Aufhebung von Urteilen aus der Sowjetunion zur Verfügung. Die Kommission prüfte anhand der Aussagen der aus der Sowjetunion zurückgekehrten Genossen und eigener Einschätzungen die Angelegenheiten. Sie entschied in der Mehrzahl der Fälle auf die Anerkennung der ununterbrochenen Zugehörigkeit zur Partei der Arbeiterklasse, die Aufhebung früherer Parteistrafen bzw. Ausschlüsse aus der KPD.

Nach dem XX. Parteitag der KPdSU und der Auswertung seiner Einschätzungen über den Personenkult und seine Folgen durch die SED im März 1956 erhielt die Kommission der ZPKK im April 1956 ein neues

Mandat zur Rehabilitierung der in der Sowjetunion verhaftet gewesenen oder dort umgekommenen sowie anderer Genossen. Bis Juli 1962 erfolgte die politische Rehabilitierung von 257 uns namentlich bekannten Genossen.

In der nachfolgenden Aufstellung sind die Namen jener Genossen verzeichnet, die durch Beschlüsse der 123. bis 192. Sitzung der ZPKK rehabilitiert wurden. Die Angaben darüber sind lückenhaft, sie enthalten keine Begründungen, kaum Aussagen zu früherer Parteizugehörigkeit und meistens keinerlei Mitteilungen zur Person. Inzwischen bekannte und ohne großen Aufwand ergänzbare Angaben zur Person, wie Geburtsdaten oder die Bestätigung des Überlebens bzw. des Ablebens der betroffenen Personen, bleiben daher bewußt ausgespart, da sie Ergebnisse späterer – unter anderem auf der Grundlage vorliegender Namensliste erfolgter – Nachforschungen sind. Die Zusätze in eckiger Klammer dienen der Eindeutigkeit der jeweiligen Aussage.

10

Zusammenstellung der von Oktober 1955 bis Juli 1962 durch die ZPKK überprüften Genossen

Abramowitz, Alice, geb. 19. 3. 1901
127. Sitzung ZPKK am 15. 2. 1956
Aushändigung des Parteidokumentes mit Ausstellungsdatum 1. 12. 1955. Mitgliedschaft wird durchgehend ab 1919 anerkannt.

Abramowski, Alfred, geb. 24. 5. 1913
160. Sitzung ZPKK am 10. 2. 1958
Genosse Alfred Abramowski war seit 1931 Mitglied des Komsomol und wird nach seinem Tode [postum] rehabilitiert.

Abramowski, Frieda, geb. 11. 10. 1886
160. Sitzung ZPKK am 10. 2. 1958
Aushändigung des Parteidokumentes mit Ausstellungsdatum 1. 11. 1957. Die Parteimitgliedschaft gilt ab 1919 als ununterbrochen.

Abramowski, Fritz, geb. 11. 10. 1887
160. Sitzung ZPKK am 10. 2. 1958
Die Mitgliedschaft wird durchgehend ab 1905 anerkannt. Wird rehabilitiert [postum].

Ahrendt, Kurt, geb. 6. 9. 1908
129. Sitzung ZPKK am 30. 5. 1956

Ahrendt, Luise, geb. 6. 7. 1909
129. Sitzung ZPKK am 30. 5. 1956

Altmann, Heinz, geb. 30. 1. 1905
137. Sitzung ZPKK am 15. 10. 1956
Parteiausschluß wird aufgehoben. Wird nach mutmaßlichem Tode rehabilitiert.

Amann, Karl, geb. 4. 2. 1906
177. Sitzung ZPKK am 2. 3. 1960
Aushändigung des Parteidokumentes mit Ausstellungsdatum 1. 3. 1960. Die Mitgliedschaft wird durchgehend ab 1928 anerkannt.

Angres, Dora, geb. 17. 8. 1908
167. Sitzung ZPKK am 17. 12. 1958
Mitgliedschaft zur Partei der Arbeiterklasse wird ab 1930 als ununterbrochen anerkannt. Ausstellungsdatum des Parteidokumentes 1. 9. 1958.

Bading, Max, geb. 9. 12. 1897
135. Sitzung ZPKK am 1. 9. 1956
Aushändigung des Parteidokumentes mit Ausstellungsdatum 1. 6. 1956. Die Mitgliedschaft wird durchgehend ab 1921 anerkannt.

Barnick, Dr. Erna, geb. 19. 11. 1899
153. Sitzung ZPKK am 1. 7. 1957
Ausstellung des Parteidokumentes mit Ausstellungsdatum 1. 5. 1957. Die Mitgliedschaft in der Partei der Arbeiterklasse gilt ab 1931 als ununterbrochen.

Bassy, Ernst, geb. 11. 8. 1906
125. Sitzung ZPKK am 30. 12. 1955
Aushändigung des Parteidokumentes mit Ausstellungsdatum 1. 3. 1955. Mitgliedschaft wird durchgehend ab 1927 anerkannt.

Baumann, Herbert, geb. 30. 1. 1908
192. Sitzung ZPKK am 4. 7. 1962
Die Mitgliedschaft in der Partei der Arbeiterklasse gilt ab 1928 als ununterbrochen. Der Ausschluß aus der KPD infolge seiner Verhaftung – 1936 – wird aufgehoben.

Beck, Tatjana, geb. 30. 12. 1900
169. Sitzung ZPKK am 19. 3. 1959
Mitgliedschaft zur Partei der Arbeiterklasse wird ab 1927 als ununterbrochen anerkannt. Ausstellungsdatum des Parteidokumentes 1. 3. 1959.

Berger, Franz, geb. 1900
137. Sitzung ZPKK am 15. 10. 1956
Parteiausschluß wird aufgehoben. Wird nach mutmaßlichem Tode rehabilitiert.

Berger, Klara, geb. 12. 7. 1893
128. Sitzung ZPKK am 11. 4. 1956

Bergmann, Hermann, geb. 1892
146. Sitzung ZPKK am 4. 3. 1957
Wird nach mutmaßlichem Tode rehabilitiert.

Bernier, Gertrud, geb. 4. 8. 1901
135. Sitzung ZPKK am 1. 9. 1956
Aushändigung des Parteidokumentes mit Ausstellungsdatum 1. 5. 1956. Die Mitgliedschaft wird durchgehend ab 1923 anerkannt.

Beutling, Theodor, geb. 21. 1. 1898
138. Sitzung ZPKK am 19. 11. 1956
Genosse Beutling wird rehabilitiert.

Biewald, Wilhelm, geb. 2. 11. 1897
161. Sitzung ZPKK am 17. 3. 1958
Genosse Biewald wurde durch die zuständigen Organe in der UdSSR rehabilitiert. Die Parteimitgliedschaft wird bis zu seinem mutmaßlichen Tode als ununterbrochen anerkannt.

Bindzus, Hans, geb. 20. 8. 1912
165. Sitzung ZPKK am 29. 9. 1958
Ausstellungsdatum des Parteidokumentes 1. 8. 1958. Mitgliedschaft zur Partei der Arbeiterklasse wird ab 1930 als ununterbrochen anerkannt.

Birkenhauer, Erich, geb. 1903
137. Sitzung ZPKK am 15. 10. 1956
Parteiausschluß wird aufgehoben. Wird nach mutmaßlichem Tode rehabilitiert.

Böhm, Helene, geb. 10. 4. 1905
133. Sitzung ZPKK am 1. 8. 1956
Aushändigung des Parteidokumentes mit Ausstellungsdatum 1. 7. 1956. Mitgliedschaft wird durchgehend ab 1930 anerkannt.

Böttcher, Maria, geb. 5. 10. 1879
171. Sitzung ZPKK am 25. 5. 1959
Der Ausschluß aus dem Jahre 1937 wird aufgehoben. Mitgliedschaft zur Partei der Arbeiterklasse wird ab 1917 als ununterbrochen anerkannt. Ausstellung des Parteidokumentes ab 1. 2. 1959.

Böttcher, Paul, geb. 2. 5. 1891
129. Sitzung ZPKK am 30. 5. 1956

Brann, Lotte, geb. 1. 1. 1908
146. Sitzung ZPKK am 4. 3. 1957

Aushändigung des Parteidokumentes mit Ausstellungsdatum 1. 1. 1957. Mitgliedschaft wird durchgehend ab 1928 anerkannt.

Braun, Gertrud, geb. 19. 4. 1907
136. Sitzung ZPKK am 22. 9. 1956
Aushändigung des Parteidokumentes mit Ausstellungsdatum 1. 7. 1956. Die Parteistrafe, strenge Rüge mit Verwarnung, wird gelöscht. Mitgliedschaft wird durchgehend ab 1927 anerkannt.

Brockstedt, Maria, geb. 27. 6. 1906
125. Sitzung ZPKK am 30. 12. 1955
Aushändigung des Parteidokumentes mit Ausstellungsdatum 1. 9. 1955. Mitgliedschaft wird durchgehend ab 1929 anerkannt.

Bruchholz, Hans-Werner, geb. 20. 2. 1908
146. Sitzung ZPKK am 4. 3. 1957
Aushändigung des Parteidokumentes mit Ausstellungsdatum 1. 2. 1957. Mitgliedschaft wird durchgehend ab 1930 anerkannt.

Brückmann, Georg, geb. 28. 11. 1903
161. Sitzung ZPKK am 17. 3. 1958
Genosse Brückmann wurde durch die zuständigen Organe in der UdSSR rehabilitiert. Die Parteimitgliedschaft wird bis zu seinem Tode als ununterbrochen anerkannt.

Bruckstein, Samuel, geb. 1887
146. Sitzung ZPKK am 4. 3. 1957
Wird nach mutmaßlichem Tode rehabilitiert.

Budich, Willi, geb. 16. 4. 1890
170. Sitzung ZPKK am 28. 4. 1959
Mitgliedschaft zur Partei der Arbeiterklasse wird ab 1915 als ununterbrochen anerkannt. Der Parteiausschluß vom 1. 12. 1936 wird aufgehoben. Wird nach seinem Tode [postum] rehabilitiert.

Busch, Elly, geb. 25. 8. 1909
135. Sitzung ZPKK am 1. 9. 1956
Aushändigung des Parteidokumentes mit Ausstellungsdatum 1. 8. 1956. Mitgliedschaft wird durchgehend ab 1929 anerkannt.

Busse, Ernst, geb. 24. 11. 1897
135. Sitzung ZPKK am 1. 9. 1956
Die Mitgliedschaft des Genossen Ernst Busse in der Partei der Arbeiterklasse gilt ab 1918 (Spartakusbund) als ununterbrochen. Genosse Busse wird damit rehabilitiert.

Busse, Helene, geb. 19. 11. 1909
142. Sitzung ZPKK am 12. 1. 1957
Mitgliedschaft gilt ab 1931 als ununterbrochen. Aushändigung des Parteidokumentes mit Ausstellungsdatum 1. 12. 1956.

Creutzburg, August
129. Sitzung ZPKK am 30. 5. 1956

Damerius, Helmut, geb. 16. 12. 1905
137. Sitzung ZPKK am 15. 10. 1956
Aushändigung des Parteidokumentes mit Ausstellungsdatum 1. 9. 1956. Mitgliedschaft wird durchgehend ab 1923 anerkannt.

Dattan, Otto, geb. 1875
137. Sitzung ZPKK am 15. 10. 1956
Parteiausschluß wird aufgehoben. Wird nach mutmaßlichem Tode rehabilitiert.

Dietrich, Paul, geb. 1889
137. Sitzung ZPKK am 15. 10. 1956
Parteiausschluß wird aufgehoben. Wird nach mutmaßlichem Tode rehabilitiert.

Dietz, Alwin, geb. 7. 9. 1911
177. Sitzung ZPKK am 2. 3. 1960
Die Mitgliedschaft in der Partei der Arbeiterklasse gilt ab 1928 als ununterbrochen. Das Parteidokument ist ab 1. 3. 1960 auszustellen.

Dirr, Gerda, geb. 6. 7. 1899
165. Sitzung ZPKK am 29. 9. 1958
Ausstellungsdatum des Parteidokumentes 1. 7. 1958. Mitgliedschaft zur Partei der Arbeiterklasse wird ab 1918 als ununterbrochen anerkannt.

Diwan, Anna, geb. 28. 10. 1889
149. Sitzung ZPKK am 15. 4. 1957
Aushändigung des Parteidokumentes mit Ausstellungsdatum 1. 3. 1957. Mitgliedschaft wird durchgehend ab 1918 anerkannt.

Döll, Klara, geb. 1. 5. 1903
133. Sitzung ZPKK am 1. 8. 1956
Aushändigung des Parteidokumentes mit Ausstellungsdatum 1. 7. 1956. Mitgliedschaft wird durchgehend ab 1921 anerkannt.

Dollwetzel, Erich, geb. 18. 1. 1911
168. Sitzung ZPKK am 4. 2. 1959

Aushändigung des Parteidokumentes mit Ausstellungsdatum 1. 2. 1959. Die Mitgliedschaft in der Partei der Arbeiterklasse gilt ab 1929 als ununterbrochen.

Döring, Artur, geb. 12. 4. 1902
146. Sitzung ZPKK am 4. 3. 1957
Wird nach mutmaßlichem Tode rehabilitiert.

Dröll, Karl, geb. 10. 3. 1897
127. Sitzung ZPKK am 15. 2. 1956
Aushändigung des Parteidokumentes mit Ausstellungsdatum 1. 1. 1956. Mitgliedschaft wird durchgehend ab 1926 anerkannt.

Duncker, Wolfgang, geb. 1909
137. Sitzung ZPKK am 15. 10. 1956
Parteiausschluß wird aufgehoben. Wird nach mutmaßlichem Tode rehabilitiert.

Eberlein, Hugo, geb. 1887
137. Sitzung ZPKK am 15. 10. 1956
Parteiausschluß wird aufgehoben. Wird nach mutmaßlichem Tode rehabilitiert.

Eilenburg, Emil, geb. 12. 8. 1898
150. Sitzung ZPKK am 6. 5. 1957
Die Mitgliedschaft in der Partei der Arbeiterklasse gilt ab 1918 als ununterbrochen. Ausstellung des Parteidokumentes mit Ausstellungsdatum 1. 4. 1957.

Emmendörfer, Max, geb. 2. 12. 1911
128. Sitzung ZPKK am 11. 4. 1956

Endter, Christian, geb. 16. 12. 1891
148. Sitzung ZPKK am 30. 3. 1957
Wiederherstellung der Mitgliedschaft ab 1932. Aushändigung des Parteidokumentes mit Ausstellungsdatum 1. 9. 1956.

Erdmann, Joseph, geb. 1. 12. 1900
142. Sitzung ZPKK am 12. 1. 1957
Wird nach mutmaßlichem Tode rehabilitiert.

Fehler, Anna
123. Sitzung ZPKK am 9. 11. 1955

Feldmann, Simon, geb. 1. 5. 1913
163. Sitzung ZPKK am 4. 6. 1958

Die Mitgliedschaft wird ab 1938 anerkannt. Ausstellungsdatum des Parteidokumentes 1. 5. 1958.

Fischer, Hans, geb. 12. 1. 1905
172. Sitzung ZPKK am 1. 7. 1959
Mitgliedschaft zur Partei der Arbeiterklasse wird ab 1926 als ununterbrochen anerkannt. Ausstellung des Parteidokumentes 1. 6. 1959.

Franken, Anna, geb. 13. 2. 1900
168. Sitzung ZPKK am 4. 2. 1959
Aushändigung des Parteidokumentes mit Ausstellungsdatum 1. 1. 1959. Die Mitgliedschaft in der Partei der Arbeiterklasse gilt ab 1923 als ununterbrochen.

Franken, Flora
123. Sitzung ZPKK am 9. 11. 1955

Franken, Paul, geb. 1894
137. Sitzung ZPKK am 15. 10. 1956
Parteiausschluß wird aufgehoben. Wird nach mutmaßlichem Tode rehabilitiert.

Freudenreich, Hans, geb. 10. 2. 1909
129. Sitzung ZPKK am 30. 5. 1956

Freund, Helene, geb. 12. 6. 1894
135. Sitzung ZPKK am 1. 9. 1956
Aushändigung des Parteidokumentes mit Ausstellungsdatum 1. 6. 1956. Die Mitgliedschaft wird durchgehend ab 1913 anerkannt.

Friebel, Hermann, geb. 17. 2. 1909
136. Sitzung ZPKK am 22. 9. 1956
Aushändigung des Parteidokumentes mit Ausstellungsdatum 1. 1. 1956. Mitgliedschaft wird durchgehend ab 1945 anerkannt.

Friedländer, Leo, geb. 1895
137. Sitzung ZPKK am 15. 10. 1956
Parteiausschluß wird aufgehoben. Wird nach mutmaßlichem Tode rehabilitiert.

Garai, Dorothea
123. Sitzung ZPKK am 9. 11. 1955

Globig, Fritz
123. Sitzung ZPKK am 9. 11. 1955

Globig, Martha, geb. 9. 7. 1901
137. Sitzung ZPKK am 15. 10. 1956
Aushändigung des Parteidokumentes mit Ausstellungsdatum 1. 5. 1956. Mitgliedschaft wird durchgehend ab 1917 anerkannt. Rüge aufgehoben.

Gohlke, Arthur
137. Sitzung ZPKK am 15. 10. 1956
Parteiausschluß wird aufgehoben. Wird nach mutmaßlichem Tode rehabilitiert.

Gohlke, Gustav
137. Sitzung ZPKK am 15. 10. 1956
Parteiausschluß wird aufgehoben. Wird nach mutmaßlichem Tode rehabilitiert.

Gohlke, Max
137. Sitzung ZPKK am 15. 10. 1956
Parteiausschluß wird aufgehoben. Wird nach mutmaßlichem Tode rehabilitiert.

Grah, Ernst, geb. 16. 11. 1891
142. Sitzung ZPKK am 12. 1. 1957
Mitgliedschaft gilt als nicht unterbrochen. Er wird rehabilitiert [postum].

Gross, Otto, geb. 24. 6. 1901
148. Sitzung ZPKK am 30. 3. 1957
Wiederherstellung der Mitgliedschaft ab 1928. Aushändigung des Parteidokumentes mit Ausstellungsdatum 1. 2. 1957.

Grünberg, Charlotte, geb. 18. 2. 1906
140. Sitzung ZPKK am 8. 12. 1956
Der Ausschluß wird aufgehoben, die Mitgliedschaft gilt ab 1929 als ununterbrochen.

Grüss, Bernhard, geb. 17. 9. 1892
161. Sitzung ZPKK am 17. 3. 1958
Genosse Grüss wird ohne Kandidatenzeit in die Partei aufgenommen. Die Mitgliedschaft gilt ab 14. 11. 1957, dem Tage seiner Rückkehr. Aushändigung des Parteidokumentes mit Ausstellungsdatum 1. 1. 1958.

Günther, Hans, geb. 9. 9. 1899
153. Sitzung ZPKK am 1. 7. 1957
Der Ausschluß aus der Partei wird aufgehoben. Die Mitgliedschaft in der Partei der Arbeiterklasse gilt ab 1930 als ununterbrochen [postum].

Gutmann, Hedwig, geb. 25. 3. 1898
148. Sitzung ZPKK am 30. 3. 1957
Wiederherstellung der Mitgliedschaft ab 1930. Ausstellung des Parteidokumentes mit Ausstellungsdatum 1. 1. 1957.

Haberl, Friedrich, geb. 16. 9. 1911
175. Sitzung ZPKK am 26. 11. 1959
Mitgliedschaft zur Partei der Arbeiterklasse wird ab 1931 als ununterbrochen anerkannt. Ausstellung des Parteidokumentes mit Datum vom 1. 10. 1959.

Haenisch, Walter, geb. 11. 12. 1906
160. Sitzung ZPKK am 10. 2. 1958
Mitgliedschaft wird durchgehend ab 1928 anerkannt. Wird rehabilitiert.

Halle, Prof. Felix, geb. 1884
137. Sitzung ZPKK am 15. 10. 1956
Parteiausschluß wird aufgehoben. Wird nach mutmaßlichem Tode rehabilitiert.

Hamburger, Rudolf, geb. 3. 5. 1903
135. Sitzung ZPKK am 1. 9. 1956
Aushändigung der Kandidatenkarte mit Ausstellungsdatum 10. 3. 1956.

Harrer, Maria, geb. 13. 5. 1908
166. Sitzung ZPKK am 10. 11. 1958
Das Parteidokument wird mit Ausstellungsdatum 1. 11. 1958 ausgestellt. Mitgliedschaft zur Partei der Arbeiterklasse wird ab 1931 als ununterbrochen anerkannt.

Harzheim, Willi, geb. 1904
146. Sitzung ZPKK am 4. 3. 1957
Wird nach mutmaßlichem Tode rehabilitiert.

Hedeler, Walter
123. Sitzung ZPKK am 9. 11. 1955

Hemmerling, Elisabeth
123. Sitzung ZPKK am 9. 11. 1955

Henke, Paul, geb. 25. 6. 1891
142. Sitzung ZPKK am 12. 1. 1957
Wird nach mutmaßlichem Tode rehabilitiert.

Höfer, Walter, geb. 24. 8. 1903
138. Sitzung ZPKK am 19. 11. 1956

Mitgliedschaft zur Partei der Arbeiterklasse wird ab 1924 als ununterbrochen anerkannt. Aushändigung des Parteidokumentes mit Ausstellungsdatum 1. 10. 1956.

Hokuin, Margarete, geb. 7. 2. 1889
160. Sitzung ZPKK am 10. 2. 1958
Aushändigung des Parteidokumentes mit Ausstellungsdatum 1. 1. 1958. Mitgliedschaft wird ab 1921 als ununterbrochen anerkannt.

Hornick, Paul, geb. 18. 9. 1898
142. Sitzung ZPKK am 12. 1. 1957
Mitgliedschaft gilt ab 1919 als ununterbrochen. Aushändigung des Parteidokumentes mit Ausstellungsdatum 1. 12. 1956.

Horstmann, Hermann, geb. 1893
142. Sitzung ZPKK am 12. 1. 1957
Wird nach mutmaßlichem Tode rehabilitiert.

Hotopp, Albert, geb. 20. 9. 1886
176. Sitzung ZPKK am 27. 1. 1960
Die Mitgliedschaft in der Partei der Arbeiterklasse wird bis zu seinem Tode 1941 als ununterbrochen anerkannt.

John, Max, geb. 25. 11. 1880
135. Sitzung ZPKK am 1. 9. 1956
Genosse Max John wird rehabilitiert. Seine Mitgliedschaft in der Partei der Arbeiterklasse gilt ab 1917 als ununterbrochen.

Karras, Ella, geb. 8. 4. 1901
157. Sitzung ZPKK am 21. 10. 1957
Aushändigung des Parteidokumentes mit Ausstellungsdatum 1. 8. 1957. Die Mitgliedschaft in der Partei der Arbeiterklasse gilt ab 1925 als ununterbrochen.

Karras, Ludwig, geb. 1898
146. Sitzung ZPKK am 4. 3. 1957
Wird nach mutmaßlichem Tode rehabilitiert.

Kiesch, Fritz, geb. 4. 3. 1897
125. Sitzung ZPKK am 30. 12. 1955
Aushändigung des Parteidokumentes mit Ausstellungsdatum 1. 8. 1955. Mitgliedschaft wird durchgehend ab 1927 anerkannt.

Kirsten, Emil, geb. 20. 8. 1907
138. Sitzung ZPKK am 19. 11. 1956

Der Ausschluß wird aufgehoben, die Mitgliedschaft gilt ab 1945 als ununterbrochen.

Kjossewa, Christina (Anna Kerf), geb. 1. 10. 1906
135. Sitzung ZPKK am 1. 9. 1956
Die Mitgliedschaft in der Partei der Arbeiterklasse gilt ab 1928 als ununterbrochen.

Klaege, Elfriede
123. Sitzung ZPKK am 9. 11. 1955

Knauthe, Hans
136. Sitzung ZPKK am 22. 9. 1956
Dem Antrag der Genossin Knauthe wird stattgegeben. Es wird vorgeschlagen, den Genossen Hans Knauthe zu rehabilitieren.

Knauthe, Martin
136. Sitzung ZPKK am 22. 9. 1956
Dem Antrag der Genossin Knauthe wird stattgegeben. Es wird vorgeschlagen, den Genossen Martin Knauthe zu rehabilitieren.

Kolbe, Erna, geb. 7. 1. 1904
135. Sitzung ZPKK am 1. 9. 1956
Aushändigung des Parteidokumentes mit Ausstellungsdatum 5. 6. 1956. Die Mitgliedschaft wird durchgehend ab 1923 anerkannt.

Kolbe, Ernst, geb. 6. 4. 1905
142. Sitzung ZPKK am 12. 1. 1957
Mitgliedschaft gilt ab 1926 als ununterbrochen. Aushändigung des Parteidokumentes mit Ausstellungsdatum 1. 12. 1956.

König, Margarete, geb. 17. 8. 1889
127. Sitzung ZPKK am 15. 2. 1956
Aushändigung des Parteidokumentes mit Ausstellungsdatum 1. 1. 1956. Mitgliedschaft wird durchgehend ab 1917 anerkannt.

Koska, Willi, geb. 9. 1. 1902
148. Sitzung ZPKK am 30. 3. 1957
Wiederherstellung der Mitgliedschaft ab 1921 und Rehabilitierung nach seinem Tode [postum].

Kraft, Toni
123. Sitzung ZPKK am 9. 11. 1955

Krause, Anna
123. Sitzung ZPKK am 9. 11. 1955

Krüger, Alfred, geb. 16. 7. 1896
142. Sitzung ZPKK am 12. 1. 1957
Wird nach mutmaßlichem Tode rehabilitiert.

Krüger, Margarete, geb. 25. 1. 1903
148. Sitzung ZPKK am 30. 3. 1957
Wiederherstellung der Mitgliedschaft ab 1930. Ausstellung des Parteidokumentes mit Ausstellungsdatum 1. 3. 1957.

Krüger, Otto, geb. 4. 12. 1899
148. Sitzung ZPKK am 30. 3. 1957
Wiederherstellung der Mitgliedschaft ab 1926. Wird nach mutmaßlichem Tode rehabilitiert.

Krüger, Paul, geb. 26. 5. 1895
142. Sitzung ZPKK am 12. 1. 1957
Mitgliedschaft gilt ab 1921 als ununterbrochen. Aushändigung des Parteidokumentes mit Ausstellungsdatum 1. 10. 1956.

Kruppa, Hugo, geb. 6. 12. 1899
160. Sitzung ZPKK am 10. 2. 1958
Aushändigung des Parteidokumentes mit Ausstellungsdatum 1. 1. 1958. Mitgliedschaft wird ab 1930 als ununterbrochen anerkannt.

Küchler, Erich, geb. 27. 10. 1902
171. Sitzung ZPKK am 25. 5. 1959
Mitgliedschaft zur Partei der Arbeiterklasse wird ab 1920 als ununterbrochen anerkannt. Ausstellung des Parteidokumentes ab 15. 5. 1959.

Kühne, Martha, geb. 6. 3. 1888
135. Sitzung ZPKK am 1. 9. 1956
Die Mitgliedschaft wird ab 1917 anerkannt. Ausstellungsdatum des Parteidokumentes 1. 6. 1956.

Kuhr, Hugo, geb. 29. 8. 1901
175. Sitzung ZPKK am 26. 11. 1959
Mitgliedschaft zur Partei der Arbeiterklasse wird ab 1923 als ununterbrochen anerkannt. Ausstellung des Parteidokumentes mit Datum vom 1. 7. 1959.

Kurella, Heinz, geb. 1905
137. Sitzung ZPKK am 15. 10. 1956
Parteiausschluß wird aufgehoben. Wird nach mutmaßlichem Tode rehabilitiert.

Lask, Ludwig, geb. 1903
137. Sitzung ZPKK am 15. 10. 1956
Parteiausschluß wird aufgehoben. Wird nach mutmaßlichem Tode rehabilitiert.

Leidereiter, Willi, geb. 22. 3. 1905
137. Sitzung ZPKK am 15. 10. 1956
Aushändigung des Parteidokumentes mit Ausstellungsdatum 1. 10. 1956. Mitgliedschaft wird durchgehend ab 1925 anerkannt.

Leow, Hans, geb. 1907
149. Sitzung ZPKK am 15. 4. 1957
Genosse Hans Leow wird rehabilitiert.

Leschnitzer, Franz, geb. 12. 2. 1905
176. Sitzung ZPKK am 27. 1. 1960
Aushändigung des Parteidokumentes mit Ausstellungsdatum 1. 1. 1960. Die Mitgliedschaft in der Partei der Arbeiterklasse gilt ab 1931 als ununterbrochen.

Levi, Alfred, geb. 1895
142. Sitzung ZPKK am 12. 1. 1957
Wird nach mutmaßlichem Tode rehabilitiert.

Lewin, Gabriel
123. Sitzung ZPKK am 9. 11. 1955

Lochthofen, Lorenz, geb. 21. 10. 1907
168. Sitzung ZPKK am 4. 2. 1959
Aushändigung des Parteidokumentes mit Ausstellungsdatum 1. 1. 1959. Die Mitgliedschaft in der Partei der Arbeiterklasse gilt ab 1932 als ununterbrochen.

Lohse-Lask, Mira, geb. 6. 6. 1910
157. Sitzung ZPKK am 21. 10. 1957
Aushändigung des Parteidokumentes mit Ausstellungsdatum 1. 6. 1957. Die Mitgliedschaft in der Partei der Arbeiterklasse gilt ab 1931 als ununterbrochen.

Löwe, Willi, geb. 22. 5. 1896
142. Sitzung ZPKK am 12. 1. 1957
Wird nach mutmaßlichem Tode rehabilitiert.

Manhart, Hans, geb. 15. 9. 1894
163. Sitzung ZPKK am 4. 6. 1958
Die Mitgliedschaft wird ab 1913 anerkannt. Ausstellungsdatum des Parteidokumentes 1. 5. 1958.

Manhart, Johanna, geb. 15. 8. 1904
163. Sitzung ZPKK am 4. 6. 1958
Die Mitgliedschaft wird ab 1926 anerkannt. Ausstellungsdatum des Parteidokumentes 1. 5. 1958.

Margies, Franz, geb. 9. 1. 1895
142. Sitzung ZPKK am 12. 1. 1957
Wird nach mutmaßlichem Tode rehabilitiert.

Margies, Gerhard, geb. 21. 9. 1921
142. Sitzung ZPKK am 12. 1. 1957
Wird nach mutmaßlichem Tode rehabilitiert.

Margies, Rudolf, geb. 1889
137. Sitzung ZPKK am 15. 10. 1956
Parteiausschluß wird aufgehoben. Wird nach mutmaßlichem Tode rehabilitiert.

Margies-Stenzel, Greta, geb. 21. 10. 1900
135. Sitzung ZPKK am 1. 9. 1956
Aushändigung des Parteidokumentes mit Ausstellungsdatum 1. 7. 1956. Mitgliedschaft wird durchgehend ab 1918 anerkannt.

Menzel, Max, geb. 6. 9. 1903
125. Sitzung ZPKK am 30. 12. 1955
Aushändigung des Parteidokumentes mit Ausstellungsdatum 1. 7. 1955. Mitgliedschaft wird durchgehend ab 1927 anerkannt.

Menzel, Max, geb. 29. 9. 1898
135. Sitzung ZPKK am 1. 9. 1956
Aushändigung des Parteidokumentes mit Ausstellungsdatum 1. 7. 1956. Mitgliedschaft wird durchgehend ab 1926 anerkannt.

Mergenthal, Karl, geb. 15. 11. 1903
177. Sitzung ZPKK am 2. 3. 1960
Die Mitgliedschaft in der Partei der Arbeiterklasse gilt ab 1926 als ununterbrochen. Das Parteidokument ist ab 1. 3. 1960 auszustellen.

Metsch, Ferdinand, geb. 27. 7. 1877
164. Sitzung ZPKK am 23. 7. 1958

Ausstellungsdatum des Parteidokumentes 1. 7. 1958. Mitgliedschaft in der Partei der Arbeiterklasse wird ab 1903 als ununterbrochen anerkannt.

Meyer, Heinrich, geb. 1904
137. Sitzung ZPKK am 15. 10. 1956
Parteiausschluß wird aufgehoben. Wird nach mutmaßlichem Tode rehabilitiert.

Meyer, Kurt, geb. 27. 1. 1888
138. Sitzung ZPKK am 19. 11. 1956
Mitgliedschaft zur Partei der Arbeiterklasse wird ab 1917 als ununterbrochen anerkannt. Er wird rehabilitiert.

Mielke, Max, geb. 1906
137. Sitzung ZPKK am 15. 10. 1956
Parteiausschluß wird aufgehoben. Wird nach mutmaßlichem Tode rehabilitiert.

Müller, Charlotte, geb. 2. 10. 1905
140. Sitzung ZPKK am 8. 12. 1956
Der Ausschluß wird aufgehoben, die Mitgliedschaft gilt ab 1923 als ununterbrochen.

Müller, Walter, geb. 9. 8. 1909
171. Sitzung ZPKK am 25. 5. 1959
Mitgliedschaft zur Partei der Arbeiterklasse wird ab 1932 als ununterbrochen anerkannt. Ausstellung des Parteidokumentes ab 15. 5. 1959.

Nebel, Irma, geb. 29. 8. 1902
138. Sitzung ZPKK am 19. 11. 1956
Mitgliedschaft zur Partei der Arbeiterklasse wird ab 1929 als ununterbrochen anerkannt. Aushändigung des Parteidokumentes mit Ausstellungsdatum 1. 10. 1956.

Nebel, Ludwig, geb. 28. 8. 1900
138. Sitzung ZPKK am 19. 11. 1956
Mitgliedschaft zur Partei der Arbeiterklasse wird wiederhergestellt. Er ist damit rehabilitiert.

Nebel, Martha, geb. 2. 4. 1902
167. Sitzung ZPKK am 17. 12. 1958
Mitgliedschaft zur Partei der Arbeiterklasse wird ab 1930 als ununterbrochen anerkannt. Ausstellungsdatum des Parteidokumentes 1. 12. 1958.

Nebel, Richard, geb. 28. 8. 1900
138. Sitzung ZPKK am 19. 11. 1956
Mitgliedschaft zur Partei der Arbeiterklasse wird ab 1928 als ununterbrochen anerkannt. Aushändigung des Parteidokumentes mit Ausstellungsdatum 1. 10. 1956.

Nebel, Willi, geb. 1903
138. Sitzung ZPKK am 19. 11. 1956
Mitgliedschaft zur Partei der Arbeiterklasse wird wiederhergestellt. Er ist damit rehabilitiert.

Neumann, Kurt, geb. 15. 9. 1906
185. Sitzung ZPKK am 28. 6. 1961
Mitgliedschaft zur Partei der Arbeiterklasse wird ab 1925 als ununterbrochen anerkannt. Mitgliedsbuch wird ab 1. 7. 1961 ausgestellt.

Nier, Ernst, geb. 12. 3. 1909
142. Sitzung ZPKK am 12. 1. 1957
Mitgliedschaft gilt ab 1933 als ununterbrochen. Aushändigung des Parteidokumentes mit Ausstellungsdatum 1. 1. 1957.

Nissenbaum, Max, geb. 1900
146. Sitzung ZPKK am 4. 3. 1957
Wird nach mutmaßlichem Tode rehabilitiert.

Nowatki, Klara, geb. 18. 7. 1898
175. Sitzung ZPKK am 26. 11. 1959
Mitgliedschaft zur Partei der Arbeiterklasse wird ab 1928 als ununterbrochen anerkannt. Ausstellung des Parteidokumentes mit Datum vom 1. 11. 1959.

Ohlrich, Hans, geb. 4. 10. 1898
135. Sitzung ZPKK am 1. 9. 1956
Aushändigung des Parteidokumentes mit Ausstellungsdatum 1. 6. 1956. Die Mitgliedschaft wird durchgehend ab 1920 anerkannt.

Otto, Käthe, geb. 3. 6. 1910
168. Sitzung ZPKK am 4. 2. 1959
Aushändigung des Parteidokumentes mit Ausstellungsdatum 1. 1. 1959. Die Mitgliedschaft in der Partei der Arbeiterklasse gilt ab 1930 als ununterbrochen.

Pels, Lea
153. Sitzung ZPKK am 1. 7. 1957

Peschki, Lidia, geb. 26. 4. 1897
165. Sitzung ZPKK am 29. 9. 1958
Ausstellungsdatum des Parteidokumentes 1. 8. 1958. Mitgliedschaft zur Partei der Arbeiterklasse wird ab 1929 als ununterbrochen anerkannt.

Petermann, Erna, geb. 5. 7. 1904
128. Sitzung ZPKK am 11. 4. 1956

Pfarr, Georg, geb. 16. 7. 1905
128. Sitzung ZPKK am 11. 4. 1956

Pfister, Gertrud
123. Sitzung ZPKK am 9. 11. 1955

Pommorski, Johann, geb. 15. 12. 1903
165. Sitzung ZPKK am 29. 9. 1958
Ausstellungsdatum des Parteidokumentes 1. 8. 1958. Mitgliedschaft zur Partei der Arbeiterklasse wird ab 1927 als ununterbrochen anerkannt.

Prange, Fritz, geb. 2. 2. 1895
137. Sitzung ZPKK am 15. 10. 1956
Ab 1920 KPD, wahrscheinlich verstorben. Wird rehabilitiert.

Prange, Valentine, geb. 3. 3. 1896
137. Sitzung ZPKK am 15. 10. 1956
Aushändigung des Parteidokumentes mit Ausstellungsdatum 1. 10. 1956. Mitgliedschaft wird durchgehend ab 1922 anerkannt.

Radensleben, Willi
123. Sitzung ZPKK am 9. 11. 1955

Rautenberg, Dr. Louis, geb. 25. 11. 1901
127. Sitzung ZPKK am 15. 2. 1956
Aushändigung des Parteidokumentes mit Ausstellungsdatum 1. 1. 1956. Mitgliedschaft wird durchgehend ab 1930 anerkannt.

Rechlin-Großmann, Eva, geb. 28. 3. 1908
129. Sitzung ZPKK am 30. 5. 1956

Reiber, Ida, geb. 7. 8. 1903
139. Sitzung ZPKK am 25. 11. 1956
Die Mitgliedschaft in der Partei der Arbeiterklasse gilt ab 1927 als ununterbrochen. Ausstellung des Parteidokumentes mit Ausstellungsdatum 1. 11. 1957.

Reiche, Paul, geb. 31. 8. 1895
142. Sitzung ZPKK am 12. 1. 1957
Wird nach mutmaßlichem Tode rehabilitiert.

Reimann, Berta, geb. 28. 10. 1896
166. Sitzung ZPKK am 10. 11. 1958
Das Parteidokument wird mit Ausstellungsdatum 1. 11. 1958 ausgestellt. Mitgliedschaft zur Partei der Arbeiterklasse wird ab 1926 als ununterbrochen anerkannt.

Reimann, Hermann, geb. 8. 9. 1896
166. Sitzung ZPKK am 10. 11. 1958
Mitgliedschaft zur Partei der Arbeiterklasse wird ab 1924 als ununterbrochen anerkannt. Wird nach mutmaßlichem Tode rehabilitiert.

Reisberg, Arnold, geb. 17. 2. 1904
170. Sitzung ZPKK am 28. 4. 1959
Mitgliedschaft zur Partei der Arbeiterklasse wird ab 1924 als ununterbrochen anerkannt. Ausstellung des Parteidokumentes ab 1. 5. 1959.

Reisberg, Eleonore, geb. 3. 10. 1908
170. Sitzung ZPKK am 28. 4. 1959
Mitgliedschaft zur Partei der Arbeiterklasse wird ab 1925 als ununterbrochen anerkannt. Ausstellung des Parteidokumentes ab 1. 5. 1959.

Remmele, Anna, geb. Sept. 1888
153. Sitzung ZPKK am 1. 7. 1957
Der Ausschluß aus der Partei wird aufgehoben. Die Mitgliedschaft in der Partei der Arbeiterklasse gilt ab 1912 als ununterbrochen.

Remmele, Hedwig, geb. 20. 10. 1907
137. Sitzung ZPKK am 15. 10. 1956
Aushändigung des Parteidokumentes mit Ausstellungsdatum 1. 9. 1956. Parteimitgliedschaft gilt ab 1927 als nicht unterbrochen.

Remmele, Helmuth, geb. 10. 1. 1910
153. Sitzung ZPKK am 1. 7. 1957
Der Ausschluß aus der Partei wird aufgehoben. Die Mitgliedschaft in der Partei der Arbeiterklasse gilt ab 1928 als ununterbrochen.

Remmele, Hermann, geb. Sept. 1880
153. Sitzung ZPKK am 1. 7. 1957
Der Ausschluß aus der Partei wird aufgehoben. Die Mitgliedschaft in der Partei der Arbeiterklasse gilt ab 1897 als ununterbrochen.

Reschke, Erich, geb. 14. 3. 1902
128. Sitzung ZPKK am 11. 4. 1956

Ries, Friederike, geb. 30. 9. 1905
125. Sitzung ZPKK am 30. 12. 1955
Aushändigung des Parteidokumentes mit Ausstellungsdatum 1. 12. 1955. Mitgliedschaft wird durchgehend ab 1930 anerkannt.

Riess, Erwin, geb. 1907
137. Sitzung ZPKK am 15. 10. 1956
Parteiausschluß wird aufgehoben. Wird nach mutmaßlichem Tode rehabilitiert.

Röhrig, Käthe, geb. 7. 9. 1898
181. Sitzung ZPKK am 3. 11. 1960
Mitgliedschaft zur Partei der Arbeiterklasse wird ab 1926 als ununterbrochen anerkannt. Mitgliedsbuch wird ab 1. 12. 1960 ausgestellt.

Röhrs, Willi, geb. 1897
137. Sitzung ZPKK am 15. 10. 1956
Parteiausschluß wird aufgehoben. Wird nach mutmaßlichem Tode rehabilitiert.

Röker, Anna, geb. 18. 9. 1891
157. Sitzung ZPKK am 21. 10. 1957
Aushändigung des Parteidokumentes mit Ausstellungsdatum 1. 8. 1957. Die Mitgliedschaft in der Partei der Arbeiterklasse gilt ab 1920 als ununterbrochen.

Röker, Richard, geb. 9. 2. 1892
157. Sitzung ZPKK am 21. 10. 1957
Die Mitgliedschaft in der Partei der Arbeiterklasse gilt ab 1912 als ununterbrochen. Er wird rehabilitiert [postum].

Rosenfeld, Ester, geb. 29. 12. 1896
165. Sitzung ZPKK am 29. 9. 1958
Ausstellungsdatum des Parteidokumentes 1. 9. 1958. Mitgliedschaft zur Partei der Arbeiterklasse wird ab 1931 als ununterbrochen anerkannt.

Rosenfeld, Rubin, geb. 23. 6. 1908
148. Sitzung ZPKK am 30. 3. 1957
Wiederherstellung der Mitgliedschaft ab 1929. Ausstellung des Parteidokumentes mit Ausstellungsdatum 1. 3. 1957.

Rosenke, Walter, geb. 9. 11. 1902
128. Sitzung ZPKK am 11. 4. 1956

Ruben-Wolf, Dr. Lothar, geb. 1882
137. Sitzung ZPKK am 15. 10. 1956
Parteiausschluß wird aufgehoben. Wird nach mutmaßlichem Tode rehabilitiert.

Ruegg, Gertrud, geb. 22. 8. 1895
165. Sitzung ZPKK am 29. 9. 1958
Ausstellungsdatum des Parteidokumentes 1. 8. 1958. Mitgliedschaft zur Partei der Arbeiterklasse wird ab 1919 als ununterbrochen anerkannt.

Ruhl, Kurt, geb. 17. 12. 1899
138. Sitzung ZPKK am 19. 11. 1956
Der Ausschluß wird aufgehoben, die Mitgliedschaft gilt ab 1920 als ununterbrochen.

Rupprecht, Emma, geb. 16. 5. 1906
128. Sitzung ZPKK am 11. 4. 1956

Sacke, Hedwig, geb. 16. 12. 1898
165. Sitzung ZPKK am 29. 9. 1958
Ausstellungsdatum des Parteidokumentes 1. 5. 1958. Mitgliedschaft zur Partei der Arbeiterklasse wird ab 1928 als ununterbrochen anerkannt.

Satzger, Antonie, geb. 3. 9. 1911
171. Sitzung ZPKK am 25. 5. 1959
Mitgliedschaft zur Partei der Arbeiterklasse wird ab 1930 als ununterbrochen anerkannt. Ausstellung des Parteidokumentes ab 1. 5. 1959.

Sauer, Anni, geb. 16. 6. 1906
148. Sitzung ZPKK am 30. 3. 1957
Wiederherstellung der Mitgliedschaft ab 1931. Aushändigung des Parteidokumentes mit Ausstellungsdatum 1. 4. 1957.

Schalk, Rita, geb. 12. 12. 1900
149. Sitzung ZPKK am 15. 4. 1957
Aushändigung des Parteidokumentes mit Ausstellungsdatum 1. 4. 1957. Mitgliedschaft wird durchgehend ab 1926 anerkannt.

Schiffmann, Adele, geb. 28. 7. 1905
169. Sitzung ZPKK am 19. 3. 1959
Mitgliedschaft zur Partei der Arbeiterklasse wird ab 1930 als ununterbrochen anerkannt. Ausstellungsdatum des Parteidokumentes 1. 1. 1959.

Schimanski, Frieda, geb. 20. 8. 1893
160. Sitzung ZPKK am 10. 2. 1958
Aushändigung des Parteidokumentes mit Ausstellungsdatum 1. 9. 1957. Mitgliedschaft wird ab 1920 als ununterbrochen anerkannt.

Schimanski, Fritz, geb. 1. 7. 1889
160. Sitzung ZPKK am 10. 2. 1958
Mitgliedschaft wird ab 1915 anerkannt. Wird rehabilitiert.

Schimanski, Hans, geb. 13. 8. 1917
160. Sitzung ZPKK am 10. 2. 1958
Mitgliedschaft im KJVD wird anerkannt. Wird nach mutmaßlichem Tode rehabilitiert.

Schinkel, Helmut
137. Sitzung ZPKK am 15. 10. 1956
Parteiausschluß wird aufgehoben. Wird nach mutmaßlichem Tode rehabilitiert.

Schleeh, August, geb. 24. 4. 1906
148. Sitzung ZPKK am 30. 3. 1957
Wiederherstellung der Mitgliedschaft ab 1927. Ausstellung des Parteidokumentes mit Ausstellungsdatum 1. 4. 1957.

Schmidt, Georg
137. Sitzung ZPKK am 15. 10. 1956
Parteiausschluß wird aufgehoben. Wird nach mutmaßlichem Tode rehabilitiert.

Schmidt, Heinz, geb. 1. 12. 1912
137. Sitzung ZPKK am 15. 10. 1956
Parteiausschluß wird aufgehoben. Wird nach mutmaßlichem Tode rehabilitiert.

Schmidt, Hildegard-Charlotte, geb. 5. 6. 1902
163. Sitzung ZPKK am 4. 6. 1958
Die Mitgliedschaft wird ab 1926 anerkannt. Wird nach ihrem Tode [postum] rehabilitiert.

Schmidt, Karl, geb. 14. 8. 1897
163. Sitzung ZPKK am 4. 6. 1958
Die Mitgliedschaft wird ab 1926 anerkannt. Wird nach mutmaßlichem Tode rehabilitiert.

Schneider, Gerhard, geb. 19. 4. 1920
135. Sitzung ZPKK am 1. 9. 1956
Die Mitgliedschaft wird ab 1945 anerkannt. Ausstellungsdatum des Parteidokumentes 1. 8. 1956.

Schneider, Josef, geb. 18. 3. 1882
163. Sitzung ZPKK am 4. 6. 1958
Die Mitgliedschaft wird ab 1905 anerkannt. Wird rehabilitiert [postum].

Schnelle, Hermann, geb. 30. 5. 1901
125. Sitzung ZPKK am 30. 12. 1955
Aushändigung des Parteidokumentes mit Ausstellungsdatum 1. 11. 1955. Mitgliedschaft wird durchgehend ab 1923 anerkannt.

Schönfeld, Betti, geb. 26. 5. 1910
157. Sitzung ZPKK am 21. 10. 1957
Aushändigung des Parteidokumentes mit Ausstellungsdatum 1. 8. 1957. Die Mitgliedschaft in der Partei der Arbeiterklasse gilt ab 1931 als ununterbrochen.

Schubert, Auguste, geb. 23. 12. 1906
149. Sitzung ZPKK am 15. 4. 1957
Aushändigung des Parteidokumentes mit Ausstellungsdatum 1. 3. 1957. Mitgliedschaft wird durchgehend ab 1922 anerkannt.

Schubert, Paul, geb. 24. 11. 1906
129. Sitzung ZPKK am 30. 5. 1956

Schüchel, Elly, geb. 26. 8. 1900
179. Sitzung ZPKK am 31. 5. 1960
Mitgliedschaft zur Partei der Arbeiterklasse wird ab 1924 als ununterbrochen anerkannt. Mitgliedsbuch wird ab 1. 5. 1960 ausgestellt.

Schüler, Albert, geb. 26. 3. 1886
135. Sitzung ZPKK am 1. 9. 1956
Genosse Albert Schüler wird rehabilitiert [postum].

Schüler, Gerda, geb. 27. 2. 1913
135. Sitzung ZPKK am 1. 9. 1956
Genossin Gerda Schüler wird rehabilitiert [postum].

Schünemann, Hermann, geb. 19. 12. 1889
165. Sitzung ZPKK am 29. 9. 1958
Mitgliedschaft zur Partei der Arbeiterklasse wird ab 1913 als ununterbrochen anerkannt. Wird nach seinem Tode [postum] rehabilitiert.

Schünemann, Hulda, geb. 30. 3. 1892
165. Sitzung ZPKK am 29. 9. 1958
Ausstellungsdatum des Parteidokumentes 1. 8. 1958. Mitgliedschaft zur Partei der Arbeiterklasse wird ab 1925 als ununterbrochen anerkannt.

Schuster, Heinz, geb. 14. 12. 1917
133. Sitzung ZPKK am 1. 8. 1956
Es wird vorgeschlagen, den Genossen Schuster nicht als Kandidat, sondern als Mitglied ab Juni 1956 in die Partei aufzunehmen.

Schwabedahl, Agnes, geb. 20. 12. 1881
161. Sitzung ZPKK am 17. 3. 1958
Genossin Schwabedahl wird in die SED überführt. Aushändigung des Parteidokumentes mit Ausstellungsdatum 1. 1. 1958. Mitgliedschaft wird ab 1918 als ununterbrochen anerkannt.

Schwarzmüller, Franz-Xaver, geb. 3. 4. 1910
148. Sitzung ZPKK am 30. 3. 1957
Wiederherstellung der Parteimitgliedschaft ab 1929. Wird nach seinem Tode [postum] rehabilitiert.

Sieg, Otto, geb. 3. 1. 1905
142. Sitzung ZPKK am 12. 1. 1957
Wird nach mutmaßlichem Tode rehabilitiert.

Slawuzkaja-Müller, Wilhelmine, geb. 27. 6. 1905
151. Sitzung ZPKK am 20. 5. 1957
Der Ausschluß aus der KPD 1936 wird aufgehoben.

Sommer, Gertrud, geb. 13. 2. 1899
150. Sitzung ZPKK am 6. 5. 1957
Ausstellung des Parteidokumentes mit Ausstellungsdatum 1. 4. 1957.

Sommer, Michael, geb. 12. 7. 1896
150. Sitzung ZPKK am 6. 5. 1957
Die Mitgliedschaft gilt ab 1919 als ununterbrochen. Er wird rehabilitiert.

Staege, Helmut, geb. 20. 1. 1916
173. Sitzung ZPKK am 17. 8. 1959
Mitgliedschaft zur Partei der Arbeiterklasse wird ab 1933 als ununterbrochen anerkannt.

Stammberger, Gabriele, geb. 15. 10. 1910
160. Sitzung ZPKK am 10. 2. 1958
Antrag auf Parteimitgliedschaft ab 1931 wird nicht stattgegeben.

Stange-Stamm, Franz, geb. 10. 2. 1903
129. Sitzung ZPKK am 30. 5. 1956

Stark, Else, geb. 10. 4. 1897
136. Sitzung ZPKK am 22. 9. 1956
Aushändigung des Parteidokumentes mit Ausstellungsdatum 1. 2. 1956. Parteimitgliedschaft gilt ab 1919 als nicht unterbrochen.

Steinberger, Edith, geb. 21. 6. 1908
127. Sitzung ZPKK am 15. 2. 1956
Aushändigung des Parteidokumentes mit Ausstellungsdatum 1. 1. 1956. Mitgliedschaft wird durchgehend ab 1926 anerkannt.

Steinberger, Nathan, geb. 16. 7. 1910
127. Sitzung ZPKK am 15. 2. 1956
Aushändigung des Parteidokumentes mit Ausstellungsdatum 1. 1. 1956. Mitgliedschaft wird durchgehend ab 1928 anerkannt.

Steinbring, Ernst, geb. 25. 8. 1887
129. Sitzung ZPKK am 30. 5. 1956

Stern, Dr. Alfred, geb. 27. 11. 1901
128. Sitzung ZPKK am 11. 4. 1956

Stolpin, Minna, geb. 12. 9. 1906
128. Sitzung ZPKK am 11. 4. 1956

Sumpf, Hermann, geb. 1. 5. 1882
164. Sitzung ZPKK am 23. 7. 1958
Ausstellungsdatum des Parteidokumentes 1. 7. 1958. Mitgliedschaft zur Partei der Arbeiterklasse wird ab 1902 als ununterbrochen anerkannt.

Syszpanski, Rudolf, geb. 1898
146. Sitzung ZPKK am 4. 3. 1957
Wird nach mutmaßlichem Tode rehabilitiert.

Szader, Else, geb. 12. 5. 1906
149. Sitzung ZPKK am 15. 4. 1957
Aushändigung des Parteidokumentes mit Ausstellungsdatum 1. 4. 1956. Mitgliedschaft wird durchgehend ab 1929 anerkannt.

Szinda, Therese, geb. 27. 1. 1903
135. Sitzung ZPKK am 1. 9. 1956
Die im Jahre 1938 von der WKP(B) [andere Bezeichnung für KPdSU(B)] gegen die Genossin Szinda verhängte Parteistrafe »strenge Rüge« wegen mangelnder Wachsamkeit gegenüber dem Klassenfeind wird aufgehoben.

Thomas, Georg, geb. 1881
146. Sitzung ZPKK am 4. 3. 1957
Wird nach mutmaßlichem Tode rehabilitiert.

Tichauer, Heinz, geb. 24. 10. 1901
137. Sitzung ZPKK am 15. 10. 1956
Seit 1923 KPD – 1939 verstorben. Wird rehabilitiert.

Tichauer, Mia, geb. 9. 2. 1904
137. Sitzung des ZPKK am 15. 10. 1956
Aushändigung des Parteidokumentes mit Ausstellungsdatum 1. 10. 1956. Mitgliedschaft wird durchgehend ab 1925 anerkannt.

Tieke, Anna, geb. 11. 11. 1897
129. Sitzung ZPKK am 30. 5. 1956

Tieke, Rudolf, geb. 19. 10. 1895
129. Sitzung ZPKK am 30. 5. 1956

Tieke, Rudolf, geb. 3. 10. 1916
129. Sitzung ZPKK am 30. 5. 1956

Tilemann, Karl, geb. 14. 4. 1901
153. Sitzung ZPKK am 1. 7. 1957
Der Ausschluß aus der Partei wird aufgehoben. Die Mitgliedschaft in der Partei der Arbeiterklasse gilt ab 1928 als ununterbrochen.

Tobeler, Anna
123. Sitzung ZPKK am 9. 11. 1955

Tobeler, Karl-Paul, geb. 18. 9. 1876
137. Sitzung ZPKK am 15. 10. 1956
Parteiausschluß wird aufgehoben. Wird nach mutmaßlichem Tode rehabilitiert.

Töppe, Erich, geb. 24. 11. 1910
128. Sitzung ZPKK am 11. 4. 1956

Tröder, Max, geb. 8. 6. 1900
176. Sitzung ZPKK am 27. 1. 1960
Mitgliedschaft wird durchgehend ab 1932 anerkannt.

Trottner, Anna, geb. 12. 8. 1902
135. Sitzung ZPKK am 1. 9. 1956
Aushändigung des Parteidokumentes mit Ausstellungsdatum 1. 7. 1956. Die Mitgliedschaft wird durchgehend ab 1923 anerkannt.

Ullrich, Ferdinand, geb. 22. 6. 1902
135. Sitzung ZPKK am 1. 9. 1956
Aushändigung des Parteidokumentes mit Ausstellungsdatum 1. 7. 1956. Die Mitgliedschaft wird durchgehend ab 1. 1. 1922 anerkannt.

Unsöld, Willi, geb. 24. 4. 1907
136. Sitzung ZPKK am 22. 9. 1956
Aushändigung des Parteidokumentes mit Ausstellungsdatum 1. 5. 1956. Mitgliedschaft wird durchgehend ab 1930 anerkannt.

Vater, Cläre, geb. 6. 5. 1900
175. Sitzung ZPKK am 26. 11. 1959
Mitgliedschaft zur Partei der Arbeiterklasse wird ab 1919 als ununterbrochen anerkannt.

Verner, Wenzel, geb. 1887
137. Sitzung ZPKK am 15. 10. 1956
Parteiausschluß wird aufgehoben. Wird nach mutmaßlichem Tode rehabilitiert.

Volkmann, Irma
123. Sitzung ZPKK am 9. 11. 1955

Volkmann, Marga, geb. 8. 1. 1913
135. Sitzung ZPKK am 1. 9. 1956
Aushändigung des Parteidokumentes mit Ausstellungsdatum 1. 5. 1956. Mitgliedschaft wird durchgehend ab 1932 anerkannt.

Vostry, Josef
153. Sitzung ZPKK am 1. 7. 1957
Der Ausschluß aus der Partei wird aufgehoben. Die Mitgliedschaft in der Partei der Arbeiterklasse gilt ab 1923 als ununterbrochen.

Walcher, Jacob, geb. 7. 5. 1887
190. Sitzung ZPKK am 21. 2. 1962
Mitgliedschaft zur Partei der Arbeiterklasse wird ab 1906 als ununterbrochen anerkannt.

Wellnitz, Elisabeth
123. Sitzung ZPKK am 9. 11. 1955

Wende, Willi, geb. 30. 11. 1897
129. Sitzung ZPKK am 30. 5. 1956

Wengels, Erna
123. Sitzung ZPKK am 9. 11. 1955

Wenzel, Johann, geb. 9. 3. 1902
128. Sitzung ZPKK am 11. 4. 1956

Wilde, Grete, geb. 1902
142. Sitzung ZPKK am 12. 1. 1957
Wird nach mutmaßlichem Tode rehabilitiert.

Willmer, Dr. Arnold, geb. 4. 2. 1888
192. Sitzung ZPKK am 4. 7. 1962
Die Mitgliedschaft in der Partei der Arbeiterklasse gilt ab 1909 als ununterbrochen. Der Ausschluß aus der KPD von 1937 wird aufgehoben.

Winkler, Willi, geb. 16. 9. 1899
138. Sitzung ZPKK am 19. 11. 1956
Mitgliedschaft zur Partei der Arbeiterklasse wird ab 1918 als ununterbrochen anerkannt. Er ist damit rehabilitiert.

Wundersee, Erich, geb. 25. 5. 1889
160. Sitzung ZPKK am 10. 2. 1958
Aushändigung des Parteidokumentes mit Ausstellungsdatum 1. 12. 1957. Mitgliedschaft wird ab 1913 als ununterbrochen anerkannt.

Würz, Else, geb. 19. 10. 1899
167. Sitzung ZPKK am 17. 12. 1958
Mitgliedschaft zur Partei der Arbeiterklasse wird ab 1923 als ununterbrochen anerkannt. Ausstellungsdatum des Parteidokumentes 1. 12. 1958.

Zirkel, Grete, geb. 15. 5. 1902
163. Sitzung ZPKK am 4. 6. 1958
Die Mitgliedschaft wird ab 1921 anerkannt. Ausstellungsdatum des Parteidokumentes 1. 6. 1958.

Anmerkungen

1 Über den Personenkult und seine Folgen. Rede N. S. Chruschtschows in der internen Sitzung des XX. Parteitages der KPdSU, 25. Februar 1956

1 Der XX. Parteitag fand vom 14. bis 25. Februar 1956 im Großen Kremlpalast in Moskau statt. Die Rede des Ersten Sekretärs des ZK der KPdSU, Nikita Sergejewitsch Chruschtschow, »Über den Personenkult und seine Folgen« wurde in einer geschlossenen Sitzung am Vormittag des 25. Februar verlesen.

Das Präsidium des ZK der KPdSU hatte am 13. Februar 1956 den Vorschlag unterbreitet, eine geschlossene Sitzung abzuhalten, auf der Nikita Chruschtschow mit seiner Rede »Über den Personenkult und seine Folgen« auftreten sollte. Am gleichen Tag fand ein Plenum des ZK der KPdSU statt, das diesen Vorschlag bestätigte. Auf dieser geschlossenen Sitzung wurde kein stenographisches Protokoll geführt. Es wurde beschlossen, keine Diskussion zu dieser Rede zu eröffnen. Auf Vorschlag Nikolai Bulganins, der die Sitzung leitete, faßte der Parteitag einstimmig den Beschluß »Über den Personenkult und seine Folgen«, der in der Presse veröffentlicht wurde. Außerdem wurde der Beschluß gefaßt, die Rede an alle Parteiorganisationen zu schicken, jedoch ohne sie in der Presse zu veröffentlichen.

Am 1. März 1956 wurde der Text der Rede, der für die Parteiorganisationen vorgesehen war, mit einer Bemerkung Chruschtschows an alle Mitglieder und Kandidaten des Präsidiums sowie an alle Sekretäre des ZK der KPdSU gegeben. Im Text war eine kleine stilistische und redaktionelle Korrektur vermerkt: es wurden die Quellen der Werke von Marx, Engels und Lenin sowie anderer Zitate gekennzeichnet, Abweichungen des Redners vom erarbeiteten Text eingefügt, die Reaktion der Delegierten auf die eine oder andere Aussage der Rede festgehalten.

Am 5. März 1956 faßte das Präsidium des ZK der KPdSU den Beschluß »Über die Bekanntmachung mit der Rede des Genossen N. S. Chruschtschow ›Über den Personenkult und seine Folgen‹ auf dem XX. Parteitag der KPdSU«. Darin heißt es: »1. Den Gebiets- und Regionskomitees, den ZK der kommunistischen Parteien der Republiken vorschlagen, alle Kommunisten und Komsomolzen, die Aktivs der parteilosen Arbeiter, Angestellten und Kolchosbauern mit der Rede des Gen. Chruschtschow ›Über den Personenkult und seine Folgen‹ vom XX. Parteitag der KPdSU bekanntzumachen. 2. Die Rede des Gen.

Chruschtschow an alle Parteiorganisationen mit der Bemerkung ›Nicht für die Presse‹ schicken sowie die Bemerkung ›Streng geheim‹ von der Broschüre streichen.« In Übereinstimmung mit diesem Beschluß wurde die Rede auf allen Partei- und Komsomolversammlungen verlesen.

Chruschtschow, Nikita Sergejewitsch (1894–1971) – seit 1918 Mitglied der Partei, Teilnehmer am Bürgerkrieg, seit 1920 in Partei- und Wirtschaftsfunktionen tätig; von 1935 bis 1938 1. Sekretär des Moskauer Stadtkomitees beim Moskauer Gebietskomitee der KPdSU(B), von 1938 bis 1949 Erster Sekretär des ZK der KP(B) der Ukraine, gleichzeitig von 1944 bis 1947 Vorsitzender des Rates der Volkskommissare (Ministerrat) der Ukraine; während des Großen Vaterländischen Krieges Mitglied einer Reihe von Militärräten verschiedener Fronten; von 1949 bis 1953 Sekretär des ZK, 1. Sekretär des Moskauer Parteikomitees, seit 1934 Mitglied des ZK der KPdSU(B). 1938 Kandidat, von 1939 bis 1964 Mitglied des Politbüros (des Präsidiums) des ZK, von 1953 bis 1964 Erster Sekretär des ZK der KPdSU, gleichzeitig von 1958 bis 1964 Vorsitzender des Ministerrates der UdSSR; von 1964 bis 1971 Rentner.

Bulganin, Nikolai Alexandrowitsch (1895–1975) – seit 1917 Mitglied der Partei, Marschall der Sowjetunion (1947–1958), seit 1958 Generaloberst; seit 1922 in Wirtschaftsfunktionen tätig, von 1931 bis 1937 Vorsitzender des Moskauer Stadtsowjets, seit 1937 Stellvertreter des Vorsitzenden des Rates der Volkskommissare der UdSSR; in den Jahren des Großen Vaterländischen Krieges Mitglied von Militärräten verschiedener Fronten, seit 1944 Mitglied des Staatlichen Komitees für Verteidigung und stellvertretender Volkskommissar für die Verteidigung, seit 1947 Stellvertreter des Vorsitzenden des Ministerrates der UdSSR und gleichzeitig von 1947 bis 1949 Minister der Streitkräfte der UdSSR, von 1953 bis 1955 Verteidigungsminister der UdSSR, von 1934 bis 1961 Mitglied des ZK der KPdSU, von 1948 bis 1958 Mitglied des Politbüros (des Präsidiums) des ZK der KPdSU.

2 Karl Marx/Friedrich Engels: Werke, Bd. 34, S. 308 (im folgenden: MEW).

3 Friedrich Engels: An den Sängerverein des Kommunistischen Arbeiterbildungsvereins, Tottenham Street. In: MEW, Bd. 22, S. 264.

4 W. I. Lenin: Sitzung des Gesamtrussischen Zentralexekutivkomitees, 4. (17.) November 1917. In: Werke, Bd. 26, S. 287 (im folgenden: LW).

5 W. I. Lenin: Politische Erpressung: In: LW, Bd. 25, S. 266.

6 W. I. Lenin: Über einen Artikel Plechanows. In: LW, Bd. 13, S. 128.

7 W. I. Lenin: Wie wir die Arbeiter- und Bauerninspektion reorganisieren sollen. In: LW, Bd. 33, S. 472.

8 LW, Bd. 36, S. 579.

9 Ebenda, S. 580.

10 Der XIII. Parteitag fand im Mai 1924 statt.

11 Gemeint ist Grigori Jewsejewitsch Sinowjew.

12 W. I. Lenin: Briefe, Bd. IX, S. 547/548 (im folgenden: LB). Der drittletzte und der viertletzte Satz dieses Briefes sind in diesem Band nur unvollständig zitiert.

13 LB, Bd. IX, S. 336.

14 Der XVII. Parteitag fand im Januar/Februar 1934 statt.

15 Unter Kattun-Industrialisierung wurde in der damaligen Diskussion ein Industrialisierungstyp verstanden, bei dem nicht die Schwer-, sondern die Leichtindustrie Vorrang genoß.

16 W. I. Lenin: Entwurf eines Beschlusses des Politbüros des ZK der KPR(B). In: LW, Ergänzungsband Oktober 1917–März 1923, S. 216.

17 W. I. Lenin: Brief an das Zentralkomitee der SDAPR(B). In: LW, Bd. 26, S. 213/214.

18 LW, Bd. 36, S. 579.

19 *Berija, Lawrenti Pawlowitsch* (1899–1953) – ehemaliger Volkskommissar (Minister) des Innern der UdSSR, Erster Stellvertreter des Vorsitzenden des Ministerrates der UdSSR, Mitglied des Präsidiums des ZK der KPdSU. Das Plenum des ZK der KPdSU vom Juli 1953 schloß ihn wegen partei- und staatsfeindlicher Handlungen aus dem ZK und der Partei aus. Er wurde von allen staatlichen Funktionen entbunden.

Am 23. Dezember 1953 verurteilte ein Sondergericht des Obersten Gerichts der UdSSR Berija zum Tode.

20 W. I. Lenin: Sozialdemokratie und Dumawahlen. In: LW, Bd. 11, S. 438.

21 Der XVIII. Parteitag fand im März 1939, der XIX. Parteitag im Oktober 1952 statt.

22 Laut Beschluß des Politbüros des ZK der KPdSU(B) vom 2. Oktober 1941 war das Plenum des ZK der KPdSU(B) für den 10. Oktober 1941 mit folgender Tagesordnung einzuberufen: »1. Militärische Lage unseres Landes, 2. Aufgaben von Partei und Staat zur Landesverteidigung.« Mit Beschluß des Politbüros des ZK der KPdSU(B) vom 9. Oktober 1941 wurde das Plenum »aufgrund der entstandenen gefährlichen Lage an der Front und der Unzweckmäßigkeit der Abberufung der führenden Genossen« verschoben. Während des Krieges fand nur ein Plenum am 27. Januar 1944 statt.

23 Gemeint ist eine Kommission, die vom Präsidium des ZK der KPdSU am 31. Dezember 1955 gebildet wurde. Sie hatte die Aufgabe, Material über die Massenrepressalien gegen Kandidaten und Mitglieder des ZK der KPdSU(B), die vom XVII. Parteitag gewählt worden waren, und gegen andere sowjetische Bürger in der Zeit von 1935 bis 1940 zu untersuchen. Zu der Kommission gehörten die Sekretäre des ZK der KPdSU Pjotr Pospelow und Awerki Aristow, der Vorsitzende des Gesamtrussischen Zentralrats der Gewerkschaften Nikolai Schwernik sowie der Stellvertreter des Vorsitzenden des Komitees für Parteikontrolle beim ZK der KPdSU Komarow.

24 NKWD: Volkskommissariat für Innere Angelegenheiten (Innenministerium).

25 *Jenukidse, Awel Safronowitsch* (1877–1937) – Mitglied der Partei seit 1898, seit Juli 1918 Mitglied und Sekretär des Gesamtrussischen Zentralexekutivkomitees und des Präsidiums des Zentralexekutivkomitees.

26 Es geht um den Beschluß des Zentralexekutivkomitees der UdSSR vom 1. Dezember 1934 »Über die Prozeßführung bei Vorbereitung oder Durchführung von Terrorakten«. Dieser Beschluß wurde in der Folgezeit als »Gesetz des

1. Dezember 1934« bezeichnet und war bis 1956 wirksam. Auf der Sitzung des Zentralexekutivkomitees lag der genannte Beschluß nicht zur Bestätigung vor, wie das in der Verfassung der UdSSR gefordert wird.

27 *Nikolajew, L. W.* (1904–1934) – Mitglied der Partei seit 1924. War einige Zeit lang Instrukteur des Leningrader Gebietskomitees der Partei und des Leningrader Instituts für Geschichte der KPdSU(B). 1934 aus dem Institut entlassen, ohne feste Arbeit. Am 1. Dezember 1934 verübte er das Attentat auf Sergej Kirow. Er wurde zum Tode verurteilt und hingerichtet.

28 *Shdanow, Andrej Alexandrowitsch* (1896–1948) – Mitglied der Partei seit 1915, von 1934 bis 1948 Sekretär des ZK der KPdSU(B) und gleichzeitig von 1934 bis 1944 1. Sekretär des Leningrader Gebietskomitees und des Leningrader Stadtkomitees der Partei, seit 1935 Kandidat des Politbüros, seit 1939 Mitglied des Politbüros des ZK der KPdSU(B).

29 *Kaganowitsch, Lasar Moissejewitsch* (geb. 1893) – seit 1911 Mitglied der Partei, seit 1924 Mitglied des ZK, seit 1925 Sekretär, seit 1930 Mitglied des Politbüros des ZK der KPdSU(B); 1957 wegen parteifeindlicher Tätigkeit aus dem ZK der KPdSU ausgeschlossen, 1962 folgte der Parteiausschluß.

30 *Molotow (Skrjabin)*, Wjatscheslaw Michailowitsch* (1890–1986) – Mitglied der Partei seit 1906; 1920 Sekretär des ZK der KP(B) der Ukraine, von 1921 bis 1930 Sekretär des ZK der Partei; von 1930 bis 1941 Vorsitzender des Rates der Volkskommissare der UdSSR, von 1941 bis 1957 Erster Stellvertreter des Vorsitzenden des Rates der Volkskommissare (Ministerrat) der UdSSR, gleichzeitig von 1941 bis 1945 Stellvertreter des Vorsitzenden des Staatlichen Verteidigungskomitees; von 1939 bis 1949 und von 1953 bis 1956 Volkskommissar und dann Minister für Auswärtige Angelegenheiten der UdSSR, Minister für staatliche Kontrolle; seit 1957 Botschafter der UdSSR in der MVR; seit 1960 Vertreter der UdSSR bei der Weltatomenergiebehörde der UNO (Österreich); seit 1921 Mitglied des ZK der Partei, von 1921 bis 1926 Kandidat, von 1926 bis 1957 Mitglied des Politbüros (des Präsidiums) des ZK der KPdSU; 1957 wegen parteifeindlicher Tätigkeit aus dem ZK der KPdSU ausgeschlossen. 1962 erfolgte sein Parteiausschluß; 1984 wurde seine Parteimitgliedschaft seit 1906 wiederhergestellt.

31 *Jeshow, Nikolai I.* (1895–1940) – Mitglied der Partei seit 1917, auf dem XVII. Parteitag zum Mitglied des ZK gewählt, seit 1935 Sekretär des ZK der KPdSU(B), Vorsitzender der Parteikontrollkommission; von 1936 bis 1938 Volkskommissar für Innere Angelegenheiten der UdSSR, danach Volkskommissar für Wassertransportwesen; seit 1938 Kandidat des Politbüros des ZK der KPdSU(B). 1939 verhaftet, 1940 vom Militärkollegium des Obersten Gerichts der UdSSR zum Tode verurteilt und hingerichtet.

32 *Jagoda, G. G.* (1891–1938) – Mitglied der Partei seit 1907; von 1934 bis 1936 Vorsitzender der OGPU (siehe Anm. 33) beim Rat der Volkskommissare der UdSSR, Volkskommissar des NKWD. Seit 1936 Volkskommissar für Post- und

* Die in Klammern gedruckten Namen sind die eigentlichen Namen.

Fernmeldewesen der UdSSR. 1938 wurde er in der Angelegenheit des »Antisowjetischen rechtstrotzkistischen Blocks« dem Gericht übergeben und erschossen.

33 OGPU: Vereinigte Staatliche Politische Verwaltung (Staatssicherheitsorgane).

34 LW, Bd. 30, S. 318.

35 *Postyschew, Pawel Petrowitsch* (1887–1939) – Mitglied der Partei seit 1904; seit 1926 Sekretär des ZK der KP(B) der Ukraine. Seit 1930 Sekretär und Mitglied des Organisationsbüros des ZK der KPdSU(B), von 1933 bis 1937 2. Sekretär des ZK der KP(B) der Ukraine, danach 1. Sekretär des Gebietskomitees der Partei von Kuibyschew, seit 1927 Mitglied des ZK der KPdSU(B), seit 1934 Kandidat des Politbüros des ZK der KPdSU(B).

36 *Karpow, M. M.* (1901–1939) – Mitglied der Partei seit 1920, bis zur Verhaftung Leiter der Abteilung Agitation und Propaganda des Gebietskomitees Kiew der KP(B) der Ukraine.

37 Siehe LW, Bd. 32, S. 248.

38 *Eiche, Robert Indrikowitsch* (1890–1940) – Mitglied der Partei seit 1905, Teilnehmer der Revolution und des Kampfes um die Errichtung der Sowjetmacht in Lettland; seit 1925 Vorsitzender des Sibirischen Regionskomitees der Partei, 1. Sekretär des Westsibirischen Regionskomitees der KPdSU(B); von 1937 bis 1938 Volkskommissar für Landwirtschaft der UdSSR; seit 1930 Mitglied des ZK, seit 1935 Kandidat des Politbüros des ZK der KPdSU(B), Mitglied des Zentralexekutivkomitees der UdSSR.

39 *Uschakow, S. M., Nikolajew-Schurid, N. G.* – Mitarbeiter des NKWD, im Jahre 1939 verhaftet, laut Urteil des Militärkollegiums des Obersten Gerichts der UdSSR im Januar 1940 erschossen.

40 *Ruchimowitsch, M. L.* (1889–1938) – Mitglied der Partei seit 1913, aktiver Teilnehmer der Oktoberrevolution und des Bürgerkrieges in der Ukraine; seit 1920 Vorsitzender des Donezker Gouvernementsexekutivkomitees; seit 1925 in staatlichen und Parteifunktionen tätig, Volkskommissar für Verteidigungsindustrie der UdSSR; seit 1924 Mitglied des ZK der Partei.

41 *Meshlauk, Waleri Iwanowitsch* (1893–1938) – Mitglied der Partei seit 1917; seit 1920 Volkskommissar für Eisenbahnwesen, Stellvertreter des Vorsitzenden des Rates der Volkskommissare der UdSSR; seit 1917 Kandidat des ZK, seit 1934 Mitglied des ZK der KPdSU(B).

42 *Rudzutaks, Jānis* (1887–1938) – Mitglied der Partei seit 1905; seit 1917 Vorsitzender des Moskauer Volkswirtschaftsrates, seit 1920 Vorsitzender des ZK der Eisenbahnarbeiter, gleichzeitig Generalsekretär des Gesamtrussischen Zentralrates der Gewerkschaften, danach Vorsitzender des Büros des ZK der KPR(B) Mittelasiens, seit 1923 Sekretär der KPR(B); von 1924 bis 1930 Volkskommissar für Verkehrswesen der UdSSR. Von 1926 an Stellvertreter des Vorsitzenden des Rates der Volkskommissare und des Rates für Arbeit und Verteidigung der UdSSR, gleichzeitig von 1931 an Vorsitzender der Zentralen Kontrollkommission der KPdSU(B) und Volkskommissar der Arbeiter-und-Bauern-Inspektion;

von 1923 bis 1926 und seit 1934 Kandidat des Politbüros des ZK, von 1926 bis 1932 Mitglied des Politbüros des ZK; Repressalien unterworfen.

43 *Komarow, Nikolai Pawlowitsch (Sobinow, Fjodor Jewgenjewitsch)* (1886–1937) – Mitglied der Partei seit 1909, seit 1917 Mitglied des Petrograder Komitees der SDAPR(B), 1925 Sekretär des Nord-West-Büros des ZK der KPR(B); von 1926 bis 1929 Vorsitzender des Leningrader Stadt- und Gouvernementsexekutivkomitees, seit 1931 Volkskommissar für Kommunalwirtschaft der RSFSR; Mitglied des ZK der Partei 1921 und von 1923 bis 1930, Kandidat des ZK von 1922 bis 1923.

44 *Sakowski, L. M.* – 1937 Leiter des Leningrader NKWD.

45 *Tschudow, Michail Semjonowitsch* (1893–1937) – Mitglied der Partei seit 1913, von 1928 bis 1936 2. Sekretär des Leningrader Gebietskomitees der Partei, Mitglied des ZK der KPdSU(B) seit 1925.

46 *Ugarow, Alexander Iwanowitsch* (1900–1939) – Mitglied der Partei seit 1918, von 1934 bis 1938 1. Sekretär des Leningrader Stadtkomitees der KPdSU(B), seit 1938 1. Sekretär des Moskauer Gebietskomitees und des Moskauer Stadtkomitees der KPdSU(B); Kandidat des ZK der KPdSU(B).

47 *Smorodin, Pjotr Iwanowitsch* (1897–1939) – Mitglied der Partei seit 1917; von 1921 bis 1924 Erster Sekretär des ZK des Russischen Kommunistischen Jugendverbandes; von 1928 bis 1936 Parteiarbeit in Leningrad, seit 1937 Sekretär des Stalingrader Gebietskomitees der KPdSU(B), seit 1930 Kandidat des ZK.

48 *Posern, Boris Pawlowitsch* (1882–1939) – Mitglied der Partei seit 1902; von 1917 bis 1918 Kommissar an der Nordfront, danach politischer Kommandeur der Roten Armee; seit 1921 in Partei- und Wirtschaftsfunktionen tätig; von 1937 bis 1938 Staatsanwalt des Leningrader Gebiets; seit 1930 Kandidat des ZK der KPdSU(B).

49 *Schaposchnikowa, L. K.* (1895–1942) – Mitglied der Partei seit 1917, seit 1934 Mitglied des Büros des Leningrader Stadtparteikomitees.

50 *Kabakow, Iwan Dmitrijewitsch* (1891–1937) – Mitglied der Partei seit 1914, bis 1934 1. Sekretär des Gebietskomitees der Partei Swerdlowsk, seit 1925 Mitglied des ZK der KPdSU(B).

51 *Kossior, Stanislaw Wikentjewitsch* (1889–1939) – Mitglied der Partei seit 1907; im Oktober 1917 Kommissar des Petrograder Revolutionären Militärrates; einer der Gründer der KP(B) der Ukraine, von 1919 bis 1920 Sekretär des ZK der KP(B) der Ukraine, seit 1922 Sekretär des Büros der KPR(B) Sibiriens, seit 1926 Sekretär des ZK der KPdSU(B), seit 1928 Generalsekretär des ZK der KP(B) der Ukraine; seit 1938 Stellvertreter des Vorsitzenden des Rates der Volkskommissare der UdSSR, Vorsitzender der Kommission für Sowjetkontrolle; seit 1924 Mitglied des ZK der KPR(B), seit 1927 Kandidat und seit 1930 Mitglied des Politbüros des ZK der KPdSU(B).

52 *Tschubar, Wlass Jakowlewitsch* (1891–1939) – Mitglied der Partei seit 1907; von 1918 bis 1923 Mitglied des Präsidiums des Obersten Volkswirtschaftsrates der UdSSR, seit 1920 Stellvertreter des Vorsitzenden, danach Vorsitzender des Rates der Volkskommissare der Ukraine, seit 1934 Stellvertreter des Vorsitzenden

des Rates der Volkskommissare und des Rates für Arbeit und Verteidigung der UdSSR, seit 1937 Volkskommissar für Finanzen; seit 1921 Mitglied des ZK der Partei, seit 1926 Kandidat und seit 1935 Mitglied des Politbüros des ZK.

53 *Kossarew, Alexander Wassiljewitsch* (1903–1939) – Mitglied der Partei seit 1919; seit 1926 Sekretär des Moskauer Komsomolkomitees, seit 1927 Sekretär und seit 1929 Generalsekretär des ZK des Komsomol; seit 1934 Mitglied des ZK und des Organisationsbüros des ZK der KPdSU(B).

54 *Rodos, B. W.* (1905–1956) – ehemaliger Leiter des Untersuchungsausschusses für besonders wichtige Angelegenheiten beim NKWD und NKGB (Volkskommissariat für Staatssicherheit), Oberst; war selbst an der Konstruierung von Strafverfolgungen beteiligt. Das Militärkollegium des Obersten Gerichts der UdSSR verurteilte ihn 1956 zum Tode.

55 Gemeint ist der aggressive Militärblock Deutschland–Italien–Japan, der 1936/1937 gebildet wurde.

56 *Malenkow, Georgi Maximilianowitsch* (1902–1988) – Mitglied der Partei seit 1920, von 1939 bis 1946 und von 1948 bis 1953 Sekretär des ZK der KPdSU(B); von 1953 bis 1955 Vorsitzender des Ministerrates der UdSSR, von 1955 bis 1957 Stellvertreter des Vorsitzenden des Ministerrates, Minister für Kraftwerke, seit 1957 Direktor des Kraftwerks in Ust-Kamenogorsk; von 1941 bis 1946 Kandidat des Politbüros, von 1946 bis 1952 Mitglied des Politbüros des ZK, von 1952 bis 1957 Mitglied des Präsidiums des ZK der KPdSU; 1957 wegen parteifeindlicher Tätigkeit aus dem ZK der KPdSU und 1961 aus den Reihen der Partei ausgeschlossen.

57 *Rokossowski, Konstantin Konstantinowitsch* (1896–1968) – Mitglied der Partei seit 1919, Marschall der Sowjetunion (1944); vor dem Großen Vaterländischen Krieg Repressalien unterworfen, 1941 rehabilitiert; während des Großen Vaterländischen Krieges Befehlshaber verschiedener Fronten, nach dem Krieg Oberbefehlshaber der Gruppe der Nördlichen Streitkräfte; seit 1949 Minister für Nationale Verteidigung und Stellvertreter des Vorsitzenden des Ministerrates der VRP, Marschall von Polen; seit 1956 stellvertretender Verteidigungsminister der UdSSR, danach in anderen hohen Diensträngen eingesetzt; Kandidat des ZK der KPdSU von 1961 bis 1968.

58 *Gorbatow, A. W.* (1891–1973) – Mitglied der Partei seit 1919; Armeegeneral (1955), Teilnehmer des ersten Weltkrieges, des Bürgerkrieges und des Großen Vaterländischen Krieges; vor dem Krieg Repressalien unterworfen; während des Krieges in Befehlsfunktionen; nach dem Krieg Kommandeur der Luftlandetruppen und des Baltischen Militärbezirks; Kandidat des ZK der KPdSU von 1952 bis 1961.

59 *Merezkow, Kirill Afanasjewitsch* (1897–1968) – Mitglied der Partei seit 1917, Marschall der Sowjetunion (1944); seit 1937 Stellvertreter des Vorsitzenden des Generalstabes, seit September 1938 Kommandeur des Militärbezirks an der Wolga, danach des Leningrader Militärbezirks, seit 1940 Vorsitzender des Generalstabes, seit 1941 Stellvertreter des Volkskommissars für Verteidigung der UdSSR; vor dem Krieg Repressalien unterworfen; im Großen Vaterländischen

Krieg Befehlshaber von Armeen und an verschiedenen Fronten; nach dem Krieg Kommandeur verschiedener Militärbezirke; Kandidat des ZK der Partei von 1939 bis 1956, von 1956 bis 1961 Mitglied der Zentralen Revisionskommission der KPdSU.

Podlas, K. P. (1893–1942) – Mitglied der Partei seit 1918, Generalleutnant (1941); Teilnehmer des ersten Weltkrieges und des Bürgerkrieges, war Repressalien unterworfen; während des Großen Vaterländischen Krieges Kommandeur verschiedener Armeen, im Kampf gefallen.

60 *Bagramjan, Iwan Christoforowitsch* (1897–1982) – Mitglied der Partei seit 1941, Marschall der Sowjetunion (1955); im Großen Vaterländischen Krieg Stellvertreter des Leiters und Leiter des Stabes der Südwestfront, Armeekommandeur, seit 1943 Befehlshaber verschiedener Fronten, nach dem Krieg Befehlshaber des Baltischen Militärbezirks und Stellvertreter des Verteidigungsministers der UdSSR; Mitglied des ZK der KPdSU von 1961 bis 1982.

61 *Wassilewski, Alexander Michailowitsch* (1895–1977) – Mitglied der Partei seit 1938, Marschall der Sowjetunion (1943); Teilnehmer des ersten Weltkrieges und des Bürgerkrieges, seit August 1941 Stellvertreter des Leiters und Chef des Generalstabes und Stellvertreter des Volkskommissars für Verteidigung der UdSSR, von 1942 bis 1944 koordinierte er die Zusammenarbeit der Fronten, seit Februar 1945 Kommandeur der 3. Belorussischen Front, seit Juli 1945 Oberkommandierender der sowjetischen Streitkräfte im Fernen Osten; nach dem Krieg Chef des Generalstabes, Erster Stellvertreter des Ministers und Minister der Streitkräfte, Erster Stellvertreter des Verteidigungsministers der UdSSR; Mitglied des ZK der KPdSU von 1952 bis 1961.

62 *Mikojan, Anastas Iwanowitsch* (1895–1978) – Mitglied der Partei seit 1915, von 1920 bis 1926 Sekretär des Gouvernementskomitees der Partei von Nishegorodski, Sekretär des Süd-Ost-Büros des ZK der KPR(B) und des Nordkaukasischen Regionskomitees der Partei; von 1926 bis 1946 Volkskommissar für Binnen- und Außenhandel und Leiter anderer Volkskommissariate, seit 1937 Stellvertreter des Vorsitzenden des Rates der Volkskommissare der UdSSR, von 1941 bis 1946 Mitglied des Büros des Rates der Volkskommissare der UdSSR, von 1942 bis 1945 Mitglied des Staatlichen Verteidigungskomitees, von 1946 bis 1964 Stellvertreter, Erster Stellvertreter des Vorsitzenden des Ministerrates der UdSSR, von 1964 bis 1965 Vorsitzender des Präsidiums des Obersten Sowjets der UdSSR; Mitglied des ZK der Partei von 1923 bis 1976, seit 1926 Kandidat und von 1935 bis 1966 Mitglied des Politbüros (des Präsidiums) des ZK der Partei.

63 *Shukow, Georgi Konstantinowitsch* (1896–1974) – Mitglied der Partei seit 1919, Marschall der Sowjetunion (1943); Teilnehmer des ersten Weltkrieges und des Bürgerkrieges, von Januar bis Juli 1941 Chef des Generalstabes und stellvertretender Volkskommissar für Verteidigung der UdSSR, seit Beginn des Großen Vaterländischen Krieges Mitglied des Oberkommandos, danach Kommandeur der Reservefront, der Leningrader Front und Oberkommandierender der Westfront; seit August 1942 1. Stellvertreter des Volkskommissars für Verteidigung

und Stellvertreter des Oberkommandierenden; koordinierte die Kampfhandlungen verschiedener Fronten in der Schlacht um Stalingrad, beim Durchbruch der Blockade von Leningrad, in den Schlachten bei Kursk und am Dnepr; von 1944 bis 1945 kommandierte er die 1. Ukrainische Front, koordinierte die Kampfhandlungen der 1. und 2. Belorussischen Front und kommandierte die 1. Belorussische Front; nach dem Krieg in hohen staatlichen und militärischen Ämtern tätig; von 1955 bis 1957 Verteidigungsminister der UdSSR; von 1941 bis 1946 und von 1952 bis 1953 Kandidat des ZK der Partei, Mitglied des ZK der KPdSU von 1953 bis 1957, von 1956 bis 1957 Kandidat und Mitglied des Präsidiums des ZK der KPdSU.

64 *Poskrjobyschew, A. N.* (1891–1965) – Mitglied der Partei seit 1917; nach der Oktoberrevolution in Partei- und Sowjetfunktionen tätig; seit 1922 arbeitete er im ZK der Partei als Instrukteur für Bilanzierung und Rechnungsführung, als Stellvertreter des Geschäftsführers und Mitarbeiter des Sekretärs des ZK; von 1928 bis 1953 Leiter der Sonderabteilung des Sekretariats des ZK, der Geheimabteilung und der Sonderabteilung des ZK der Partei; von 1952 bis 1954 Sekretär des Präsidiums und des Büros des Präsidiums des ZK der KPdSU, von 1934 bis 1939 Kandidat des ZK der KPdSU(B) und von 1939 bis 1954 Mitglied des ZK der Partei.

65 Der »Leningrader Affäre« fielen Hunderte von Partei- und Sowjetfunktionären, darunter Politbüromitglieder, Mitglieder des Organisationsbüros und des Sekretariats des ZK der KPdSU(B), zum Opfer. Allen Verurteilten wurde vorgeworfen, eine parteifeindliche Gruppe geschaffen zu haben, die eine verbrecherische und zersetzende Arbeit zur Spaltung der Partei und zur Konfrontation der Leningrader Parteiorganisationen mit dem ZK der Partei betrieb.

66 *Abakumow, W. S.* (1908–1954) – Mitglied der Partei seit 1930; seit 1932 in den Organen für Staatssicherheit tätig; von 1946 bis 1951 Minister für Staatssicherheit der UdSSR; im Juni 1951 aus der Partei ausgeschlossen, im Dezember 1954 zum Tode verurteilt.

67 Gemeint sind die Beschlüsse des ZK der KPdSU(B) vom 9. November 1951 und vom 27. März 1952 über die angeblich in Georgien aufgedeckte mingrelische nationalistische Organisation, die vom Sekretär des ZK der KP(B) Georgiens, M. Baramija, geleitet wurde. Am 10. April 1953 wurden diese Beschlüsse durch eine Resolution des ZK der KPdSU »Über die Verletzung der sowjetischen Gesetze durch das ehemalige Ministerium für Staatssicherheit Georgiens« außer Kraft gesetzt.

68 Gemeint ist das Juli-Plenum des ZK der KPdSU von 1955, auf dem Nikita Chruschtschow mit einer Rede zu den Ergebnissen der sowjetisch-jugoslawischen Verhandlungen auftrat.

69 *Tito, Josip Broz* (1892–1980) – Funktionär der jugoslawischen kommunistischen und Arbeiterbewegung, seit 1940 Generalsekretär des ZK der Kommunistischen Partei Jugoslawiens, seit 1966 Vorsitzender des Bundes der Kommunisten Jugoslawiens, seit 1945 Oberhaupt von Staat und Regierung der FVRJ (später SFRJ).

70 Gemeint ist die von 1952 bis 1953 konstruierte »Angelegenheit der Ärzte«. Man hatte 37 Ärzte der Spionage und des Terrorismus angeklagt. Auf Beschluß des Präsidiums des ZK der KPdSU vom 3. April 1953 wurden die Ärzte und ihre Familien, die im »Fall der Ärzte-Saboteure« angeklagt worden waren, vollständig rehabilitiert.

71 *Ignatjew, S. D.* (1904–1983) – Mitglied der Partei seit 1926; von 1951 bis 1953 Minister für Staatssicherheit der UdSSR; von 1953 bis 1957 1. Sekretär des Gebietskomitees der Partei Baschkiriens, von 1957 bis 1960 1. Sekretär des Tatarischen Gebietskomitees der Partei, von 1952 bis 1953 Sekretär des ZK der Partei.

72 *Kaminski, Grigori Naumowitsch* (1895–1938) – Mitglied der Partei seit 1913, seit 1920 Sekretär des ZK der KP(B) Aserbaidshans, danach in Wirtschafts- und Sowjetfunktionen tätig; seit 1930 Sekretär des Moskauer Gebietskomitees der KPdSU(B); seit 1932 Vorsitzender des Gebietsexekutivkomitees Moskaus; seit 1934 Volkskommissar für Gesundheitswesen; von 1925 bis 1927 und seit 1934 Kandidat des ZK der KPdSU(B).

73 Mussawatisten – Mitglieder der aserbaidshanischen bürgerlichen nationalistischen Partei »Mussawat« (Gleichheit); existierte seit 1911; trat nach der Oktoberrevolution als Initiator der Gründung einer bürgerlichen Republik Aserbaidshan auf (1918–1920).

74 *Snegow, A. W.* (geb. 1898) – Mitglied der Partei seit 1917, seit 1931 Mitglied des Büros des Transkaukasischen Regionskomitees der KPdSU(B), danach in Partei- und Sowjetfunktionen in Sibirien, der Ukraine, in Kuibyschew und in Murmansk tätig; 1938 Repressalien unterworfen, 1954 rehabilitiert.

75 *Kartwelischwili, Lawrenti Jossifowitsch* (Lawrentjew) (1890–1938) – Mitglied der Partei seit 1910, seit 1923 Sekretär des ZK der KP(B) Georgiens, 2. Sekretär des Transkaukasischen Regionskomitees der Partei, Vorsitzender des Rates der Volkskommissare Georgiens; seit 1929 Leiter der Politabteilung des Militärbezirks der Ukraine, 2. Sekretär des ZK der KP(B) der Ukraine; seit 1931 Sekretär der Regionskomitees der KPdSU(B) Transkaukasiens, Westsibiriens, des Fernen Ostens und der Krim; von 1930 bis 1934 Kandidat und von 1934 Mitglied des ZK der KPdSU(B).

76 *Ordshonikidse, Grigori Konstantinowitsch* (Sergo) (1886–1937) – Mitglied der Partei seit 1903, seit 1920 Vorsitzender des Büros des ZK der KPR(B) des Kaukasus, 1. Sekretär des Transkaukasischen Regionskomitees der Partei und des Regionskomitees des Nordkaukasus. Seit 1926 Vorsitzender der Zentralen Kontrollkommission der KPdSU(B), Stellvertreter des Vorsitzenden des Rates der Volkskommissare und des Rates für Arbeit und Verteidigung der UdSSR, seit 1930 Vorsitzender des Obersten Volkswirtschaftsrates, Volkskommissar für Schwerindustrie; seit 1921 Mitglied des ZK der Partei, von 1926 bis 1930 Kandidat und von 1930 Mitglied des Politbüros des ZK der KPdSU(B).

77 *Kedrow, I. M.* (1908–1940) – Mitglied der KPdSU(B), Oberleutnant der Staatssicherheit, Sohn Michail Kedrows (siehe Anm. 78);
Golubew, W. P. (1913–1940) – Kandidat der KPdSU(B), Leutnant der Staatssi-

cherheit, beide 1939 verhaftet, am 25. Januar 1940 gemeinsam mit N. W. Baturina hingerichtet.

78 *Kedrow, Michail Sergejewitsch* (1878–1941) – Mitglied der Partei seit 1901; von 1906 bis 1907 Leiter des Buchverlages »Serno« der Bolschewiki; seit November 1917 Mitglied des Kollegiums des Volkskommissariats für Militärische Angelegenheiten, Kommissar für Demobilisierung der alten Armee, in befehlsgebender Stellung an der Nordfront; seit März 1919 Leiter der Sonderabteilung der Gesamtrussischen Tscheka, Mitglied der Kommission des NKWD; nach dem Bürgerkrieg im Obersten Volkswirtschaftsrat, im Obersten Gericht der UdSSR und im Staatlichen Plankomitee der RSFSR.

79 *Andrejew, Andrej Andrejewitsch* (1895–1971) – Mitglied der Partei seit 1914, seit 1920 Sekretär des Gesamtrussischen Zentralrates der Gewerkschaften, gleichzeitig von 1924 bis 1925 Sekretär des ZK der KPR(B), seit 1927 Sekretär des Regionskomitees der KPdSU(B) des Nordkaukasus; seit 1930 Vorsitzender der Zentralen Kontrollkommission der KPdSU(B); Volkskommissar für die Arbeiter-und-Bauern-Inspektion, Stellvertreter des Vorsitzenden des Rates der Volkskommissare der UdSSR, seit 1931 Volkskommissar für Verkehrswesen der UdSSR; seit 1935 Sekretär des ZK der KPdSU(B), von 1939 bis 1952 Vorsitzender des Komitees für Parteikontrolle beim ZK der KPdSU(B); seit 1946 Stellvertreter des Vorsitzenden des Ministerrates der UdSSR; von 1920 bis 1961 Mitglied des ZK der Partei, von 1932 bis 1952 Mitglied des Politbüros des ZK der KPdSU(B).

80 Siehe Jossif Wissarionowitsch Stalin: Kurze Lebensbeschreibung, Berlin 1950.

81 Ebenda, S. 67.

82 Ebenda, S. 68.

83 Ebenda, S. 156.

84 Ebenda, S. 150.

85 Ebenda, S. 151.

86 Jossif Wissarionowitsch Stalin: Kurze Lebensbeschreibung, Moskau 1945, S. 70, russ.

87 Jossif Wissarionowitsch Stalin: Kurze Lebensbeschreibung, Berlin 1950, S. 105.

88 Die Stalin-Orden 1., 2. und 3. Stufe wurden von 1940 bis 1952 verliehen.

89 Siehe Anm. 82.

90 Der Beschluß über den Bau eines Palastes der Sowjets in Moskau wurde auf dem 1. Sowjetkongreß der UdSSR 1922 gefaßt. Der Bau begann vor dem Großen Vaterländischen Krieg.

91 *Woroschilow, Kliment Jefremowitsch* (1881–1969) – Mitglied der Partei seit 1903; seit 1925 Volkskommissar für Heereswesen und Marine und Vorsitzender des Revolutionären Militärrates der UdSSR, seit 1934 Volkskommissar für Verteidigung der UdSSR, seit 1940 Stellvertreter des Vorsitzenden des Rates der Volkskommissare der UdSSR; während des Großen Vaterländischen Krieges Mitglied des Staatlichen Verteidigungskomitees; seit 1946 Stellvertreter des Vorsitzenden des Ministerrates der UdSSR, von 1953 bis 1960 Vorsitzender des

Präsidiums des Obersten Sowjets der UdSSR; von 1921 bis 1961 und von 1966 bis 1969 Mitglied des ZK der Partei. Mitglied des Politbüros (des Präsidiums) des ZK von 1926 bis 1960.

2 Über die Überwindung des Personenkults und seiner Folgen. Beschluß des Zentralkomitees der KPdSU vom 30. Juni 1956

1 Gemeint ist die vom XX. Parteitag der KPdSU angenommene Direktive zum sechsten Fünfjahrplan 1956–1960. (Siehe dazu auch Dok. 4, Abschnitt V der vorliegenden Publikation.)

2 Karl Marx an Wilhelm Blos, 10. November 1877. In: MEW, Bd. 34, S. 308.

3 W. I. Lenin: Dritter Gesamtrussischer Kongreß der Sowjets der Arbeiter-, Soldaten- und Bauerndeputierten, 10.–18. (23.–31.) Januar 1918. Schlußwort zum Bericht des Rates der Volkskommissare, 12. (25.) Januar. In: LW, Bd. 26, S. 474.

4 Trotzki (Bronstein), Lew Dawidowitsch (1879–1940) – Politiker, seit 1917 Mitglied der Partei. Wegen angeblich antisowjetischer Tätigkeit 1927 aus der KPdSU(B) ausgeschlossen und 1929 aus der UdSSR ausgewiesen. 1940 ermordet.

5 LW, Bd. 36, S. 579/580.

6 Gemeint ist die vom Informationsbüro der kommunistischen und Arbeiterparteien im Juni 1948 gefaßte Resolution über die Lage in der KP Jugoslawiens, in der die jugoslawische Partei des Abgehens vom Marxismus-Leninismus in den Hauptfragen der Innen- und Außenpolitik bezichtigt und als faschistisch verunglimpft wurde. Diese Resolution ist damals von der SED mitgetragen worden.

7 Dennis, Eugene (1904–1961) – US-amerikanischer Arbeiterführer. 1946–1959 Generalsekretär, ab 1959 Vorsitzender des Nationalkomitees der KP der USA.

8 Togliatti, Palmiro (1893–1964) – Pseudonym Ercoli, italienischer Arbeiterführer. Seit 1914 Mitglied der Sozialistischen Partei (linker Flügel), 1921 Mitbegründer der KP, seit 1927 Führer der italienischen KP. 1935–1943 Mitglied des Sekretariats der Kommunistischen Internationale, 1944–1946 Stellvertretender Ministerpräsident und Justizminister, seit 1945 Generalsekretär der KP.

9 W. I. Lenin: Was hat der Prozeß gegen die Sozialdemokratische Arbeiterfraktion Rußlands erwiesen? In: LW, Bd. 21, S. 162.

10 Bagdad-Pakt – bis 1959 Bezeichnung der CENTO (Central Treaty Organization = Zentrale Verteidigungsorganisation). Dieser imperialistische Militärpakt wurde auf Initiative der USA 1955 zwischen Großbritannien, der Türkei, dem Irak, dem Iran und Pakistan abgeschlossen. 1959 trat der Irak aus, nach dem Sturz des Schah-Regimes im Iran 1979 verschwand die CENTO von der Bildfläche.

11 Gemeint sind die Streiks und Demonstrationen, die infolge politischer und sozialer Konflikte – eng verbunden mit gesetzwidrigen Entscheidungen staatlicher Organe – unter anderem in Poznań 1956 ausbrachen und zu bewaffneten Auseinandersetzungen, Toten und Verletzten führten.

4 Über den XX. Parteitag der Kommunistischen Partei der Sowjetunion. Artikel von Walter Ulbricht vom 4. März 1956

1 Schepilow, D. T. (geb. 1905) – Mitglied der Partei seit 1926. Ab 1955 Sekretär des ZK der KPdSU, 1956 Kandidat des Politbüros des ZK der KPdSU und Minister für Auswärtige Angelegenheiten der UdSSR. 1957 wurde er wegen parteifeindlicher Tätigkeit aller Parteifunktionen enthoben.

2 Die 25. Tagung des ZK der SED fand vom 24. bis 27. Oktober 1955 in Berlin statt.

3 Die Konferenz fand vom 18. bis 24. April 1955 statt und kennzeichnete Achtung der Souveränität und der territorialen Integrität aller Nationen, Verzicht auf Interventionen oder Einmischung in die inneren Angelegenheiten eines anderen Landes, Verzicht auf Aggressionsakte und den Gebrauch von Gewalt gegen die territoriale Integrität oder politische Unabhängigkeit irgendeines Landes, Regelung aller internationalen Streitfragen durch friedliche Mittel, Förderung der gegenseitigen Interessen und Zusammenarbeit als Prinzipien der friedlichen Koexistenz.

4 Thorez, Maurice (1900–1964) – französischer Arbeiterführer. 1920 Mitbegründer der KP, 1930 bis zum Verbot der Partei (1939) und erneut seit 1945 Generalsekretär der KPF; 1945–1947 Stellvertretender Ministerpräsident.

5 W. I. Lenin: Über eine Karikatur auf den Marxismus. In: LW, Bd. 23, S. 64.

6 Schumacher, Kurt (1895–1952) – Politiker. Seit 1918 Mitglied der SPD, 1930–1933 Mitglied des Reichstags; 1933–1945 in verschiedenen Konzentrationslagern inhaftiert; 1946–1952 Vorsitzender der SPD in der BRD.

7 Bucharin, Nikolai Iwanowitsch (1888–1938) – Politiker und Wirtschaftstheoretiker. Seit 1906 Mitglied der SDAPR, 1924–1929 Mitglied des Politbüros der KPdSU(B), 1926–1929 führend in der Komintern; 1918–1929 Redakteur des Zentralorgans der Partei, »Prawda«. Wegen falscher Anschuldigungen verurteilt und 1938 hingerichtet.

5 Antworten auf Fragen auf der Berliner Bezirksdelegiertenkonferenz der SED. Aus der Diskussionsrede Walter Ulbrichts am 17. März 1956

1 Gemeint ist der Artikel von Walter Ulbricht »Über den XX. Parteitag der Kommunistischen Partei der Sowjetunion«. In: Neues Deutschland(B), 4. März 1956, S. 3/4.

2 Wosnessenski, N. A. (1903–1950) – Politiker. Seit 1919 Mitglied der KPR(B), 1939 Mitglied des Zentralkomitees der KPdSU(B); 1941–1945 Mitglied des Staatskomitees für Verteidigung. 1950 unter falschen Beschuldigungen hingerichtet.

3 Jossif Wissarionowitsch Stalin: Kurze Lebensbeschreibung, Berlin 1950, S. 92.

4 Ebenda, S. 105.

8 Die leninistische Geschlossenheit unserer Partei. Artikel des Politbüros des Zentralkomitees der SED vom 29. April 1956 (Auszug)

1 Karl Marx an Wilhelm Blos, 10. November 1877. In: MEW, Bd. 34, S. 308.

2 Lassalle, Ferdinand (1825–1864) – Schriftsteller und Politiker. Begründer des Allgemeinen Deutschen Arbeitervereins (ADAV) 1863.

3 Schweitzer, Johann Baptist von (1834–1875) – Rechtsanwalt. Herausgeber und Chefredakteur des Organs des ADAV »Der Social-Demokrat« (ab 1864), 1867–1871 Präsident des ADAV.

4 Karl Marx an Friedrich Engels, 10. Mai 1859. In: MEW, Bd. 29, S. 432.

5 Karl Marx an Friedrich Engels, 9. April 1863. In: MEW, Bd. 30, S. 340.

6 W. I. Lenin: Was tun? In: LW, Bd. 5, S. 380.

7 Rajk, Lászó (1909–1949) – ungarischer Arbeiterführer. Seit 1930 Mitglied der KP; 1946–1948 Innenminister, 1949 Außenminister der UVR. 1949 unbegründet beschuldigt und hingerichtet.

8 Kostoff, Traitscho (1897–1949) – bulgarischer Arbeiterführer. Seit 1920 Mitglied der KP, seit 1931 Mitglied und ab 1940 Sekretär des ZK der KP. 1949 unbegründet beschuldigt und hingerichtet.

9 W. I. Lenin: Rede auf dem 3. allrussischen Kongreß des Kommunistischen Jugendverbandes Rußlands. In: Sämtliche Werke, Bd. XXV, S. 479; siehe auch W. I. Lenin: Die Aufgaben der Jugendverbände. In: LW, Bd. 31, S. 277.

10 W. I. Lenin: X. Parteitag der KPR(B), 8.–16. März 1921. In: LW, Bd. 32, S. 257.

Inhalt